U0817050

关联适用全书系列

无障碍环境建设法、残疾人保障法、老年人权益保障法

关联适用全书

法规应用研究中心◎编

中国法制出版社
CHINA LEGAL PUBLISHING HOUSE

出版说明

法律的生命在于实践。为了使法官、检察官、律师等法律从业人员，法学研究和教学人员，以及社会大众能够全面、系统地学习新法或重要法律，对照相关规定，掌握重点内容，准确适用法律，指引实务操作，我们组织编写了关联适用全书系列。

本系列图书有如下特点：

1. 基础法律的统领性。以新法或重要法律为主干，归纳条文主旨，统领该领域立法，旨在突出条文要点，方便读者明确法条的规范对象。

2. 要点提示的精炼性。对重要法条或新修订之处的主要内容进行释义，旨在用简洁凝练的文字概括立法背景、宗旨、目的或聚焦实务适用中的重难点。

3. 关联规定的齐备性。将与新法或重要法律相关的法律法规、司法解释、部门规章等规范性法律文件分条逐一列举，旨在方便读者直接对照使用，对该领域立法形成系统性知识架构。

4. 典型案例的指导性。收录与新法或重要法律相关的最高人民法院或最高人民检察院发布的指导性案例、典型案例，旨在以案释法，为相关法律的适用和类似案件的审理提供有益参考。

由于编者水平有限，书中内容可能存在不足，敬请广大读者批评指正。如蒙提出建设性意见，我们将不胜感激。

法规应用研究中心

2023 年 7 月

目 录

中华人民共和国无障碍环境建设法

第一章 总 则

第二章 无障碍设施建设

第三章 无障碍信息交流

第四章 无障碍社会服务

第五章 保障措施

第六章 监督管理

第七章　法律责任

第八章　附　　则

中华人民共和国残疾人保障法

第一章　总　　则

第二章 康 复

第三章 教 育

第四章　劳动就业

第五章　文化生活

第六章　社会保障

第七章 无障碍环境

第八章 法律责任

第九章 附 则

中华人民共和国老年人权益保障法

第一章 总 则

第二章 家庭赡养与扶养

第三章 社会保障

第四章 社会服务

第七章 参与社会发展

第八章 法律责任

第九章 附 则

案例索引目录

中华人民共和国无障碍环境建设法

（2023 年 6 月 28 日第十四届全国人民代表大会常务委员会第三次会议通过　2023 年 6 月 28 日中华人民共和国主席令第 6 号公布　自 2023 年 9 月 1 日起施行）

目　　录

第一章　总　　则

第一条　立法目的[①]

为了加强无障碍环境建设，保障残疾人、老年人平等、充分、便捷地参与和融入社会生活，促进社会全体人员共享经济社会发展成果，弘扬社会主义核心价值观，根据宪法和有关法律，制定本法。

① 条文主旨为编者所加，全书同。

第二条 国家推进无障碍环境建设

国家采取措施推进无障碍环境建设，为残疾人、老年人自主安全地通行道路、出入建筑物以及使用其附属设施、搭乘公共交通运输工具，获取、使用和交流信息，获得社会服务等提供便利。

残疾人、老年人之外的其他人有无障碍需求的，可以享受无障碍环境便利。

要点提示

无障碍环境建设法妥善处理保障重点与惠及全体的关系，明确无障碍环境建设在重点保障残疾人、老年人基础上，积极推动建设成果惠及全体社会成员，包括：在立法目的中明确，保障残疾人、老年人平等、充分、便捷地参与和融入社会生活，促进社会全体人员共享经济社会发展成果。在适用范围中规定，残疾人、老年人之外的其他人有无障碍需求的，可以享受无障碍环境便利。

关联规定

1.《数据安全法》（2021 年 6 月 10 日）[①]

第十五条 国家支持开发利用数据提升公共服务的智能化水平。提供智能化公共服务，应当充分考虑老年人、残疾人的需求，避免对老年人、残疾人的日常生活造成障碍。

2.《残疾人保障法》（2018 年 10 月 26 日）

第五十二条 国家和社会应当采取措施，逐步完善无障碍设施，推进信息交流无障碍，为残疾人平等参与社会生活创造无障碍环境。

各级人民政府应当对无障碍环境建设进行统筹规划，综合协调，加强

---

① 日期为法律文件的通过、公布、生效时间或者最后一次修正、修订时间。

监督管理。

第五十三条第一款 无障碍设施的建设和改造，应当符合残疾人的实际需要。

第五十四条第一款、第二款 国家采取措施，为残疾人信息交流无障碍创造条件。

各级人民政府和有关部门应当采取措施，为残疾人获取公共信息提供便利。

3.《无障碍环境建设条例》（2012年6月28日）

第二条 本条例所称无障碍环境建设，是指为便于残疾人等社会成员自主安全地通行道路、出入相关建筑物、搭乘公共交通工具、交流信息、获得社区服务所进行的建设活动。

4.《无障碍环境建设“十四五”实施方案》（2021年10月26日）

三、主要指标

序号	指标	“十四五”预期目标	指标类型	解释
1	城市道路无障碍设施建设率（%）	100%	预期性	年内完成无障碍设施建设的城市道路数量/年内建设的城市道路总数×100%
2	公共建筑无障碍设施建设率（%）	100%	预期性	年内完成无障碍设施建设的公共建筑数量/年内建设的公共建筑总数×100%
3	困难重度残疾人家庭无障碍改造	110万户	约束性	补贴支持对困难重度残疾入家庭进行无障碍改造，消除残疾人家庭生活障碍，改善残疾人居住环境和生活品质。
4	居家适老化改造	200万户	预期性	支持特殊困难高龄、失能、残疾老年人家庭实施适老化改造，配备康复辅助器具和防走失装置等设施。

续表

序号	指标	“十四五”预期目标	指标类型	解释
5	与民生密切相关的互联网网站无障碍改造	95%	预期性	1. 各级政府网站、政务服务平台和承担公共事务职能的人民团体、企事业单位、社会组织的网站完成改造。 2. 全国性的新闻资讯、社交通讯、医疗健康、旅游出行、生活购物、金融服务等六大类与民生密切相关的公共服务类网站，用户量在全国排名Top30的网站完成改造。 3. 各省（区、市）新闻资讯、社交通讯、医疗健康、旅游出行、生活购物、金融服务等六大类与民生密切相关的公共服务类网站，用户量在省（区、市）内排名Top10的网站完成改造。
6	与民生密切相关的手机APP无障碍改造	95%	预期性	1. 各级政务服务类APP完成改造。 2. 全国性的新闻资讯、社交通讯、医疗健康、旅游出行、生活购物、金融服务等六大类与民生密切相关的公共服与民生密切相务类APP，用户量在全国排名Top30的APP完成改造。 3. 各省（区、市）新闻资讯、社交通讯，医疗健康、旅游出行、生活购物、金融服务等六大类与民生密切相关的公共服务类APP，用户量在省（区、市）内排名Top10的APP完成改造。

四、工作措施

（一）加快推进无障碍环境建设立法。

加快推进出台无障碍环境建设促进法，完善处罚和激励措施，切实为我国无障碍环境建设工作开展提供法律保障。各地要结合地方实际，加快制定修订地方无障碍环境建设法规规章，加强法规规章执行情况监督检查，推进落实。

（二）落实无障碍环境建设推进工作机制。

建立无障碍环境建设协调领导小组或部际联席会议制度，定期协商研究推进无障碍环境建设相关问题。推进将无障碍环境建设纳入信用体系，纳入文明城市、智慧城市、数字乡村建设内容。各地要推进将无障碍环境建设纳入国民经济和社会发展规划、城乡建设相关规划、残疾人保障和发展规划、老龄化、信息化规划等，制定本地无障碍环境建设“十四五”实施方案，明确任务目标和工作措施。

（三）完善无障碍环境建设政策和标准体系。

推动制定鼓励无障碍改造、既有设施无障碍改造豁免、无障碍设计设施认证、无障碍环境建设公益诉讼等政策。制定修订《建筑与市政工程无障碍通用规范》、《无障碍设计规范》、《无障碍及适老建筑产品基本技术要求》、信息无障碍等相关标准，完善无障碍环境建设标准体系。

（四）提升城乡基础设施无障碍建设水平。

在城镇老旧小区改造、乡村振兴、农村人居环境整治、养老服务设施建设等工作中统筹开展城乡无障碍设施建设和改造，将无障碍环境建设情况纳入城市体检指标体系，开展体检评估。严格落实新（改、扩）建道路、公共建筑、绿地广场配套建设无障碍设施，加快既有设施无障碍改造，提升社区无障碍建设水平。加快推广无障碍公共厕所。推进综合客运枢纽、铁路客运站、汽车客运站、城市轨道交通车站、港口客运站、民用运输机场航站区、高速公路服务区等公共交通设施和民用航空器、客运列车、客运船舶、公共汽电车、城市轨道交通车辆等公共交通工具无障碍建设和改造，提高无障碍设施规范化、系统化水平。推进人行道净化专项行动和人行道建设，结合轮椅通行需求加强人行道改造，清理违法占道行为，完善盲道等无障碍设施。加强文化和旅游设施无障碍建设和改造。加快推进残疾人服务设施、老年人服务设施等无障碍建设和改造。开展乡村无障碍环境建设工作，加快补齐农村无障碍环境建设短板，发展农村残疾人、老年人无障碍基本公共服务，逐步提高农村无障碍环境水平。持续开展全国无障碍建设市县村镇达标验收工作，建立多方参与机制，引入残疾人、老年人等参与。

（五）实施困难重度残疾人家庭无障碍改造。

困难重度残疾人家庭无障碍改造是提高残疾人居家生活质量、助力残疾人全面发展和共同富裕的一个重要特色工作。建立民政、住房和城乡建设、乡村振兴、残联等多部门共同参与、互相配合的长效工作机制，在实施特殊困难高龄、失能、残疾老年人家庭适老化改造工作中，将特殊困难重度残疾老年人家庭作为重点改造对象之一予以优先支持；加强家庭无障碍设施建设技术指导，结合推进城镇老旧小区改造和农村危房改造等工作，支持有需求的困难重度残疾人家庭同步实施无障碍改造；积极向相关部门反映残疾人家庭无障碍改造需求，整合资源，形成合力，支持对110万户困难重度残疾人家庭进行无障碍改造，进一步扩大城乡困难重度残疾人家庭无障碍改造覆盖面。同时鼓励有条件的地区，扩大改造范围，适当提高改造标准，提升改造水平。

（六）大力发展信息无障碍建设。

加快信息化与无障碍环境的深度融合，将信息无障碍作为新型智慧城市、数字乡村建设的重要组成部分，纳入文明城市、新型智慧城市评比指标，加快政府政务、公共服务、电子商务等信息无障碍建设，推广便利普惠的电信服务，加快普及互联网网站、移动互联网应用程序和自助公共服务设备无障碍，开展网站和移动互联网应用程序无障碍化评级评价，支持研发生产科技水平高、性价比优的信息无障碍终端产品。加快完善食品药品信息识别无障碍和无障碍地图应用。鼓励电视台在播出电视节目时配备同步字幕或手语，并逐步扩大配播手语的节目范围。公开出版发行的影视类音像制品应当逐步增加可供选择的无障碍功能。大数据、人工智能、物联网等深度应用于残疾人出行、居家生活、就业创业，方便残疾人获取信息和服务，充分参与社会生活。在信息无障碍建设中，充分兼顾老年人的需求，切实解决老年人使用智能技术困难问题。

（七）加强无障碍环境建设监管。

加强无障碍环境设施维护管理。强化市县镇村各级无障碍环境建设工作组织领导，加强管理人员配备。进一步建立人大、政协监督无障碍环境建设的机制，推动法治化监督进程。大力引导社会力量参与，结合信息化、移动互联网技术，创新监督方式，强化社会监督意识，创建无障碍环境“共谋、共建、共管、共评、共享”局面。建立残疾人督导员督导工作机制，动员、培训、组织残疾人参与、体验、促进无障碍环境建设工作，为体验促进队伍开展工作创造条件。

（八）提高全社会无障碍意识。

加强无障碍环境建设教育与培训，在住房和城乡建设、交通、工业和信息化等领域职业资格考试及继续教育中纳入无障碍环境建设的相关内容。

支持高等院校、中等职业技术学校开展相关领域、学科、专业、课程建设。

积极宣传贯彻落实习近平总书记“无障碍设施建设问题，是一个国家和社会文明的标志，我们要高度重视”的重要指示精神。举办全国无障碍环境建设成果应用展示推广活动，广泛传播无障碍环境建设法规政策标准和相关知识，继续动员高校、研究机构开展无障碍理论实践研究，为雄安新区、北京冬奥会冬残奥会等国家重要战略区域和重大工程无障碍建设提供人才和专家智力支持，参与“一带一路”残疾人事务主题活动、世界互联网大会等，讲好中国无障碍故事，服务国家外交大局。进一步营造无障碍环境建设的良好社会氛围，让关心支持无障碍环境建设的理念日益深入人心和成为公民自觉行动。

第三条 工作领导机制

无障碍环境建设应当坚持中国共产党的领导，发挥政府主导作用，调动市场主体积极性，引导社会组织和公众广泛参与，推动全社会共建共治共享。

要点提示

坚持党的领导，坚持政府在无障碍环境建设中的主导地位，同时重视发挥市场在资源配置中的作用，通过财政补贴、经费支持、政府采购等方式，充分调动市场主体的积极性，促进相关产业发展；通过加强理论研究、宣传教育、奖励激励，鼓励全社会积极参与，实现无障碍环境共建共享。

第四条 建设原则

无障碍环境建设应当与适老化改造相结合，遵循安全便利、实用易行、广泛受益的原则。

要点提示

无论是无障碍环境建设，还是适老化改造，其目的都在于为老年人等特殊群体提供更多的便利化服务。如果说前者更侧重于在新建的设施、新推的服务中落实无障碍理念，那么后者则侧重于对已有设施、已有服务的改造优化，以更好地满足老年人的实际需要。

关联规定

1.《老年人权益保障法》（2018年12月29日）

第六十五条 国家推动老年宜居社区建设，引导、支持老年宜居住宅的开发，推动和扶持老年人家庭无障碍设施的改造，为老年人创造无障碍居住环境。

2.《国务院关于加快发展养老服务业的若干意见》（2013年9月6日）

二、主要任务

（一）统筹规划发展城市养老服务设施。

加强社区服务设施建设。各地在制定城市总体规划、控制性详细规划时，必须按照人均用地不少于0.1平方米的标准，分区分级规划设置养老服务设施。凡新建城区和新建居住（小）区，要按标准要求配套建设养老服务设施，并与住宅同步规划、同步建设、同步验收、同步交付使用；凡老城区和已建成居住（小）区无养老服务设施或现有设施没有达到规划和建设指标要求的，要限期通过购置、置换、租赁等方式开辟养老服务设施，不得挪作他用。

综合发挥多种设施作用。各地要发挥社区公共服务设施的养老服务功能，加强社区养老服务设施与社区服务中心（服务站）及社区卫生、文化、体育等设施的功能衔接，提高使用率，发挥综合效益。要支持和引导各类社会主体参与社区综合服务设施建设、运营和管理，提供养老服务。各类具有为老年人服务功能的设施都要向老年人开放。

实施社区无障碍环境改造。各地区要按照无障碍设施工程建设相关标准和规范，推动和扶持老年人家庭无障碍设施的改造，加快推进坡道、电梯等与老年人日常生活密切相关的公共设施改造。

3.《国务院办公厅关于制定和实施老年人照顾服务项目的意见》（2017年6月6日）

（十）综合考虑老、幼、病、残、孕等重点旅客出行需求，有条件的公共交通场所、站点和公共交通工具要按照无障碍环境建设要求，加快无障碍设施建设和改造，在醒目位置设置老年人等重点人群服务标志，开辟候乘专区或专座，为无人陪同、行动不便等有服务需求的老年人提供便利服务。

典型案例

四川天府新区成都片区人民检察院督促规范公共基础设施适老化建设行政公益诉讼案①

◎ **关键词**：行政公益诉讼诉前程序；公共基础设施；适老化建设；诉前磋商

◎ **要旨**

检察机关针对公交站台、公园等市政公共基础设施适老化建设与老年人需求不相适应的问题，充分发挥行政公益诉讼的督促、协同作用，通过圆桌会议与行政机关共商良策，共同推动公共基础设施适老化建设，切实维护老年人合法权益，助力践行新发展理念的公园城市示范区建设。

◎ **基本案情**

四川天府新区作为公园城市首提地和公园城市建设示范区，近年来吸引了许多老年人前来安居颐养天年。据统计，四川天府新区有60岁及以上老年人口9.1万余人，老年化率约17%。但其辖区内部分公共交通车站、站点、公共交通工具存在未在醒目位置设置老年人等重点人群服务标

① 《最高检发布无障碍环境建设公益诉讼典型案例》，载最高人民检察院网，https：//www.spp.gov.cn/spp/xwfbh/wsfbh/202105/t20210514_518136.shtml，最后访问时间：2023年5月1日。

志、未开辟老年人候乘专区或专座、无障碍通道设置不符合规定以及部分公园适老化座椅不足的问题，给老年人出行带来不便，且存在一定安全隐患，损害了老年人合法权益和社会公共利益。

◎ 调查和督促履职

2021 年 3 月，四川天府新区成都片区人民检察院（以下简称天府新区检察院）在走访调查中发现，某老城区存在部分公共区域适老化设施建设相对滞后的问题。天府新区检察院随即走访了辖区内相关职能部门，全面了解老年人基本情况、对适老化建设的需求以及适老化公共设施建设的初步情况。该院经审查认为，根据《中华人民共和国老年人权益保障法》第六十二条、《四川省老年人权益保障条例》第五十六条、国务院办公厅《关于制定和实施老年人照顾服务项目的意见》、成都市人民政府办公厅《关于制定和实施老年人照顾服务项目的实施意见》等规定，各级人民政府在制定城乡规划时，应当根据人口老龄化发展趋势、老年人口分布和老年人的特点，统筹考虑适合老年人的公共基础设施、生活服务设施、医疗卫生设施和文化体育设施。建设部门应当实施老年人公共交通照顾服务项目，要在公共交通场所、站点和工具的无障碍设施与改造，在醒目位置设置老年人等重点人群服务标志，开辟老年人候乘专区与专座等。天府新区某老城区适老化设施建设滞后问题未满足上述法律法规的标准，也与成都市委、市政府提出的“优化老年宜居生活环境设施”的要求存在差距。

2021 年 4 月 14 日，天府新区检察院正式立案，在辖区内部分社区召开“公益问需”座谈会，与老年人代表召开座谈会，听取老年人意见，向 200 名老年人发放调查问卷。通过调查了解，发现辖区内部分市政基础设施存在适老化建设滞后问题。随后，该院联合四川天府新区公园城市建设局开展调查，共同对天府新区新建、改建工程适老化建设情况进行调查摸底。针对某公交站台建设等 11 处新建及改建的市政基础设施工程，综合运用发放调查问卷、现场勘验、询问工作人员、录音录像等方式对适老化建设情况进行调查取证。

2021 年 4 月 28 日，天府新区检察院针对调查走访中发现的公交站台存在未在醒目位置设置老年人等重点人群服务标志、未开辟老年人候乘专区或专座、无障碍通道设置不规范以及在建的某公园等部分新建市政基础设施工程存在适老化座椅规划不足等问题，与天府新区公园城市建设局开展公益诉讼诉前磋商。天府新区检察院认为，天府新区公园城市建设局对涉及适老化公共基础设施、生活服务设施、文化体育设施等城乡规划和建设负有监管职责，从服务地方大局和保护老年人权益出发，建议天府新区公园城市建设局对改建和新建工程进行适老化配套设施的调整改造。经双方现场踏勘和沟通，天府新区公园城市建设局采纳了检察机关的建议，双方形成会议纪要，一致同意制定整改方案，将增设适老化设施等问题列入建设规划，在进行全面排查的基础上，依法规范和提升适老化设施的建设水平。目前，天府新区公园城市建设局已经调整了某公交站台、某公园等工程项目的规划设计，并进行适老化改造建设。

◎ 典型意义

老年人宜居环境建设，是实现好、维护好、发展好最广大人民群众的根本利益，关乎人文社会内涵与生活品质的提升。本案中，检察机关为保障老年人平等参与公园城市的美好生活，积极维护老年人的合法权益，以诉前磋商的方式，强化检察监督与行政履职协作联动，推动在建、改建、新建工程的功能升级，共同发挥行政机关与检察机关保护老年人合法权益的协同共治合力，实现了双赢多赢共赢的社会效果。

第五条 与经济发展水平相适应

无障碍环境建设应当与经济社会发展水平相适应，统筹城镇和农村发展，逐步缩小城乡无障碍环境建设的差距。

要点提示

与经济社会发展水平相适应，是无障碍环境建设推得动、可持续的客观要求。

关联规定

《无障碍环境建设条例》（2012年6月28日）

第三条 无障碍环境建设应当与经济和社会发展水平相适应，遵循实用、易行、广泛受益的原则。

第四条 县级以上人民政府负责组织编制无障碍环境建设发展规划并组织实施。

编制无障碍环境建设发展规划，应当征求残疾人组织等社会组织的意见。

无障碍环境建设发展规划应当纳入国民经济和社会发展规划以及城乡规划。

第六条 经费保障

县级以上人民政府应当将无障碍环境建设纳入国民经济和社会发展规划，将所需经费纳入本级预算，建立稳定的经费保障机制。

关联规定

1.《体育法》（2022年6月24日）

第八十二条 县级以上地方人民政府应当将本行政区域内公共体育场地设施的建设纳入国民经济和社会发展规划、国土空间规划，未经法定程序不得变更。

公共体育场地设施的规划设计和竣工验收，应当征求本级人民政府体育行政部门意见。

公共体育场地设施的设计和建设，应当符合国家无障碍环境建设要求，有效满足老年人、残疾人等特定群体的无障碍需求。

2.《北京市无障碍环境建设条例》（2021年9月24日）

第四条 市、区人民政府应当加强无障碍环境建设与管理，征求残疾人联合会、老年人组织、妇女联合会等有关组织的意见，制定无障碍环境建设发展规划，纳入国民经济和社会发展规划和相应的国土空间规划；建立部门间工作协调机制，统筹解决无障碍环境建设与管理中的重大问题，督促落实各项工作任务。

区人民政府负责组织无障碍设施改造、维护和管理，将无障碍环境维护和管理纳入网格化城市管理体系。

街道办事处、乡镇人民政府按照职责做好本辖区内的无障碍环境建设相关工作。

3.《上海市无障碍环境建设条例》（2023年1月15日）

第四条　市人民政府应当加强对本市无障碍环境建设工作的领导，建立市无障碍环境建设协调机制，研究、决定相关重大事项，统筹部署、协调推进无障碍环境建设工作。

区人民政府应当落实推进本辖区无障碍环境建设的主体责任，建立区无障碍环境建设协调机制；负责组织、协调和管理辖区内无障碍环境建设工作。

市、区无障碍环境建设协调机制办公室，设在市、区住房城乡建设管理部门。

乡镇人民政府、街道办事处应当按照有关规定，并结合阳光助残工程、老年友好社区、儿童友好社区和文明城区创建等，推进辖区无障碍环境建设；督促无障碍设施管理责任人加强对无障碍设施的日常巡查和履行维护管理责任，保障无障碍设施正常使用。

各级人民政府应当将推进无障碍环境建设工作所需经费，纳入本级财政预算。

第八条　市、区人民政府负责组织编制本行政区域无障碍环境建设发展规划，将其纳入国民经济和社会发展规划以及国土空间规划，并组织实施。

住房城乡建设管理、交通运输、城市数字化转型、残疾人事业、老龄事业、养老服务等领域的相关专项规划，应当包含无障碍环境建设的相关内容。

编制无障碍环境建设发展规划和相关领域专项规划，应当征求残疾人联合会、依法设立的老年人组织等社会各方的意见，并通过人民建议征集等方式，听取市民群众的意见。

第七条 政府职责

县级以上人民政府应当统筹协调和督促指导有关部门在各自职责范围内做好无障碍环境建设工作。

县级以上人民政府住房和城乡建设、民政、工业和信息化、交通运输、自然资源、文化和旅游、教育、卫生健康等部门应当在各自职责范围内，开展无障碍环境建设工作。

乡镇人民政府、街道办事处应当协助有关部门做好无障碍环境建设工作。

关联规定

1.《职业教育法》（2022 年 4 月 20 日）

第十八条 残疾人职业教育除由残疾人教育机构实施外，各级各类职业学校和职业培训机构及其他教育机构应当按照国家有关规定接纳残疾学生，并加强无障碍环境建设，为残疾学生学习、生活提供必要的帮助和便利。

国家采取措施，支持残疾人教育机构、职业学校、职业培训机构及其他教育机构开展或者联合开展残疾人职业教育。

从事残疾人职业教育的特殊教育教师按照规定享受特殊教育津贴。

2.《创建全国无障碍建设示范城市（县）管理办法》（2022 年 7 月 22 日）

为贯彻落实《无障碍环境建设条例》要求，加强对创建全国无障碍建设示范城市（县）活动的指导监督，规范申报与认定管理，制定本办法。

一、总则

（一）本办法适用于创建全国无障碍建设示范城市（县）的申报、认定、动态管理及复查等工作。

（二）创建全国无障碍建设示范城市（县）遵循自愿申报、自主创建、科学认定、动态管理、持续建设和复查的原则。

（三）住房和城乡建设部、中国残联负责创建全国无障碍建设示范城市（县）的申报与认定管理工作，为创建工作提供政策指导，总结推广无障碍环境建设示范模式。

二、创建主体

城市（含直辖市的区）、县人民政府。

三、创建区域范围

城市（含直辖市的区）、县的建成区。

四、申报条件

申报创建全国无障碍建设示范城市（县）的地方（以下简称申报地方）应符合以下条件：

（一）对照《创建全国无障碍建设示范城市（县）考评标准》，提出创建目标、制定创建工作方案，编制无障碍环境建设发展规划，制定无障碍设施建设和改造计划，在创建周期内能够达到相应要求；

（二）建立无障碍环境建设工作协调机制，制定相应的地方性法规或规章制度；

（三）加强无障碍设施的运行维护管理，并广泛发挥社会监督作用；

（四）组织开展无障碍环境建设培训和宣传工作，形成良好的舆论氛围；

（五）积极推进信息无障碍建设，提供无障碍信息交流服务；

（六）对包括残疾人、老年人在内的社会成员开展满意度调查，满意度达到80%以上；

（七）近2年未发生严重违背无障碍环境建设的事件，未发生重大安全、污染、破坏生态环境、破坏历史文化资源等事件，未发生严重违背城乡发展规律的破坏性“建设”行为，未被省级以上人民政府或住房和城乡建设主管部门通报批评。

五、创建程序

创建全国无障碍建设示范城市（县）每2年开展一次评选，奇数年为申报年，偶数年为评选年。

（一）申报地方向省级住房和城乡建设主管部门报送创建申请报告，提出创建目标和方案。其中，直辖市作为申报地方的，由直辖市人民政府将创建申请报告报送住房和城乡建设部。

（二）省级住房和城乡建设主管部门、残联对申请报告进行初审，遴选出创建目标和方案科学合理的申报地方。由省级住房和城乡建设主管部门于申报年的6月30日前将申请报告报送住房和城乡建设部。

（三）住房和城乡建设部、中国残联于申报年的12月31日前审核确认申报地方名单，对名单中的申报地方创建全过程跟踪指导，给予政策和技术支持。

（四）省级住房和城乡建设主管部门、残联对照《创建全国无障碍建设示范城市（县）考评标准》组织对申报地方进行评估，对评估总分达80分（含）以上的申报地方，由省级住房和城乡建设主管部门于评选年的6月30日前将评选认定材料报送住房和城乡建设部。其中，直辖市作为申报地方的，自行组织评估达标后由直辖市人民政府将评选认定材料报送住房和城乡建设部。

（五）住房和城乡建设部、中国残联于评选年的12月31日前完成认定命名。

六、评选认定材料

申报地方采用线上线下相结合的方式提交评选认定材料。评选认定材料要真实准确、简明扼要，各项指标支撑材料的种类、出处及统计口径明确，有关资料和表格填写规范。

认定材料主要包括：

（一）创建申请报告；

（二）创建工作情况报告；

（三）创建范围示意地图；

（四）申报地方自体检报告（应包括《创建全国无障碍建设示范城市

（县）考评标准》各项指标）；

（五）评估结果及有关依据资料；

（六）不少于4个能够体现本地无障碍环境建设成效和特色的示范项目相关资料。其中，城市（含直辖市的区）作为申报地方的，至少提供2个以上街道、社区级示范项目；县作为申报地方的，至少提供2个以上镇、村级示范项目。

（七）创建工作影像资料（5分钟内）或图片资料；

（八）能够体现工作成效和特色的其他资料。

七、评选认定组织管理

（一）住房和城乡建设部、中国残联负责组建评选专家组（以下简称专家组），其成员从住房和城乡建设部城市奖项评选专家委员会中选取。专家组负责评选认定材料预审、现场考评及综合评议等具体工作。

参与申报地方所在省（自治区、直辖市）组织的省级评估工作，或为申报地方提供技术指导的专家，原则上不得参与住房和城乡建设部、中国残联组织的对该申报地方的评选工作。

（二）申报地方在评选认定材料或评选过程中有弄虚作假行为的，取消当年申报资格。

八、评选认定程序

（一）评选认定材料预审。

专家组负责评选认定材料预审，形成预审意见。

（二）第三方评价。

住房和城乡建设部、中国残联组织第三方机构，结合城市体检，对无障碍环境建设情况进行第三方评价。第三方评价结果作为评选认定的重要参考。

（三）社会满意度调查。

住房和城乡建设部、中国残联组织第三方机构，了解当地居民对申报地方无障碍环境建设工作的满意度。社会满意度调查结果作为评选认定的重要参考。

（四）现场考评。

根据预审意见、第三方评价和社会满意度调查结果，由专家组提出现场考评建议名单，报住房和城乡建设部、中国残联审核。对通过审核的申报地方，由专家组进行现场考评。

申报地方至少应在专家组抵达前两天，在当地不少于两个主要媒体上向社会公布专家组工作时间、联系电话等相关信息，便于专家组听取各方面的意见、建议，并组织包括残疾人、老年人在内的当地居民报名参与现场考评。

现场考评程序：

1. 听取申报地方的创建工作汇报；

2. 查阅评选认定材料及有关原始资料；

3. 随机抽查当地创建工作及示范项目应用情况（抽查的示范项目不少于2个），对群众举报和媒体曝光问题线索进行核查；

4. 专家组选定包括残疾人、老年人在内的当地居民代表参与现场考评，并将其意见作为现场考评意见的重要参考；

5. 专家组成员在独立提出意见和评分结果的基础上，经集体讨论，形成现场考评意见；

6. 专家组就现场考评中发现的问题及建议进行现场反馈；

7. 专家组将现场考评意见书面报住房和城乡建设部、中国残联。

（五）综合评议。

住房和城乡建设部、中国残联组织综合评议，形成综合评议意见，确定创建全国无障碍建设示范城市（县）建议名单。

（六）公示及命名。

创建全国无障碍建设示范城市（县）建议名单在住房和城乡建设部门户网站公示，公示期为10个工作日。公示无异议的，由住房和城乡建设部、中国残联正式命名。

九、动态管理及复查工作

创建全国无障碍建设示范城市（县）命名有效期为5年。

（一）已获创建全国无障碍建设示范城市（县）命名的地方（不含直辖市）应于有效期满前一年向省级住房和城乡建设主管部门提出复查申

请，并提交自评报告。未申请复查的，称号不再保留。复查按照现行的管理办法和考评标准开展。

（二）省级住房和城乡建设主管部门、残联于有效期满前半年完成复查，并将复查报告报送住房和城乡建设部。获命名直辖市由直辖市人民政府将复查报告报送住房和城乡建设部。

（三）住房和城乡建设部受理省级住房和城乡建设主管部门和直辖市人民政府报送的复查报告，住房和城乡建设部、中国残联于有效期届满前组织完成抽查复核。

（四）复查通过的地方，继续保留其创建全国无障碍建设示范城市（县）称号；对于未通过复查且在一年内整改不到位的，撤销其称号。保留称号期间发生严重违背无障碍环境建设的事件，发生重大安全、污染、破坏生态环境、破坏历史文化资源等事件，违背城乡发展规律的破坏性“建设”行为的，给予警告直至撤销称号。被撤销创建全国无障碍建设示范城市（县）称号的，不得参加下一申报年度的申报与评选。

发现省级住房和城乡建设主管部门在复查过程中弄虚作假的，暂停受理该省（自治区、直辖市）下一申报年度创建全国无障碍建设示范城市（县）的申报。

十、附则

本办法由住房和城乡建设部、中国残联制定，由住房和城乡建设部负责解释。

附件：创建全国无障碍建设示范城市（县）考评标准（略）

3.《北京市无障碍环境建设条例》（2021 年 9 月 24 日）

第五条　规划自然资源、住房和城乡建设、城市管理、交通、市场监督管理、文化和旅游、通信、经济和信息化、教育、体育、卫生健康、民政、农业农村、园林绿化等部门应当将无障碍环境建设内容纳入相关专项规划，并组织实施，依据法定职责，加强指导监督检查；制定本市无障碍环境建设领域相关的地方标准。

4.《上海市无障碍环境建设条例》（2023 年 1 月 15 日）

第五条 住房城乡建设管理部门负责无障碍环境建设协同推进工作，具体负责公共建筑、居住建筑无障碍设施工程建设活动的监督管理工作，并会同有关部门对公共建筑和居住建筑无障碍建设项目的使用状况进行监督管理。

交通部门负责道路、交通运输设施无障碍设施工程建设活动和使用状况的监督管理工作。

经济信息化部门负责信息无障碍建设的指导、推进和监督管理工作，推动无障碍信息传播与交流。

民政部门负责养老服务机构、儿童福利机构、残疾人养护机构等无障碍环境建设的指导、推进和监督管理工作，组织推动老年人家庭适老化改造。

卫生健康部门负责组织拟订、协调落实应对人口老龄化的政策措施，推动无障碍环境建设相关工作；负责医疗卫生机构等无障碍环境建设的指导、推进和监督管理工作。

教育、体育部门负责学校、体育健身场所等无障碍环境建设的指导、推进和监督管理工作。

商务、文化旅游、绿化市容部门负责商业、文化、旅游、公园绿地等无障碍环境建设的指导、推进和监督管理工作。

发展改革、财政、规划资源、房屋管理、农业农村、科技、市场监督管理、公安、民族宗教、司法行政、金融管理、机关事务管理、城管执法等部门在各自职责范围内，负责无障碍环境建设相关工作。

典型案例

浙江省检察机关督促规范无障碍环境建设行政公益诉讼系列案①

◎ 关键词： 行政公益诉讼诉前程序；无障碍环境建设；专项行动；系统

① 《最高检发布无障碍环境建设公益诉讼典型案例》，载最高人民检察院网，https：//www.spp.gov.cn/spp/xwfbh/wsfbh/202105/t20210514_ 518136.shtml，最后访问时间：2023 年 5 月 1 日。

治理

◎ 要旨

检察机关积极稳妥拓展公益诉讼案件范围，将无障碍环境建设作为特殊群体权益保障新领域的重点，围绕党中央重大决策部署，对照无障碍环境建设存在的突出问题部署开展专项监督，找准同类违法点和对应责任主体，坚持系统抓、抓系统，结合监督办案总结推广治理经验，依托制度机制巩固深化办案成果。

◎ 基本案情

2020 年 1 月，浙江省杭州市人民检察院（以下简称杭州市院）在杭州市人大常委会的监督支持下，积极稳妥探索将无障碍环境建设纳入公益诉讼新领域，结合实地踏勘、走访调查发现，全市范围内无障碍环境建设不规范、不均衡、不系统问题较为普遍，涉及交通出行、日常生活、办公办事等多重环境维度，侵犯了残疾人、老年人、儿童、孕妇等特殊群体平等参与社会生活的基本权利，相关职能部门未能依法履职，存在监督管理缺位现象。浙江省人民检察院（以下简称浙江省院）经调研发现，全省同样存在类似问题，损害了社会公共利益。

◎ 调查和督促履职

（一）杭州市院履职情况

杭州市院在前期调研走访的基础上，于 2020 年 1 月印发《关于开展无障碍环境建设检察公益诉讼专项监督行动的实施方案》，在全市部署开展无障碍环境建设检察公益诉讼专项监督。截至 2020 年底，杭州检察机关共排查发现无障碍环境建设违法点 130 处，发出行政公益诉讼诉前检察建议 36 份，督促城管、住建、文广、市监、港航、园文等职能部门依法履行监管职责，加强和规范无障碍环境建设。相关职能部门收到检察建议后，均高度重视，认真进行整改落实，并按期进行了书面回复，检察建议相关违法点全部整改到位。

2020 年 5 月，杭州市院组织召开全市无障碍环境建设检察公益诉讼专项监督座谈会，推动相关职能部门开展行业内部专项排查，促进系统治理。各行业主管部门主动作为、举一反三，除检察建议涉及的违法点外，另有68个公共停车场共计617个无障碍停车位已完成增设或整改，4045处城市主要道路上的盲道障碍物被清除，674处破损、缺失的无障碍设施（不含盲道）恢复正常使用功能，20座人行天桥配套无障碍设施实施改造，客运码头无障碍通道设置率达78%，轮椅配备率达85%，1座县级公共图书馆增设盲人阅读专区，实现“办理一案、治理一片”的监督效果。

2020年10月，杭州市院联合杭州市无障碍环境建设领导小组办公室制定《关于强化检察公益诉讼职能 服务保障无障碍环境建设的十一条意见》，为进一步深化无障碍环境建设检察公益诉讼监督提供制度保障。

（二）浙江省院履职情况

浙江省院全程跟进、指导杭州市检察机关开展无障碍环境建设检察公益诉讼专项监督行动，组织开展专题调研并形成报告，深入分析全省无障碍环境建设存在的主要问题。一是建设管理方面缺乏规范，表现为尚未配置无障碍设施、设施配置不健全、设施功能发挥受限等问题。二是建设进程碎片化问题突出，表现为设施衔接不到位、服务指引不充分、区域发展不平衡等问题。三是监管领域全流程把控不严，表现为建设环节主体责任落空、审核环节行政监管缺失、使用环节维护管养不力等问题。浙江省院认为，相关职能部门无障碍环境设施的规划建设、改造提升和运行维护等监督管理职责缺位情况不是个别现象，在全省各界冲刺筹备2022年杭州亚（残）运会的背景下，有必要在全省范围内开展系统化的专项监督。

2020年7月，在最高检指导下，浙江省院印发公益诉讼检察办案指引，全面梳理无障碍环境建设违法点、部门职责、相关法律法规等，推广杭州市检察机关办案经验，供全省公益诉讼检察部门学习借鉴。2020年9月，浙江省院印发《关于开展无障碍环境建设检察公益诉讼专项监督行动的通知》，决定在全省范围内开展无障碍环境建设检察公益诉讼专项监督行动，重点针对全省58个2022年杭州亚（残）运会比赛场馆及城市相关配套设施开展专项监督。

浙江省院围绕机场、铁路客站等站内站外无障碍环境设施衔接等重点问题自行立案办理，与浙江省住建、交通运输、国资委等部门开展磋商，推动相关问题解决。杭州铁路运输检察院开展浙江铁路无障碍环境建设检察公益诉讼专项监督行动，共排查发现232处问题点，立案8件，制发检察建议8份，组织召开问题整改协调会，推动铁路部门将整改资金纳入经费预算，确保整改到位。宁波市鄞州区人民检察院召开公开听证会，推动全区830处不规范无障碍设施引导标识专项治理。金华市金东区人民检察院对辖区范围主干道进行详细排查，发现包括提示盲道设置不规范、盲道引导错误等18大问题、428个问题点，并会同金东区住建、综合执法、文明办、残联等单位召开圆桌会议，共同保障盲人脚下安全。截至2021年3月底，全省检察机关立案办理无障碍环境建设行政公益诉讼案264件，发送检察建议245份。全省11个地市检察院和相关基层院实现无障碍环境公益诉讼案件办理“全覆盖”，推动相关问题的系统治理和有效解决。

2021年3月，浙江省院与浙江省残疾人联合会共同出台《关于建立公益诉讼配合协作机制的意见》，明确对口联系、信息通报、线索移送、办案协作等工作机制，充分发挥检察机关和残疾人联合会专业优势，形成工作合力，促进长效机制建设，共同保护残疾人群体合法权益。

◎ 典型意义

创造无障碍环境，是保障残疾人等特殊群体平等参与社会生活的重要条件，也事关每个公民有特殊需求时的应急保障，体现社会文明进步和公平正义。浙江省检察机关找准无障碍环境建设与2022年杭州亚（残）运会的切入点与着力点，以专项监督为手段，抓住多发性、普遍性问题长期存在的症结，以系统化专项监督推动系统性治理。同时，联合相关职能部门建立长效机制，切实增强检察监督的整体性、协同性与全面性。针对部分行业垂直管理体制造成的客观监管障碍，由省级检察院指导地方检察机关与专门检察机关形成协同办案的“一体化”格局，提升检察监督合力。

第八条 社会团体职责

残疾人联合会、老龄协会等组织依照法律、法规以及各自章程，协助各级人民政府及其有关部门做好无障碍环境建设工作。

第九条 立法征求意见

制定或者修改涉及无障碍环境建设的法律、法规、规章、规划和其他规范性文件，应当征求残疾人、老年人代表以及残疾人联合会、老龄协会等组织的意见。

关联规定

1.《北京市无障碍环境建设条例》（2021 年 9 月 24 日）

第六条 无障碍环境建设是全社会的共同责任，政府、市场、社会和个人共同推动无障碍环境建设。

任何单位和个人都应当爱护无障碍环境，有权对破坏无障碍环境的行为进行劝阻、投诉和举报。

残疾人联合会、老年人组织、妇女联合会等有关组织可以邀请人大代表、政协委员、专家学者、市民代表等担任监督员，对无障碍环境建设和管理进行监督，向有关部门提出意见和建议；有关部门应当为监督工作提供便利，对意见和建议及时办理并答复。

2.《上海市无障碍环境建设条例》（2023 年 1 月 15 日）

第六条 工会、共产主义青年团、妇女联合会、残疾人联合会、依法设立的老年人组织等组织按照法律、法规和各自章程，协助各级人民政府及其有关部门开展无障碍环境建设工作。

相关行业组织应当发挥行业自律作用，协助本行业开展无障碍环境建设相关工作。

第十条 国家鼓励支持无障碍建设

国家鼓励和支持企业事业单位、社会组织、个人等社会力量，通过捐赠、志愿服务等方式参与无障碍环境建设。

国家支持开展无障碍环境建设工作的国际交流与合作。

关联规定

《北京市无障碍环境建设条例》（2021年9月24日）

第七条 本市支持无障碍环境的科学技术研究，加强相关领域人才培养，鼓励采用无障碍通用设计的技术和产品，推进无障碍技术和产品的开发、应用和推广。

鼓励公民、法人和其他组织为无障碍环境建设提供捐助和志愿服务。

政府及其有关部门应当提供资金、人员培训等方面的支持，鼓励以服务残疾人、老年人为宗旨的公益慈善组织的发展。

对在无障碍环境建设工作中作出显著成绩的单位和个人，按照国家和本市有关规定，给予表彰和奖励。

第十一条 表彰和奖励

对在无障碍环境建设工作中做出显著成绩的单位和个人，按照国家有关规定给予表彰和奖励。

关联规定

1.《北京市无障碍环境建设条例》（2021年9月24日）

第七条 本市支持无障碍环境的科学技术研究，加强相关领域人才培养，鼓励采用无障碍通用设计的技术和产品，推进无障碍技术和产品的开发、应用和推广。

鼓励公民、法人和其他组织为无障碍环境建设提供捐助和志愿服务。

政府及其有关部门应当提供资金、人员培训等方面的支持，鼓励以服务残疾人、老年人为宗旨的公益慈善组织的发展。

对在无障碍环境建设工作中作出显著成绩的单位和个人，按照国家和本市有关规定，给予表彰和奖励。

2.《上海市无障碍环境建设条例》（2023 年 1 月 15 日）

第十七条 市、区人民政府应当建立和完善本市无障碍环境建设目标责任制和考核评价制度，将无障碍环境建设目标完成情况纳入对所属部门、下一级人民政府和街道办事处的考核评价内容。具体考核办法由市、区人民政府另行制定。

对在无障碍环境建设工作中作出显著成绩的单位和个人，按照国家和本市有关规定给予表彰和奖励。

第二章 无障碍设施建设

第十二条 无障碍设施工程建设

新建、改建、扩建的居住建筑、居住区、公共建筑、公共场所、交通运输设施、城乡道路等，应当符合无障碍设施工程建设标准。

无障碍设施应当与主体工程同步规划、同步设计、同步施工、同步验收、同步交付使用，并与周边的无障碍设施有效衔接、实现贯通。

无障碍设施应当设置符合标准的无障碍标识，并纳入周边环境或者建筑物内部的引导标识系统。

关联规定

1.《残疾人保障法》（2018 年 10 月 26 日）

第五十三条第二款 新建、改建和扩建建筑物、道路、交通设施等，应当符合国家有关无障碍设施工程建设标准。

2.《老年人权益保障法》（2018 年 12 月 29 日）

第六十四条 国家制定无障碍设施工程建设标准。新建、改建和扩建道路、公共交通设施、建筑物、居住区等，应当符合国家无障碍设施工程建设标准。

各级人民政府和有关部门应当按照国家无障碍设施工程建设标准，优先推进与老年人日常生活密切相关的公共服务设施的改造。

无障碍设施的所有人和管理人应当保障无障碍设施正常使用。

3.《无障碍环境建设条例》（2012 年 6 月 28 日）

第九条 城镇新建、改建、扩建道路、公共建筑、公共交通设施、居住建筑、居住区，应当符合无障碍设施工程建设标准。

乡、村庄的建设和发展，应当逐步达到无障碍设施工程建设标准。

4.《“十四五”残疾人保障和发展规划》（2021 年 7 月 8 日）

3. 提升无障碍设施建设管理水平。新建设施严格执行无障碍相关标准规范。在乡村建设行动、城市更新行动、城镇老旧小区改造和居住社区建设中统筹推进无障碍设施建设和改造。城市道路、公共交通、社区服务设施、公共服务设施和残疾人服务设施、残疾人集中就业单位等加快开展无障碍设施建设和改造。提高残疾人家庭无障碍改造水平。加快推广无障碍公共厕所。探索传统无障碍设施设备数字化、智能化升级。开展无障碍市县村镇达标验收工作。提高无障碍设施规划建设管理水平，推进无障碍设计设施认证工作，提高全社会无障碍意识，加强无障碍监督，保障残疾人、老年人等通行安全和使用便利。

5.《北京市无障碍环境建设条例》（2021 年 9 月 24 日）

第九条 新建、扩建和改建道路、公共建筑、公共交通设施、居住建筑、居住区，应当符合无障碍设施工程建设标准。有关单位应当严格执行国家和本市关于无障碍设施工程建设的标准，保障残疾人、老年人等社会成员的通行安全和使用便利。

新建、扩建和改建的无障碍设施工程应当与主体工程同步设计、同步施工、同步验收投入使用，并与周边的无障碍设施相衔接。

6.《上海市无障碍环境建设条例》（2023年1月15日）

第十八条 新建、改建、扩建的居住建筑、居住区、公共建筑、公共场所、交通运输设施、道路等，应当符合无障碍设施工程建设标准。

无障碍设施应当与主体工程同步设计、同步施工、同步验收、同步交付使用。新建、改建、扩建的无障碍设施，应当与周边的无障碍设施相衔接。

无障碍设施应当设置符合标准的无障碍标识，并纳入周边环境或者建筑物内部的引导标识系统。无障碍标识应当位置醒目，内容清晰、规范，指明无障碍设施的走向和位置。

典型案例

浙江省宁波市鄞州区人民检察院督促整治无障碍指引标识行政公益诉讼案①

◎ **关键词：**行政公益诉讼诉前程序；无障碍指引标识；公开听证

◎ **要旨**

检察机关围绕无障碍指引标识数量稀少、内容混乱、功能欠缺等不规范问题，通过召开公开听证会、制发诉前检察建议等方式，督促商务部门、综合行政执法部门对不规范的无障碍指引标识进行专项治理，保障特殊群体便捷、有效使用。

◎ **基本案情**

近年来，浙江省宁波市鄞州区辖区内公共场所及大型商场无障碍指引标识体系存在诸多不规范，残障人士进入公共场所后无法准确、便捷获取无障碍设施位置，造成出行不便，侵害了特殊群体权益，也损害了社会公

① 《最高检发布无障碍环境建设公益诉讼典型案例》，载最高人民检察院网，https://www.spp.gov.cn/spp/xwfbh/wsfbh/202105/t20210514_518136.shtml，最后访问时间：2023年5月1日。

共利益。

◎ 调查和督促履职

2020年3月，浙江省宁波市鄞州区残疾人联合会（以下简称鄞州区残联）向鄞州区人民检察院（以下简称鄞州区院）反映上述问题，鄞州区院经分析研判决定立案，并邀请区残联一起开展调查。经调查查明：鄞州区有2个大中型公共设施和5个大型商场内存在无障碍环境设施引导标识数量缺少、功能欠缺等不规范问题，严重影响无障碍设施正常使用。同时，因无障碍环境设施引导标识不清、出行不便等，残障人士很少外出购物休闲，无障碍设施实际使用率低。鄞州区院认为，鄞州区商务局、区综合行政执法局对案涉无障碍标识负有监管职责，因其未依法履职，导致公共利益受损。

2020年7月27日，鄞州区院召开公开听证会，邀请群众代表、残联代表、行政机关代表、涉案企业代表参会。各方围绕“是否违反法定标准”“行政监管部门是否依法履职”“如何提升无障碍设施运行与维护水平”等问题，全面陈述意见并充分研究，达成由相关职能部门依照法定标准设立无障碍标识体系、确保公共场所无障碍标识设置全覆盖、残联参与对无障碍标识的实用性进行评价等共识。会后，该院制发诉前检察建议，督促区商务局、区综合行政执法局对涉案企业依法治理，并在全区开展无障碍设施专项治理活动。

两单位收到检察建议后，区商务局约谈并责令案涉企业纠正违法行为，指导相关企业提升无障碍设施运维水平；区综合行政执法局迅速进行实地勘察，责令相关企业对42块不规范引导标识进行改造，同时推动全区830块无障碍设施引导标识专项治理。截至2020年9月底，全区主要道路、公共建筑物附近无障碍引导标识已完成全覆盖。

◎ 典型意义

无障碍标识是供残障人士及其他有特殊需求人群使用的无障碍设施标志及公共信息图形符号，是提升无障碍设施使用效率的服务指引。无障碍标识应当设置在公共设施显著位置，应当清晰指明无障碍设施的走向及位置。当前，我国城市无障碍指引标识有较大改进空间，标识设置的不规范问题降低了特殊群体生活便利性。以检察公益诉讼推动无障碍标识规范化，对维护社会公共利益、推进市域社会治理现代化、提升特殊群体生活幸福指数具有重要意义。本案中，检察机关积极回应特殊群体关切，以公开听证方式督促监管部门开展专项治理，在市域范围形成规范管理使用无障碍标识的共识，取得良好办案效果和社会效果。

第十三条 国家鼓励先进的理念技术

国家鼓励工程建设、设计、施工等单位采用先进的理念和技术，建设人性化、系统化、智能化并与周边环境相协调的无障碍设施。

关联规定

《无障碍环境建设条例》（2012年6月28日）

第十条 无障碍设施工程应当与主体工程同步设计、同步施工、同步验收投入使用。新建的无障碍设施应当与周边的无障碍设施相衔接。

第十四条 建设经费与验收

工程建设单位应当将无障碍设施建设经费纳入工程建设项目概预算。

工程建设单位不得明示或者暗示设计、施工单位违反无障碍设施工程建设标准；不得擅自将未经验收或者验收不合格的无障碍设施交付使用。

关联规定

1.《北京市无障碍环境建设条例》（2021年9月24日）

第十条 建设单位不得明示或者暗示设计单位或者施工单位违反无障

碍设施工程建设强制性标准，降低无障碍设施工程建设质量。

建设单位组织建设工程竣工验收，应当同步对无障碍设施进行验收，根据实际需要可以邀请残疾人、老年人等代表对无障碍设施进行试用体验，听取意见和建议。

建设单位向住房和城乡建设或者其他专业工程行政主管部门报送备案的工程竣工验收报告应当包含无障碍设施建设情况。

2.《上海市无障碍环境建设条例》（2023 年 1 月 15 日）

第十九条 工程建设单位应当将无障碍设施建设经费纳入工程建设项目概预算；在组织建设工程竣工验收时，应当同时对无障碍设施进行验收，在工程竣工验收报告中说明无障碍设施验收情况，并依法办理竣工验收备案手续。

第十五条 设计与审查

工程设计单位应当按照无障碍设施工程建设标准进行设计。

依法需要进行施工图设计文件审查的，施工图审查机构应当按照法律、法规和无障碍设施工程建设标准，对无障碍设施设计内容进行审查；不符合有关规定的，不予审查通过。

关联规定

1.《北京市无障碍环境建设条例》（2021 年 9 月 24 日）

第十一条 设计单位开展建设工程设计，应当按照无障碍设施工程建设标准同步设计无障碍设施。无障碍设施设计内容应当在建设工程设计总说明中进行单项说明。

规划自然资源部门审核建设工程设计方案，应当执行无障碍设施工程建设标准，并就无障碍设施工程建设征求住房和城乡建设、交通等部门的意见。

施工图审查单位审核建设工程施工图设计文件，应当按照有关法律、法规和无障碍设施工程建设标准对无障碍设施施工图进行审查。

2.《上海市无障碍环境建设条例》（2023年1月15日）

第二十条 工程设计单位应当按照无障碍设施工程建设标准，设计无障碍设施。无障碍设施设计内容应当在建设工程设计总说明中进行专项说明。

依法应当进行施工图设计文件审查的，工程施工单位应当按照审查合格的施工图设计文件和相关技术标准，建设无障碍设施，并对施工质量负责。

委托监理的，工程监理单位应当根据相关规定和合同约定，按照审查合格的施工图设计文件和相关技术标准，对无障碍设施施工进行监理。

第十六条 施工和监理

工程施工、监理单位应当按照施工图设计文件以及相关标准进行无障碍设施施工和监理。

住房和城乡建设等主管部门对未按照法律、法规和无障碍设施工程建设标准开展无障碍设施验收或者验收不合格的，不予办理竣工验收备案手续。

关联规定

1.《北京市无障碍环境建设条例》（2021年9月24日）

第十二条 施工单位应当按照施工图设计文件和有关标准进行无障碍设施的施工。

工程监理单位应当按照无障碍设施工程建设标准和施工图设计文件，对无障碍设施的施工质量实施监督管理，承担监理责任。

第十三条 住房和城乡建设以及相关专业工程行政主管部门应当对无

障碍设施建设工程质量实施监督管理。

建设工程质量监督机构出具的建设工程质量监督报告，应当包含无障碍设施建设的相关情况。

2.《上海市无障碍环境建设条例》（2023年1月15日）

第二十一条 规划资源部门在审核建设工程设计方案时，应当就配套的无障碍设施建设要求，征询住房城乡建设管理、交通等相关部门的意见。

施工图审查机构审核建设工程施工图设计文件时，应当按照法律、法规和无障碍设施工程建设标准，对无障碍设施设计内容进行审查；不符合有关强制性标准相关技术要求的，不予审查通过。

受住房城乡建设管理、交通等相关部门委托的建设工程质量监督机构提交的建设工程质量监督报告中，应当包含无障碍设施建设的内容。

第十七条 意见征询和体验试用

国家鼓励工程建设单位在新建、改建、扩建建设项目的规划、设计和竣工验收等环节，邀请残疾人、老年人代表以及残疾人联合会、老龄协会等组织，参加意见征询和体验试用等活动。

第十八条 无障碍设施改造

对既有的不符合无障碍设施工程建设标准的居住建筑、居住区、公共建筑、公共场所、交通运输设施、城乡道路等，县级以上人民政府应当根据实际情况，制定有针对性的无障碍设施改造计划并组织实施。

无障碍设施改造由所有权人或者管理人负责。所有权人、管理人和使用人之间约定改造责任的，由约定的责任人负责。

不具备无障碍设施改造条件的，责任人应当采取必要的替代性措施。

关联规定

1.《残疾人保障法》（2018年10月26日）

第五十三条第三款 各级人民政府和有关部门应当按照国家无障碍设施工程建设规定，逐步推进已建成设施的改造，优先推进与残疾人日常工作、生活密切相关的公共服务设施的改造。

对无障碍设施应当及时维修和保护。

2.《无障碍环境建设条例》（2012年6月28日）

第十一条 对城镇已建成的不符合无障碍设施工程建设标准的道路、公共建筑、公共交通设施、居住建筑、居住区，县级以上人民政府应当制定无障碍设施改造计划并组织实施。

无障碍设施改造由所有权人或者管理人负责。

3.《北京市无障碍环境建设条例》（2021年9月24日）

第十四条 无障碍设施管理责任人应当加强对无障碍设施的日常巡查，履行下列维护管理责任，确保无障碍设施正常使用：

（一）设置符合国家标准的无障碍标识，保证标识位置醒目、内容清晰、规范，指明无障碍设施的走向以及具体位置；

（二）定期对无障碍设施进行维护和保养；

（三）发现无障碍设施、标识损毁、损坏的，及时维修；

（四）发现无障碍设施被占用的，及时纠正；

（五）对确需改造的无障碍设施，履行改造责任。

本条前款所称管理责任人，是指道路、公共建筑、公共交通设施、居住建筑、居住区的所有权人；所有权人、管理人和使用人对维护管理和改造责任的承担另有约定的，按照约定执行。

第十五条第一款、第二款 已经建成的道路、公共建筑、公共交通设施、居住建筑、居住区应当建设但未建设无障碍设施的，有关管理责任人应当在限定的时间内完成整改。

已经建成且无障碍设施符合原建设标准的道路、公共建筑、公共交通设施、居住建筑、居住区，按照新的标准进行无障碍设施改造的，由市人民政府组织有关部门制定无障碍设施改造计划，区人民政府负责组织实施，管理责任人应当在限定的时间内完成改造。市、区人民政府可以采取财政补贴等措施予以扶持。具体扶持办法由市政府有关部门制定。

4.《上海市无障碍环境建设条例》（2023年1月15日）

第二十二条 无障碍设施管理责任人应当加强对无障碍设施的日常巡查，履行下列维护管理职责，保障无障碍设施正常、安全使用：

（一）定期对无障碍设施进行维护和保养；

（二）发现无障碍设施、标识损毁、损坏的，及时维修；

（三）发现无障碍设施被擅自占用的，及时纠正；

（四）对确需改造的无障碍设施，履行改造责任。

前款所称管理责任人，是指居住建筑、居住区、公共建筑、公共场所、交通运输设施、道路等的所有权人。所有权人、管理人和使用人对维护管理责任有约定的，按照约定执行；法律、法规另有规定的，从其规定。

第二十三条 对既有的不符合无障碍设施工程建设标准的居住建筑、居住区、公共建筑、公共场所、交通运输设施、道路等，市住房城乡建设管理、交通、房屋管理等相关部门，以及区人民政府应当在各自职责范围内，推进无障碍设施改造工作，制定计划并组织实施。

市、区人民政府有关部门应当按照“放管服”改革的要求，对无障碍设施建设、改造项目简化审批材料、缩减审批时限、优化审批环节，提高审批效能。

无障碍设施改造由管理责任人负责。不具备无障碍设施改造条件的，管理责任人应当采取必要的替代性措施，为有无障碍需求的社会成员提供帮助或者服务。

典型案例

黑龙江省铁路检察机关督促健全铁路旅客车站无障碍设施行政公益诉讼系列案①

◎ **关键词**：行政公益诉讼诉前程序；车站无障碍设施；公共安全

◎ **要旨**

铁路检察机关针对沿线火车站无障碍设施不健全，致使残障人士、老年人等特殊群体出行困难的突出问题，充分发挥专门检察机关和跨行政区划管辖优势，立足保障安全生产和强化应急管理，统一部署开展区域性专项监督，督促协同相关行政机关、铁路企业依法履职尽责，切实维护特殊群体合法权益，推动精细化、人性化社会治理。

◎ **基本案情**

2021年初，黑龙江省齐齐哈尔铁路运输检察院（以下简称齐齐哈尔铁检院）根据齐齐哈尔市人大常委会交办的线索，对辖区七区九县各火车站无障碍设施建设情况进行了摸排并立案办理。黑龙江省人民检察院哈尔滨铁路运输分院（以下简称哈铁分院）举一反三，调查发现省内大部分铁路旅客车站均未设置无障碍停车位或无障碍停车位设置数量不够，未设置无障碍标识或标识不清，无障碍通道不畅受阻，个别车站存在无障碍停车位对残疾人收费、站台内部未设置无障碍站台等问题，影响残疾人、老年人等特殊群体出行便利，存在一定的安全隐患，损害了社会公共利益。

◎ **调查和督促履职**

2021年3月起，哈铁分院充分发挥一体化办案机制优势，整合两级铁路检察机关公益诉讼检察力量，围绕铁路管辖范围开展了铁路无障碍环境建设检察公益诉讼专项监督工作，对辖区内245个火车站进行全覆盖走访勘查和系统梳理，共计摸排个案、类案线索42件。哈铁分院检察长直接办案，以办理方正县火车站无障碍设施不健全行政公益诉讼案为样本，指

---

① 《最高检发布无障碍环境建设公益诉讼典型案例》，载最高人民检察院网，https://www.spp.gov.cn/spp/xwfbh/wsfbh/202105/t20210514_518136.shtml，最后访问时间：2023年5月1日。

导两级铁路检察机关突出办案重点，查清问题成因，依据相关领域的法律法规及行业标准，找准责任主体，消除铁路企业与地方行政机关在火车站无障碍环境建设领域的监督管理盲区，确保监督对象适格、法律依据准确、建议内容合理。

截至目前，黑龙江两级铁路检察机关共针对11个县市区的火车站无障碍设施不健全问题立案11件，并制发诉前检察建议，督促主管建设等行政机关依法履行监管职责，落实无障碍环境建设法律规定和强制标准，及时监督、整改、消除影响特殊群体出行的安全隐患。行政机关收到检察建议后，第一时间与检察机关对接整改。齐齐哈尔铁检院在办案中邀请市、县残联，政府及住建、城管部门共同磋商，通过检察官现场出示证据、释法说理，督促相关行政机关对火车站无障碍设施建设、改进情况加强监管，并由残联提供具体国家标准和监督验收。

2021年4月29日，哈铁分院与黑龙江省残联召开“无障碍建设专项监督行动”座谈会，双方就健全日常联系机制、建立联合调查机制、健全联合监督机制、推动信息共享、联合开展宣传工作、明确责任部门等六个方面达成共识，并随即推动齐齐哈尔、佳木斯、鹤岗、双鸭山等地残联与相关铁路检察院建立协作机制，在办案中邀请残障人士参与整改验收，形成司法监督与社会监督合力。

◎ 典型意义

铁路检察机关在开展守护美好生活公益诉讼专项活动中，以改善铁路旅客车站的无障碍环境作为服务残疾人、老年人等特殊群体的切入点和着力点，充分发挥铁路检察机关在铁路与地方之间的桥梁纽带作用，积极争取残联等各方面的支持，通过诉前检察建议、圆桌会议等方式，以监督办案推动长效协作机制建设，合力消除火车站无障碍环境建设的监管盲区，努力让火车站成为社会文明窗口，以中国铁路的高质量发展更好地保障特殊群体的高品质生活。

第十九条 家庭无障碍设施改造

县级以上人民政府应当支持、指导家庭无障碍设施改造。对符合条件的残疾人、老年人家庭应当给予适当补贴。

居民委员会、村民委员会、居住区管理服务单位以及业主委员会应当支持并配合家庭无障碍设施改造。

关联规定

1.《无障碍环境建设条例》（2012 年 6 月 28 日）

第十二条 县级以上人民政府应当优先推进下列机构、场所的无障碍设施改造：

（一）特殊教育、康复、社会福利等机构；

（二）国家机关的公共服务场所；

（三）文化、体育、医疗卫生等单位的公共服务场所；

（四）交通运输、金融、邮政、商业、旅游等公共服务场所。

2.《住房城乡建设部等部门关于加强老年人家庭及居住区公共设施无障碍改造工作的通知》（2014 年 7 月 8 日）

一、提高对老年人家庭及居住区公共设施无障碍改造工作重要性的认识

为老年人提供安全、便利的无障碍设施，是改善民生、为老服务的重要举措，也是完善以居家为基础、社区为依托、机构为支撑的社会养老服务体系的重要工作。各地积极推进无障碍环境建设，促进了老年人家庭和居住区公共设施无障碍改造，无障碍环境有效改善。但与养老服务业发展目标、养老服务需求等还有较大差距。各地住房城乡建设、民政、财政、残联、老龄等主管部门要高度重视，履职尽责，加强配合，认真贯彻落实《意见》提出的“推动和扶持老年人家庭无障碍设施改造，加快推进坡道、电梯等与老年人日常生活密切相关的公共设施改造”的工作任务。

二、切实推进老年人家庭及居住区公共设施无障碍改造

按照中央和省级人民政府要求，在推进老年人家庭和居住区公共服务设施无障碍改造工作中，要加强业务指导，积极筹措资金；要加强沟通协调，畅通意见反馈渠道。无障碍改造方案应征求受助家庭和相关居民意见。

（一）老年人家庭无障碍改造

各地住房城乡建设主管部门要会同民政、财政、残联、老龄等主管部门制定年度老年人家庭无障碍改造计划，明确目标任务、工作进度、质量标准和检查验收要求，并对改造完成情况进行汇总。老年人家庭无障碍改造应体现个性化需求，并重点解决居家生活基本需要。年度改造计划制定应遵循公平、公正、公开原则，优先安排贫困、病残、高龄、独居、空巢、失能等特殊困难老年人家庭。

对纳入年度改造计划的贫困老年人家庭，县级以上地方人民政府可以给予适当补助，由民政主管部门会同财政主管部门确定资金补助标准，并明确资金监管要求，财政主管部门要对补助资金使用进行审核和监管。

各地民政、老龄主管部门要明确老年人家庭无障碍改造的申请条件、审核、公示、监管、用户反馈等工作程序以及实施要求，对拟纳入年度改造计划的老年人家庭情况进行复核。

各地残联要积极推进贫困残疾老年人家庭无障碍改造工作，并将改造完成情况纳入当地老年人家庭无障碍改造统计范围。

（二）居住区公共设施无障碍改造

各地住房城乡建设主管部门要会同民政、财政、残联、老龄等主管部门，制定年度居住区公共设施无障碍改造计划，明确责任单位、目标任务、工作进度、质量标准和检查验收要求，并对改造完成情况进行汇总。居住区公共设施无障碍改造计划可结合老（旧）居住（小）区整治、棚户区改造、建筑抗震加固等专项工作以及创建无障碍环境市县工作统筹安排。

居住区公共设施无障碍改造应严格执行无障碍设施建设相关标准规范，提高无障碍设施安全性和系统性，重点推进居住区缘石坡道、轮椅坡

道、人行通道，以及建筑公共出入口、公共走道、地面、楼梯、电梯候梯厅及轿厢等设施和部位的无障碍改造。

居住区公共设施无障碍改造资金应列入地方政府财政预算，由民政主管部门会同财政主管部门确定资金补助标准，并明确资金监管要求，财政主管部门要对补助资金使用进行审核和监管。

三、加强老年人家庭及居住区公共设施无障碍改造标准规范宣贯培训和咨询服务

各地住房城乡建设主管部门要组织开展无障碍设施建设有关标准规范宣贯培训，从2014年起，将无障碍设施建设有关标准规范纳入相关专业注册执业人员继续教育培训内容，提高从业人员掌握标准和执行标准的能力；督促承担老年人家庭和居住区公共设施无障碍改造的单位与人员严格执行《无障碍设计规范》、《无障碍设施施工验收及维护规范》等工程建设标准，并参照《无障碍建设指南》和《家庭无障碍建设指南》的要求，提高设施无障碍改造的实效。

各地住房城乡建设主管部门要组织有关单位或组建技术指导组，为老年人家庭和居住区公共设施无障碍改造提供技术指导、咨询和服务；可根据当地实际和工作需要，制定老年家庭和居住区公共设施无障碍改造地方标准。

四、开展老年人家庭及居住区公共设施无障碍改造情况监督检查

各地住房城乡建设主管部门要会同民政、财政、残联和老龄等主管部门，每年应至少开展一次老年人家庭和居住区公共设施无障碍改造情况全面监督检查。监督检查主要内容包括：年度改造计划执行情况、工程质量和标准实施情况、补助资金使用情况等。

住房城乡建设部将适时会同民政部、财政部、中国残联、全国老龄办，对各地老年人家庭和居住区公共设施无障碍改造情况进行抽查检查。

五、加强老年人家庭及居住区公共设施无障碍改造工作协作和宣传

各地住房城乡建设主管部门要加强与民政、财政、残联、老龄等主管部门沟通协调和工作协作，建立健全相关管理制度，并做好无障碍改造情况统计汇总。

各地民政、残联和老龄主管部门要加强老年人家庭和居住区公共设施无障碍改造的宣传，及时反映无障碍设施改造的需求、意见和建议，配合住房城乡建设主管部门做好无障碍设施改造宣贯培训、监督检查等工作，共同营造良好社会氛围。

各地住房城乡建设主管部门应将老年人家庭和居住区公共设施无障碍改造工作进展情况于每季度末、监督检查报告和全年工作总结于每年12月15日前，报送住房城乡建设部标准定额司。

3.《北京市无障碍环境建设条例》（2021年9月24日）

第十五条第三款 残疾人、老年人家庭申请进行生活设施无障碍改造的，区人民政府可以按照本市相关规定予以补贴。

4.《上海市无障碍环境建设条例》（2023年1月15日）

第三十一条 本市支持推进残疾人家庭无障碍改造、老年人家庭适老化改造工作，对符合条件的，按照本市有关规定给予适当补贴。

居民委员会、村民委员会、居住区物业服务企业以及业主委员会应当支持并配合残疾人家庭无障碍改造、老年人家庭适老化改造。

本市加强居住区、居住建筑无障碍改造工作与残疾人家庭无障碍改造、老年人家庭适老化改造工作的衔接。

5.《关于“十四五”推进困难重度残疾人家庭无障碍改造工作的指导意见》（2021年10月28日）

四、工作措施

（一）科学分解任务。

各地要坚持需求和问题导向，根据当地确定的困难家庭认定标准和办法，对“十四五”困难重度残疾人家庭无障碍改造任务（见附件）做进一步细化分解，编制资金预算，落实改造措施。

（二）纳入党委、政府工作大局。

各地要积极向党委、政府汇报“十四五”困难重度残疾人家庭无障碍改造需求，汇报家庭无障碍改造对于提高残疾人生活质量、促进残疾人共同富裕的重要意义和典型事例，推动将困难重度残疾人家庭无障碍改造纳入党委、政府工作大局，纳入本省（区、市）“十四五”残疾人保障和发展规划及相关规划，纳入党委、政府为民办实事工程等相关行动计划，切实加大改造力度。

（三）分级分类施策。

各地要根据区域经济水平和残疾人类别、程度、特点及需求，科学确定困难重度残疾人家庭无障碍改造内容，完善改造方案，杜绝以简单配发辅助器具代替家庭无障碍改造的情况，有条件的地方可研究丰富本地区改造项目，引入新技术、新材料，增加智能化改造内容；根据地域特点和改造规模，可采取集中改造、个人分散改造并行，通过政府采购法规定的采购方式确定改造承接单位或者发放补贴等多种形式，丰富改造工作模式，确保改造落到实处。

（四）加强工作考核。

各地要切实制定并落实困难重度残疾人家庭无障碍改造实施方案和年度计划；将困难重度残疾人家庭无障碍改造工作纳入各职能部门工作绩效评价和考核体系，加大督促检查力度；按照要求持续开展项目绩效评价，对项目完成时限、资金使用效益、残疾人满意度实施细化量化考核，根据考核结果及时调整项目方案，完善管理制度。

（五）录入汇总数据。

各地民政、住房和城乡建设、残联等部门在开展相关无障碍改造工作时，同步统计实施困难重度残疾人家庭无障碍改造数据，实现部门间数据共享互认。各省级残联要指导地方加强对一线数据库录入人员的培训，明确工作职责，规定完成时限，将“十四五”各渠道支持完成的改造数据一并准确录入、导入中国残联“困难重度残疾人家庭无障碍改造数据库系统”；要建立抽查验收制度，每年随机抽取数据库中的残疾人家庭进行回访和满意度调查，加强对数据库录入情况监督和检查。

第二十条 就业场所无障碍设施建设

残疾人集中就业单位应当按照有关标准和要求，建设和改造无障碍设施。

国家鼓励和支持用人单位开展就业场所无障碍设施建设和改造，为残疾人职工提供必要的劳动条件和便利。

要点提示

本条强调重点单位、区域、场所等配套建设无障碍设施的义务。

第二十一条 配套建设无障碍设施

新建、改建、扩建公共建筑、公共场所、交通运输设施以及居住区的公共服务设施，应当按照无障碍设施工程建设标准，配套建设无障碍设施；既有的上述建筑、场所和设施不符合无障碍设施工程建设标准的，应当进行必要的改造。

第二十二条 老旧小区改造

国家支持城镇老旧小区既有多层住宅加装电梯或者其他无障碍设施，为残疾人、老年人提供便利。

县级以上人民政府及其有关部门应当采取措施、创造条件，并发挥社区基层组织作用，推动既有多层住宅加装电梯或者其他无障碍设施。

房屋所有权人应当弘扬中华民族与邻为善、守望相助等传统美德，加强沟通协商，依法配合既有多层住宅加装电梯或者其他无障碍设施。

关联规定

《中国残联关于在国家老旧小区改造试点中切实落实无障碍改造工作的通知》（2018年1月11日）

一、充分认识做好老旧小区改造特别是老旧小区无障碍改造工作的重要意义

开展老旧小区改造，是贯彻落实党的十九大精神，解决城市发展不平衡不充分问题，在住有所居上取得新进展，满足老旧小区居民日益增长的美好生活需要的重要举措。无障碍改造是老旧小区改造的重要内容，开展老旧小区无障碍改造，对保障残疾人、老年人及全社会成员居住、出行、参与社会生活权益，促进共享改革发展具有重要意义，也是提升城市无障碍环境建设水平的重要契机。相关省（区）和试点城市残联要高度重视，充分认识开展老旧小区无障碍改造工作的重要意义，积极对接协调当地住房城乡建设部门，反映无障碍需求，提出工作建议，共同配合把这件好事做好、实事做实。

二、积极配合细化老旧小区无障碍改造方案和内容

住房城乡建设部通知中明确，老旧小区改造对象主要是2000年以前建成的环境条件较差、配套设施不全或破损严重、无障碍建设缺失、管理服务机制不健全、群众反映强烈的住宅小区。试点城市残联要协调当地住房城乡建设部门，积极配合细化老旧小区无障碍改造具体内容并推动纳入改造方案，要推进小区道路、绿地采取平整或坡化、重要部位设置提示盲道、设置无障碍标识等无障碍改造，推进停车场所设置无障碍停车位，推进小区公共服务场所完善无障碍出入口、地面、扶手、低位服务柜台、无障碍厕所或厕位等无障碍设施，与残疾人家庭无障碍改造工作相衔接，推进居住建筑完善无障碍出入口、有条件的增加无障碍电梯等设施。

三、推动建立开展老旧小区无障碍改造工作长效机制

改造实施过程中，试点城市残联要积极组织区、街道残联、社区残协等参与，与业主、设计、施工人员加强对接，组织视力、听力、言语、肢体残疾人代表等开展体验活动，保障无障碍设计施工符合残疾人需求。要动员社会各方力量为老旧小区无障碍改造提供支持。要定期了解掌握老旧小区无障碍改造进展情况，推进问题解决。要推动运用科技、信息、辅具等措施，服务老旧小区无障碍改造。要配合对改造后无障碍设施管理维护情况开展监督，确保无障碍设施发挥效能。相关省区和试点城市残联要配合住房城乡建设部门总结推广老旧小区无障碍改造工作流程、规范等经验，推动建立长效工作机制。

省（区）残联要加强对试点城市残联工作的部署和督导，及时将配合住房城乡建设部门开展试点城市老旧小区无障碍改造总体情况、做法成效经验、存在的问题和建议等报中国残联。

第二十三条 城市主干路、主要商业区无障碍设施建设

新建、改建、扩建和具备改造条件的城市主干路、主要商业区和大型居住区的人行天桥和人行地下通道，应当按照无障碍设施工程建设标准，建设或者改造无障碍设施。

城市主干路、主要商业区等无障碍需求比较集中的区域的人行道，应当按照标准设置盲道；城市中心区、残疾人集中就业单位和集中就读学校周边的人行横道的交通信号设施，应当按照标准安装过街音响提示装置。

关联规定

《无障碍环境建设条例》（2012年6月28日）

第十三条 城市的主要道路、主要商业区和大型居住区的人行天桥和人行地下通道，应当按照无障碍设施工程建设标准配备无障碍设施，人行道交通信号设施应当逐步完善无障碍服务功能，适应残疾人等社会成员通行的需要。

典型案例

1. 广东省深圳市宝安区人民检察院督促整治道路无障碍设施行政公益诉讼案①

◎ **关键词**：行政公益诉讼诉前程序；道路无障碍设施；一体化办案；类案监督

◎ **要旨**

检察机关针对道路无障碍设施破损致残疾人死亡的突出问题，坚持四级联动，为办案提质增效，督促行政机关迅速完成整改。坚持从个案监督拓展到类案监督、专项监督，推动政府出台立体化整改方案，破解“九龙治水”难题，全面系统治理区域内同类问题，积极维护残疾人等特殊群体的合法权益，提升“先行示范区”城市品质。

◎ **基本案情**

2021 年 1 月，知名残疾公益人士陈某某乘坐电动轮椅车经过广东省深圳市宝安区某路口时，因人行道无障碍设施破损从轮椅上摔落，经抢救无效死亡。经调查，宝安区存在多处无障碍设施破损和不符合建设标准的问题，给残障人士造成生活不便及安全隐患，严重损害社会公共利益。

◎ **调查和督促履职**

2021 年 1 月，最高检将上述线索交由广东省人民检察院（以下简称广东省院）调查，广东省院迅速成立专案组，形成由最高检统筹指挥，省市两级检察院实时指导，宝安区人民检察院（以下简称宝安区院）具体办理的一体化办案模式。2021 年 1 月 15 日，宝安区院对事发地快速勘查和调研后，决定立案调查，督促行政机关立即整改。1 月 16 日，深圳市交通局宝安管理局（以下简称宝安交通局）完成事故现场整改，并于 2 月 6 日完成周边 9 个路口的整治工作。

为彻底消除隐患，宝安区院以个案为契机，于 2021 年 1 月中旬在全区

---

① 《最高检发布无障碍环境建设公益诉讼典型案例》，载最高人民检察院网，https：//www.spp.gov.cn/spp/xwfbh/wsfbh/202105/t20210514_518136.shtml，最后访问时间：2023 年 5 月 1 日。

部署开展专项监督行动，向宝安交通局、深圳市宝安区住房和建设局等14家相关职能部门制发诉前检察建议，督促各职能部门依法对辖区内的无障碍设施进行排查、整改，行政单位收到检察建议后，均积极配合、迅速整改。同时，该院还不定期邀请人大代表、政协委员、公益监督员同步跟进监督。

办案过程中，为提升全区无障碍环境建设，宝安区院积极向宝安区委做专题汇报并获得支持，同时逐一走访相关职能部门，形成全面推动全区无障碍设施改造工程的共识。在检察机关的推动下，2021年1月19日，宝安区委、区政府组织22个相关行政单位召开“宝安区人行道无障碍畅通专项工作联席会议”，出台《宝安区道路无障碍畅通专项行动工作方案（2021—2022年）》等一系列规定，计划至2022年底完成全区无障碍立体化改造工作，全方位改善提升宝安区无障碍环境建设水平。方案实施以来，宝安区已完成新增改设盲道中断、阻断等问题122处，完善盲道592米，改造人行道坡口147处；对全区175个在建工程开展无障碍设施专项整治行动，对43个需建设无障碍设施的在建房屋建筑和市政基础设施工程项目开展专项检查；处罚违规占用盲道等7255件。2021年2月25日，深圳市人民检察院在全市范围内全面开展“深圳市无障碍出行设施专项检察监督”工作，重点关注无障碍出行设施的规划、建设、管理是否符合国家安全标准，是否影响残障人士安全通行等问题。

◎ 典型意义

本案中，检察机关发挥一体化办案优势，提升监督水平，通过个案办理推动系统综合治理，最大限度地争取当地党委、政府的支持，充分调动各职能部门协同履职的积极性、主动性，填补监管漏洞，激活配套机制，顺畅衔接机制，实现无障碍立体化改造，为推进城市综合治理、服务中国特色社会主义“先行示范区”法治建设大局贡献了检察智慧和检察方案。

2. 贵州省罗甸县人民检察院督促保护残疾人盲道安全行政公益诉讼案①

◎ 关键词： 行政公益诉讼；残疾人盲道安全；公开听证；溯源治理

◎ 要旨

针对盲道安全监管不力，残疾人交通安全未得到有效保护的问题，检察机关加强与残疾人联合会的协作配合，向行政机关发出诉前检察建议，全程跟进监督，对整改不到位的依法提起行政公益诉讼，以公开听证协同推进问题整改，推动建立多部门齐抓共管长效工作机制。

◎ 基本案情

2021年4月，贵州省罗甸县人民检察院（以下简称罗甸县院）在履职中发现，罗甸县城区内多个路段上的多处盲道缺失、毁损；拐弯及尽头处未按要求铺设提示砖、盲道与路口衔接处未设置缓坡；部分盲道建设未避开树木、电杆等障碍物；其中两处盲道上还压有配电箱、消防栓等危险物品。盲道建设问题影响了残疾人交通安全，侵害了残疾人合法权益，损害了社会公共利益。

◎ 调查和督促履职

2021年5月10日，罗甸县院对上述线索依法立案办理，针对辖区内盲道铺设不连续、未避开障碍物、不同砖块混用、被违法占用的问题，全面排查固定证据、查找相关法律法规、厘清盲道监管责任部门职责。罗甸县院认为，根据《中华人民共和国道路交通安全法》《中华人民共和国残疾人保障法》《无障碍环境建设条例》《贵州省残疾人保障条例》等法律法规规定，罗甸县住房和城乡建设局（以下简称罗甸县住建局）对城区内道路无障碍设施（盲道）负有管理和维护的职责，并于2021年5月20日向罗甸县住建局发出诉前检察建议，建议该局及时对城区的盲道等无障碍设施建设情况进行全面排查，对存在问题积极进行整改，保障残障人士出行安全。2021年7月19日，罗甸县住建局回复称部分路段已整改完毕，部分路段因客观原因暂不能整改，另有部分路段陆续安排整改中，预计

---

① 《残疾人权益保障检察公益诉讼典型案例》，载最高人民检察院网，https://www.spp.gov.cn/spp/xwfbh/wsfbt/202205/t20220513_556792.shtml#2，最后访问时间：2023年5月1日。

2021年8月10日前整改完毕。罗甸县院分别于8月3日、8月11日实地跟进监督，发现东某路等路段均未全面整改。8月13日，罗甸县院发函致罗甸县住建局，要求该局于8月16日前回复最新整改情况。8月25日，罗甸县住建局复函称已对县城内河滨某路等路段盲道进行全面整改，现已整改完毕。2021年9月6日，罗甸县院再次派员到现场勘查，发现东某路等路段盲道仍然存在不连续、未避开障碍物、不同砖块混用等问题。同年9月14日，罗甸县院到罗甸县残疾人联合委员会（以下简称罗甸县残联）了解县域内盲人有关情况及盲道设施建设情况，罗甸县残联向罗甸县院提交了《关于县城区盲道建设使用中存在有关问题的建议》。9月15—16日，罗甸县院联合罗甸县残联走访了县城区部分盲人，他们反映盲道上有许多障碍物、许多该铺设提示砖的地方没有铺设和一些地方盲道只铺了部分。9月17日、10月12日，又先后派员到上述路段进行现场勘查，发现盲道存在的问题依然没有整改，社会公共利益仍持续受到侵害。

◎ 诉讼过程

2021年10月13日，经层报贵州省人民检察院审批同意，罗甸县院按照行政诉讼集中管辖规定，向龙里县人民法院提起行政公益诉讼，请求判令：1. 确认罗甸县住建局对辖区内多处盲道缺失、设置不合理等问题未依法全面履行监管职责的行为违法；2. 罗甸县住建局继续采取有效措施对城区内问题盲道依法履行监管职责，保障视障群体的出行安全。

2021年11月29日，罗甸县住建局申请延期开庭，表示现已完成5条主干道无障碍通道改造，还剩8条路段盲道还未整改，已制订整改计划逐步推进整改，并致函罗甸县院要求撤回起诉。12月3日，罗甸县院联合县残联就罗甸县住建局履职情况、问题盲道整改效果、是否符合撤回起诉条件等问题进行公开听证，并邀请县人大代表、政协委员、律师代表、行政机关代表、盲人代表参加，听证员及盲人代表对罗甸县住建局采取有效措施对5条主干道盲道进行整改予以认可，但认为县城区内仍有8条问题盲道仍未能得到全面整改，残疾人出行交通安全隐患仍然存在，检察机关诉讼请求未能全部实现，不符合撤回起诉条件。

2022年3月31日，龙里县人民法院公开开庭审理本案，庭审围绕罗甸县住建局是否已依法全面履职展开辩论。罗甸县住建局辩称，已对主干道盲道问题进行整改，其余路段问题盲道在持续整改中。检察机关认为罗甸县住建局已部分履职，但未全面履职到位，法院完全采纳检察机关意见。于2022年5月9日依法判决：责令被告罗甸县住房和城乡建设局对审理查明的罗甸县城区内仍未整改的8条道路盲道35处问题自本判决生效之日起两个月内整改完毕。罗甸县住建局表示不上诉，正积极整改中。

同时，罗甸县院结合个案办理，与罗甸县残联、罗甸县住建局、罗甸县综合执法局联合会签《关于在残疾人权益保障公益诉讼中加强协作配合实施办法》，从信息共享、线索移送、联席会议、协同协作等方面作了具体规定，形成了对残疾人权益保护合力，从源头上筑牢残疾人权益保护机制。

◎ 典型意义

盲道建设是城市无障碍建设的重要组成部分，事关残疾人交通出行安全，进而影响残疾人其他权益保障。本案中，检察机关针对行政机关对盲道安全监管不到位的情形，在发出检察建议的同时，加强与当地残联协作配合，持续跟进监督。因行政机关未全面履职整改，依法提起行政公益诉讼，针对诉讼过程中行政机关申请延期开庭、要求撤回起诉的问题，检察机关通过公开听证让第三方参与评价整改效果，对诉讼请求未能全部实现的拒绝撤诉，继续通过诉讼判决督促问题盲道全面整改，建立完善工作机制，以公益诉讼职能作用助力溯源治理。

3. 上海市徐汇区人民检察院督促履行人行天桥无障碍设施建设监管职责行政公益诉讼案①

◎ 关键词：行政公益诉讼诉前程序；无障碍环境建设；公开听证；类案监督

◎ 要旨

检察机关以改善人行天桥无障碍环境作为服务特定群体的切入点和着

① 《残疾人权益保障检察公益诉讼典型案例》，载最高人民检察院网，https：//www. spp. gov. cn/spp/xwfbh/wsfbt/202205/t20220513_ 556792. shtml#2，最后访问时间：2023年5月1日。

力点，充分发挥检察机关与政府部门之间的桥梁纽带作用，以公益诉讼督促、协同的特有功能，搭建公开听证、诉前磋商的平台，以“我管”促“都管”，合力推动无障碍设施建设。

◎ 基本案情

2021年初，上海市人民检察院在听取人大代表意见建议时，有代表提出了关于开展对人行天桥进行适应特定群体改造的建议。其中，徐汇区某路人行天桥未设置电梯，现有无障碍环境无法满足老、幼、病、残、孕等特定群体的出行需求。

◎ 调查和督促履职

上海市人民检察院在听取人大代表意见建议时了解到该线索，遂交办徐汇区人民检察院（以下简称徐汇区院），徐汇区院于2021年4月立案审查，通过实地勘察对全区18座人行天桥中7座应改未改的天桥进行了逐项分析，查摆原因，并向相关行政机关了解改建工程进展情况。其中，某路天桥地处徐家汇，南侧居民区密集，西北侧有徐家汇公园等城市公共设施，人流量较高。该天桥桥身高达十多米，仅设有步行上下楼梯，无法满足老、幼、病、残、孕等特定群体的出行需求。经查，虽然某路天桥已列入该区无障碍设施改造计划，但因天桥所在范围内市政管线错综复杂，周边地下有地铁、22万伏高压线及其他各类公用管线，若增设无障碍电梯必须对管线、绿化进行大规模改迁，施工难度大，故该天桥的改建工程迟迟没有进展。

根据《上海市无障碍环境建设与管理办法》第六条规定，住房城乡建设部门负责公共建筑、居住建筑、居住区无障碍设施工程建设活动的监督管理。因此徐汇区院在全面排查人行天桥的环境、交通和人流现状，系统梳理、研究无障碍环境建设相关法律规定后，与徐汇区建设和管理委员会开展多次诉前磋商，督促多部门协同履职，推动天桥无障碍设施改造进展。2021年6月2日，徐汇区院会同区建设和管理委员会召开全市首例无障碍设施检察公益诉讼公开听证会，邀请3名市人大代表担任听证员，同时邀请徐汇区市政管理中心和承担天桥设计工作的工程设计研究院参会，共商解决方案。徐汇区民政部门、残疾人联合会代表分别发表了意见。听证员围绕是否存在比加装电梯更优的无障碍通行方案、施工技术难点、推进改造工程需协调解决问题、设施运维的可持续性等问题开展评议。通过与会各方的动态论证，一致认可给人行天桥加装电梯是平衡兼顾桥下市区主干路快速通行与天桥附近人群便捷安全出行两类社会公共利益的最优选择，并最终形成了较为科学合理的“斜挂式升降平台+上下行自动扶梯”改造方案作为磋商结论。同时会议邀请市人大、市残联等10余家单位，以及18家检察机关公益诉讼部门参与旁听，积极推动全市一类问题的解决。

2021年9月6日，某路人行天桥改造工程取得了初步设计及概算批复，计划于2022年竣工。目前，区域绿化和南侧管线基本搬迁，天桥装饰部件和北侧旧楼梯段基本拆除，两侧钢楼梯基础施工均已完成。下一阶段，徐汇区院将针对辖区内3座符合改造条件但存在跨行政区划难点的人行天桥，积极探索与相邻检察机关开展跨行政区划办案，协同两区相关职能部门、企事业单位、社会组织共同推动区域无障碍环境建设。

◎ 典型意义

探索开展无障碍环境建设公益诉讼，是深入开展党史学习教育，坚持检察为民办实事的生动实践。规范的人行天桥无障碍设施建设，是保障特定群体平等参与社会生活、满足应急需求的标准配置，更是城市形象、品质的亮丽名片。本案中，检察机关认真落实人大代表提出的人行天桥适老性改造建议，通过诉前磋商和检察听证，在释法说理的基础上，推动各方协同履职，以科学论证的方式共同研究人行天桥改造的可行性方案，并以个案办理为契机，探索跨行政区划治理，推动当地行政部门激活创新“试验场”，将无障碍环境建设公益诉讼监督从“散点”到“条线”、从“局部”向“领域”推进，让检察公益诉讼和协同治理的成果更广泛惠及特定群体。

第二十四条 无障碍停车位

停车场应当按照无障碍设施工程建设标准，设置无障碍停车位，并设置显著标志标识。

无障碍停车位优先供肢体残疾人驾驶或者乘坐的机动车使用。优先使用无障碍停车位的，应当在显著位置放置残疾人车辆专用标志或者提供残疾人证。

在无障碍停车位充足的情况下，其他行动不便的残疾人、老年人、孕妇、婴幼儿等驾驶或者乘坐的机动车也可以使用。

关联规定

1.《残疾人保障法》（2018年10月26日）

第五十五条 公共服务机构和公共场所应当创造条件，为残疾人提供语音和文字提示、手语、盲文等信息交流服务，并提供优先服务和辅助性服务。

公共交通工具应当逐步达到无障碍设施的要求。有条件的公共停车场应当为残疾人设置专用停车位。

2.《无障碍环境建设条例》（2012年6月28日）

第十四条 城市的大中型公共场所的公共停车场和大型居住区的停车场，应当按照无障碍设施工程建设标准设置并标明无障碍停车位。

无障碍停车位为肢体残疾人驾驶或者乘坐的机动车专用。

第二十四条 公共服务机构和公共场所应当创造条件为残疾人提供语音和文字提示、手语、盲文等信息交流服务，并对工作人员进行无障碍服务技能培训。

典型案例

1. 福建省晋江市人民检察院督促执行无障碍设计规范行政公益诉讼案[①]

◎ **关键词**：行政公益诉讼诉前程序；无障碍设计规范；全流程监督

◎ **要旨**

检察机关针对市政公共停车场未设置无障碍停车位等行为，通过引入公众参与，形成治理共识，督促协同行政机关采取系列措施落实整改，从设计、施工、维护等各环节严格无障碍环境建设标准。

◎ **基本案情**

2019年以来，福建省晋江市在辖区主干道道路两旁，新建并投入使用公共停车位3200余个，未按照《城市停车规划规范》和《无障碍设计规范》的有关规定配置无障碍机动车停车位，不符合“残疾人专用停车泊位数应不少于停车泊位总数2%”的国家标准。因未设置无障碍停车位、停车扫码付费缺乏残疾人减免通道，给残障人士出行造成不便，也带来相关安全隐患。

◎ **调查和督促履职**

福建省晋江市人民检察院（以下简称晋江市院）在开展无障碍环境建设公益诉讼专项监督行动中发现上述线索，遂决定立案调查。通过走访调查、调取证据、查阅资料等方式，查明如下事实：一是市政公共停车场3200余个停车位设置于中心城区主干道两边，占用的是公共道路资源；二是晋江市共有持证残疾人2.9万多名，肢残人1.2万多名，对无障碍停车位需求较大。上述问题已造成残障人士车辆停放于普通车位共计665车次，且存在未扫码付费被贴单锁车现象。2021年4月，因本案涉及部门多，协调难度大，晋江市院主动召集住建、公安、交通等相关部门及残联代表、人大代表、政协委员、专家学者、中心城区市民代表、人民监督员召开圆桌会议，共同研究市政公共停车位无障碍停车整改方案，并取得共

---

① 《最高检发布无障碍环境建设公益诉讼典型案例》，载最高人民检察院网，https://www.spp.gov.cn/spp/xwfbh/wsfbh/202105/t20210514_518136.shtml，最后访问时间：2023年5月1日。

识。会后，晋江市院向住建、公安等部门发出诉前检察建议书，督促其依据各自职责，对市政公共停车场无障碍停车位配置进行系统整改。

收到检察建议后，相关职能部门成立了专项整改小组，由住建部门牵头公安、财政、残联等部门，对无障碍停车位进行规划整改。在足额配备无障碍专用停车位的基础上，适当增加特殊教育学校、社保中心、医院等场所的配置比例；选择进出方便且平整的停车位作为无障碍停车位，并设置醒目标识牌、指示牌；为每个无障碍停车位都配置了1.2米宽的无障碍通道，方便残疾人上下车；升级停车扫码收费系统，开通残疾人信息录入通道和无障碍停车位智慧指引功能；加强维护并加大对随意占用无障碍停车位行为的处罚力度。

为推动全市无障碍环境建设工作全面开展，晋江市院在服务保障第18届世界中学生运动会的基础上，深入推进无障碍环境建设公益诉讼专项监督行动，共发现无障碍环境建设检察公益诉讼案件线索14件，向公安、住建等相关职能部门制发诉前检察建议书9份，督促纠正违法点21处，落实了110户残疾人家庭无障碍设施的配置，获评“全国无障碍环境达标市县村镇”。通过联合市文明办、团市委、残联等部门开展“发现身边最美无障碍”活动，为社会了解残障人士提供窗口，让无障碍理念融入日常生活，提升群众对城市无障碍环境建设参与度。目前，对紧急呼叫、重要政务信息无障碍交流等整改工作正在有序推进中。

◎ 典型意义

一座城市对无障碍环境建设和细节的关注，体现着这座城市的文明程度。城市无障碍设施的规范建设，应当作为保障残疾人等特殊群体平等参与社会生活以及满足公众应急需求的标准配置。检察机关开展无障碍环境建设公益诉讼，除了发现并督促协同行政机关整改纠正现存的违法违规问题，还应变事后监督为事前服务，注重从规划设计源头防范不合格的无障碍设施造成资源浪费、影响使用功能，并推动建立无障碍设施维护和管理的全流程监督机制，打好跟进监督的持久战，切实加强残疾人、老年人等特殊群体权益保护。

2. 北京市延庆区人民检察院督促整治无障碍设施问题行政公益诉讼案[1]

◎ **关键词**：行政公益诉讼诉前程序；城市公厕无障碍设施；无障碍机动车停车位

◎ **要旨**

检察机关针对辖区内无障碍设施存在的不规范问题，督促多个行政机关积极履职、通力协作，提升无障碍设施规范化、精细化、系统化的管理水平，依法保障残疾人等特殊群体权益。

◎ **基本案情**

城市公厕无障碍设施、无障碍机动车停车位是与残疾人日常生活密切相关的公共服务设施。北京市延庆区部分社区的无障碍设施普遍存在不规范、不便利、不实用等问题，相关行政部门未尽到监督管理职责，未有效保障残疾人等特殊群体平等参与社会生活的权利。

◎ **调查和督促履职**

2021 年 1 月，北京市延庆区人民检察院（以下简称延庆区院）按照北京市人民检察院部署开展的“无障碍环境建设公益诉讼专项监督活动”相关要求，结合服务保障北京 2022 年冬奥会和冬残奥会的筹办举办工作，通过实地测量、谈话询问、现场拍照等方式，对辖区内人流量较大的城市公厕及冬奥会和冬残奥会定点医院、商业中心停车场的无障碍设施进行实地摸排。现查明：城市公厕无障碍设施普遍存在无障碍厕所标志混用、安全抓杆设计不规范、救助呼叫按钮设置超高、挂衣钩高度不合规范等现象；无障碍机动车停车位存在数量不达标、指示标识不清晰、轮椅通道线宽度不足及位置设置不利于残疾人通行等问题，侵害了残疾人等特殊群体合法权益。为提升办案专业化水平，检察机关注重用外脑、借外力，邀请北京市无障碍中心、住建部无障碍专家委员会、北京市无障碍专家委员会的 3 名无障碍专家，从行业标准、法律规定及政策要求等方面针对发现的问题进行充分论证，为公益诉讼检察监督提供有力的专业支撑。

---

① 《最高检发布无障碍环境建设公益诉讼典型案例》，载最高人民检察院网，https：//www.spp.gov.cn/spp/xwfbh/wsfbh/202105/t20210514_518136.shtml，最后访问时间：2023 年 5 月 1 日。

延庆区院认为，延庆区城市管理委员会（以下简称延庆区城管委）作为城市公厕无障碍设施的监管部门、区交通局作为无障碍机动车停车场的监管部门、儒林街道办作为具有执法权的单位，对无障碍设施存在的问题均未依法全面履行各自职责，致使社会公共利益持续受到侵害。2021 年 2 月 24 日和 3 月 4 日，延庆区院分别向上述 3 个行政机关制发诉前检察建议，建议其全面履行各自监管职责，严格按照《无障碍设计规范》有关要求，规范无障碍厕所标识、增设垂直抓杆、调低救助呼叫按钮高度；施划无障碍停车位标线、增设数量、合理设置停车位位置等，并由点及面对全区内的无障碍设施进行全面排查，为特殊群体提供更加优质安全、高效便捷的城市服务。同时，延庆区院将检察建议书抄送延庆区残联，建议其为行政机关整改提供行业支持和专业指导，确保无障碍设施达标、实用和便利。

收到检察建议后，各行政机关高度重视、积极履职，迅速组织整改落实。延庆区城管委第一时间与区残联对接，争取技术支持，按照设计规范对涉案公厕进行整改，并对排查出的部分公厕存在的小便器安全抓杆与洗手盆安全抓杆设置不标准问题进行整改。延庆区交通局成立专项工作领导小组推动整改，一个月内对全区经营性停车场进行全覆盖检查，累计出动检查人员 18 人次，检查车辆 9 车次，检查停车场 42 家次，发现问题 33 项；儒林街道办专题研究整改措施，约谈停车场运营公司负责人，并下达责令整改通知书；延庆区无障碍环境建设专班、区残联相关人员进行现场指导，为各行政机关的整改工作解决技术困难。

2021 年 5 月 12 日，延庆区院对整改情况进行了跟进监督，邀请专业人士和残障人士作为公益观察员现场查看并实地体验整改后的城市公厕和无障碍停车位。公益观察员通过亲身体验，对整改效果给予高度肯定。延庆区残联为表感谢赠送锦旗："公益诉讼担当有为 让'无障碍'为'无限爱'。"北京市检察机关开展专项监督行动以来，延庆、丰台、大兴、朝阳、门头沟、平谷等 6 个基层检察院已开展案件办理工作，目前受理案件线索 23 件，立案 23 件，发出诉前检察建议 17 件，取得良好社会效果。

◎ 典型意义

本案中，检察机关主动担当作为，积极履行公益诉讼检察职能，借助

“外脑”优势，提升精准监督水平，督促各行政机关依法履职、齐抓共管，同时以点带面同步开展专项监督，推动区域内同类问题得到全面整治，实现了“无碍”变“有爱”，提升了辖区无障碍设施的规范化、精细化、常态化管理水平，以更加优质的公益诉讼检察产品为北京2022年冬奥会和冬残奥会的筹办举办工作提供有力法治保障。

第二十五条 公共交通运输工具无障碍改造

新投入运营的民用航空器、客运列车、客运船舶、公共汽电车、城市轨道交通车辆等公共交通运输工具，应当确保一定比例符合无障碍标准。

既有公共交通运输工具具备改造条件的，应当进行无障碍改造，逐步符合无障碍标准的要求；不具备改造条件的，公共交通运输工具的运营单位应当采取必要的替代性措施。

县级以上地方人民政府根据当地情况，逐步建立城市无障碍公交导乘系统，规划配置适量的无障碍出租汽车。

关联规定

1.《无障碍环境建设条例》（2012年6月28日）

第十五条 民用航空器、客运列车、客运船舶、公共汽车、城市轨道交通车辆等公共交通工具应当逐步达到无障碍设施的要求。有关主管部门应当制定公共交通工具的无障碍技术标准并确定达标期限。

2.《铁路运输服务质量监督管理办法》（2023年5月8日）

第九条 铁路运输企业应当按照《无障碍环境建设条例》《无障碍设计规范》（GB 50763）等规定，配备无障碍设施以及助残设备，方便行动不便旅客出行。

3.《城市轨道交通运营管理规定》（2018年5月21日）

第六条 城市轨道交通工程项目可行性研究报告和初步设计文件中应当设置运营服务专篇，内容应当至少包括：

（一）车站开通运营的出入口数量、站台面积、通道宽度、换乘条件、站厅容纳能力等设施、设备能力与服务需求和安全要求的符合情况；

（二）车辆、通信、信号、供电、自动售检票等设施设备选型与线网中其他线路设施设备的兼容情况；

（三）安全应急设施规划布局、规模等与运营安全的适应性，与主体工程的同步规划和设计情况；

（四）与城市轨道交通线网运力衔接配套情况；

（五）其他交通方式的配套衔接情况；

（六）无障碍环境建设情况。

4.《北京市无障碍环境建设条例》（2021年9月24日）

第十六条 城市公共汽电车、城市轨道交通车辆应当设置扶手、轮椅专席或者专区、坡板等无障碍设施、设备，安装字幕、语音报站装置。

城市轨道交通的车站应当设置无障碍检票通道、无障碍厕所、无障碍电梯，未设置的应当进行改造；确实不具备加装无障碍电梯条件的，应当设置公共区站台到站厅、站厅到地面的无障碍设施、设备。

出租汽车经营者应当配置一定比例的供使用轮椅乘客乘坐的无障碍车辆，并为残疾人、老年人等社会成员预约使用提供便利。

本市逐步建立无障碍公交导乘系统，方便听力、视力障碍者出行和换乘公交。

5.《上海市无障碍环境建设条例》（2023年1月15日）

第二十六条 客运船舶、公共汽电车、轨道交通车辆等公共交通运输工具应当符合无障碍技术标准。交通枢纽、公共交通车站、客运码头在地面至站厅、换乘站之间，应当实现无障碍设施衔接。

公共汽电车、轨道交通车辆应当配备语音和字幕报站系统，并保持正常使用。公共交通运输工具运营单位应当加快配置无障碍公共汽电车。轨道交通车辆应当逐步配备无障碍车厢。

出租汽车运营企业应当配置一定比例的无障碍出租汽车，供有无障碍需求的社会成员乘坐，并提供预约服务。

典型案例

青海省人民检察院督促维护公共交通领域残疾人权益行政公益诉讼案①

◎ 关键词： 行政公益诉讼诉前程序；公共交通无障碍；消费者权益保障；诉前磋商

◎ 要旨

检察机关针对残疾人免费乘坐城市公共交通工具的权益未得到有效保障的问题，采取圆桌会议等方式，加强与有关行政机关、残联和公交企业会商磋商，形成会议纪要确定并落实相关政策，同时推动公交企业加强公交车和公交车站的无障碍设施合法合规管理使用，保障残疾人出行便利。

◎ 基本案情

近年来，青海省残疾人联合会（以下简称青海省残联）多次接到举报反映，称残疾人长期无法享受免费乘坐公交车的优惠政策。自 2012 年以来，青海省残联、西宁市残联等单位多次与某公交集团对接沟通落实残疾人免费乘坐市内公交车事宜，因受多种因素制约和影响，该优惠政策长期未能落地见效。青海省残联、西宁市残联、某公交集团等部门每年因此接到大量残疾人投诉，成为长期以来亟待解决而未能解决的“老大难”问题，不仅侵害了残疾人等特殊群体权益，也损害了社会公共利益。

◎ 调查和督促履职

2021 年 2 月，青海省人民检察院（以下简称青海省院）在立案办理公交卡消费民事公益诉讼案件过程中，发现现役军人、残疾人等特殊群体享有免费乘坐市区公交车的优待、优惠政策，但未有效落实的问题。2021 年

---

① 《最高检发布无障碍环境建设公益诉讼典型案例》，载最高人民检察院网，https://www.spp.gov.cn/spp/xwfbh/wsfbh/202105/t20210514_518136.shtml，最后访问时间：2023 年 5 月 1 日。

4月23日，青海省院以行政公益诉讼正式立案。检察人员先后走访青海省民政厅、省残联和西宁市残联，查阅了相关法律法规和政策规定，根据《青海省残疾人保障条例》第四十条第二款、《青海省扶助残疾人规定》第四十四条、《青海省人民政府关于进一步加快推进残疾人小康进程的实施意见》和《西宁市人民政府关于进一步加快推进残疾人小康进程的实施意见》等规定，青海省残疾人享有免费乘坐城市公共交通工具的优惠权益，但因某公交集团相关配套技术措施尚未落实到位，暂未执行该项政策。同时在对西宁市公交车和公交车站的无障碍设施的维护、使用情况进行摸底和排查中发现，一些无障碍设施不符合工程建设标准，需进行升级和改造。

检察人员又走访青海省发改委、某公交集团等单位，多次组织召开落实残疾人免费乘坐公交车优惠政策工作磋商会，认真听取某公交集团在落实这项政策过程中存在的困难和问题，共同研究并多次调整实施方案，结合西宁市实际制定残疾人免费乘坐公交车“爱心卡”办理和使用办法；走访省财政厅等单位，就给予某公交集团适当补贴等事宜进行衔接沟通，就残疾人免费乘坐公交车相关事宜达成一致共识。

2021年4月30日，青海省院与省残联、西宁市残联、某公交集团等单位专门形成会议纪要：1. 持有第二代《中华人民共和国残疾人证》的残疾人，凭有效证件办理“爱心卡”后，可免费乘坐西宁市内公交车；2. 将落实残疾人免费乘坐城市公交车的优惠政策，作为践行党史学习教育，落实“我为群众办实事”要求的具体举措，在5月16日“全国助残日”前完成办理残疾人免费乘车“爱心卡”的各项前期准备工作，结合“全国助残日”活动举办残疾人免费乘车“爱心卡”发放仪式，用3个月时间深入西宁市各个社区为残疾人办理“爱心卡”；3. 积极争取相关单位给予某公交集团适当补贴，降低公交企业运行成本；4. 针对西宁市公交车和公交车站一些不符合工程建设标准的无障碍设施，抓紧时间分阶段、分步骤进行升级和改造。同时，青海省院还会同省残联、某公交集团对公交车和公交车站的无障碍设施的维护、使用情况进行调研，对不符合无障碍设施工程建设标准的，制订无障碍设施改造计划并组织实施，通过跟进监督，努力保障残疾人自主安全搭乘公共交通工具。

◎ **典型意义**

本案中，青海省院牵头直接办理公益受损面大、社会反映强烈、长期得不到解决、相关部门存在职能交叉的残疾人群体权益保障新领域公益诉讼案件，通过召开磋商会议，充分发挥牵引、协同、沟通、协调作用，督促相关行政机关、社会组织和公交企业消除分歧、增进共识、达成一致，共同制定落实方案，落实残疾人免费乘坐城市公交车优惠政策，推动升级和改造西宁市公交车和公交车站的不符合工程建设标准的无障碍设施，促进残疾人共享社会发展成果。同时，积极探索“检察机关—政府部门—社会组织—国有企业”良性互动的新型协作机制，协调、督促政府部门和社会组织积极履行扶残助残责任，积极争取财政补贴资金，降低企业运营成本，服务和保障国有企业健康发展，从更高层面、更广范围、更深层次促进相关社会治理，取得双赢多赢共赢的办案效果。

第二十六条 所有权人或管理人职责

无障碍设施所有权人或者管理人应当对无障碍设施履行以下维护和管理责任，保障无障碍设施功能正常和使用安全：

（一）对损坏的无障碍设施和标识进行维修或者替换；

（二）对需改造的无障碍设施进行改造；

（三）纠正占用无障碍设施的行为；

（四）进行其他必要的维护和保养。

所有权人、管理人和使用人之间有约定的，由约定的责任人负责维护和管理。

关联规定

《无障碍环境建设条例》（2012年6月28日）

第十七条 无障碍设施的所有权人和管理人，应当对无障碍设施进行保护，有损毁或者故障及时进行维修，确保无障碍设施正常使用。

第二十七条 临时无障碍设施

因特殊情况设置的临时无障碍设施，应当符合无障碍设施工程建设标准。

关联规定

《上海市无障碍环境建设条例》（2023年1月15日）

第三十三条 因特殊情况设置临时无障碍设施的，应当符合无障碍设施工程建设强制性标准的相关技术要求。

因特殊情况临时占用无障碍设施的，应当符合本市有关规定，并设置护栏、警示标志或者信号设施，采取必要的替代性措施。临时占用期满，应当及时恢复原状。

第二十八条 不得擅自改变用途或者非法占用、损坏无障碍设施

任何单位和个人不得擅自改变无障碍设施的用途或者非法占用、损坏无障碍设施。

因特殊情况临时占用无障碍设施的，应当公告并设置护栏、警示标志或者信号设施，同时采取必要的替代性措施。临时占用期满，应当及时恢复原状。

关联规定

《北京市无障碍环境建设条例》（2021年9月24日）

第十九条 任何单位、个人不得损毁、侵占或者擅自停止使用道路、公共建筑、居住建筑和居住区内的无障碍设施。

经批准临时占用道路的，应当避免占用无障碍设施；确需占用的，应当设置护栏、警示标志或者语音提示，并采取必要的替代措施。临时占用期届满，占用单位应当及时恢复无障碍设施功能。

第三章 无障碍信息交流

第二十九条 无障碍获取公共信息

各级人民政府及其有关部门应当为残疾人、老年人获取公共信息提供便利；发布涉及自然灾害、事故灾难、公共卫生事件、社会安全事件等突发事件信息时，条件具备的同步采取语音、大字、盲文、手语等无障碍信息交流方式。

关联规定

1.《残疾人保障法》（2018年10月26日）

第五十四条第二款 各级人民政府和有关部门应当采取措施，为残疾人获取公共信息提供便利。

2.《无障碍环境建设条例》（2012年6月28日）

第十九条 县级以上人民政府及其有关部门发布重要政府信息和与残疾人相关的信息，应当创造条件为残疾人提供语音和文字提示等信息交流服务。

3.《北京市无障碍环境建设条例》（2021年9月24日）

第二十三条 市、区人民政府及其有关部门应当采取措施，为残疾人、老年人等社会成员获取公共信息提供便利。

政府通过视频方式发布涉及自然灾害、事故灾难、公共卫生事件等突发事件信息的，应当同时采取实时字幕、手语等无障碍方式。

第二十四条 本市提供政务服务和其他公共服务的场所应当创造条件，为残疾人、老年人等社会成员提供语音和文字提示、手语、盲文等信息交流服务。

举办有视力、听力残疾人参加的会议和公共活动，举办单位应当根据需要提供实时字幕、手语、解说等服务。

典型案例

浙江省杭州市人民检察院督促整治信息无障碍环境行政公益诉讼系列案①

◎ **关键词：** 行政公益诉讼诉前程序；信息无障碍；数字鸿沟；专项整治

◎ **要旨**

检察机关聚焦残疾人、老年人等特殊群体日常生活中的信息障碍相关高频事项和服务场景，督促协同相关职能部门依法全面履职，保障残疾人、老年人等特殊群体平等、方便、安全地获取、交互、使用信息，多维度助推信息无障碍环境水平提升。

◎ **基本案情**

移动互联网时代，智能化发展在有效提升社会治理与服务效能的同时，残疾人、老年人等特殊群体面临着日益突出的信息障碍问题，涉及出行、办事、文化等日常生活多个维度、多类违法情形。对此，相关职能部门未严格依法履职，侵害了特殊群体合法权益，也损害了社会公共利益。

◎ **调查和督促履职**

2021年1月14日，浙江省杭州市人民检察院（以下简称杭州市院）在全市部署开展信息无障碍领域检察公益诉讼专项监督行动，聚焦出行、办事、文化等涉及残疾人、老年人日常生活的高频事项和服务场景中存在的信息无障碍环境建设违法问题，开展重点监督。截至2021年3月31日，全市检察机关通过走访排查、实地踏勘、专家咨询、圆桌会议、公开听证、问卷调查等方式，查明涉案违法点16处，涉及6个区、县（市）。以行政公益诉讼立案8件，涉及医疗急救紧急呼叫系统未具备文字信息报送和文字呼叫功能、县级以上人民政府设立的公共图书馆未配备盲文读物、有声读物、语音读屏等软件设备，盲人通行较为集中的路段人行横道信号灯未设置声响提示装置，残疾人停车优惠无法适用，景点拒收现金等违法

---

① 《最高检发布无障碍环境建设公益诉讼典型案例》，载最高人民检察院网，https://www.spp.gov.cn/spp/xwfbh/wsfbh/202105/t20210514_518136.shtml，最后访问时间：2023年5月1日。

情形。杭州市院指导辖区各基层检察院根据《中华人民共和国残疾人保障法》《无障碍环境建设条例》等相关规定，向相关区县的文广、市场监管、卫健、公安等职能部门发出诉前检察建议8件，督促其依法全面履行监管职责，及时整改违法情形，并启动专项排查。

相关职能部门收到检察建议书后高度重视，积极落实整改。在检察建议推动下，某图书馆及时完成信息无障碍环境改造，增设盲人阅读专区，配置盲文读物，配备读屏软件、光学放大镜、盲文点显器等相关设备，并启动全区文化、旅游、体育等公共建筑无障碍环境建设功能提升行动；就辖区内盲人通行较为集中的路段增设人行横道信号灯过街音响，并上线全省首个新型智能交互式过街语音提示装置，在为视障群体提供更有针对性的提示服务的同时降低对附近居民造成的噪声干扰。西湖区部分景点升级预约售票服务，增设现金服务窗口，优化志愿帮扶，全方位保障各类游客游览需求。萧山、临安、钱塘新区三地督促更新升级198座公共停车场自动收费系统，登记残疾人车辆信息1243条，完善政府定价管理停车场停车收费系统定期更新机制，推动残疾人停车优惠政策落地落实。钱塘新区部分社区卫生服务中心改进收费方式，并通过专项摸排在全区各社区卫生服务中心增设老年人优先窗口、人工服务窗口、导医台及志愿者就医指导服务，方便"无码老人"就医需求。建德市医疗急救指挥调度系统增设文字报警和一键呼救定位功能，畅通语言、听力障碍群体生命呼救渠道。其他整改措施仍在进一步推进中。

◎ 典型意义

信息无障碍是无障碍环境建设的重要组成部分，也是全面建设信息社会、促进社会公平正义的必然要求。检察机关在深入调查研究的基础上，聚焦残疾人、老年人等特殊群体日常生活的高频事项和服务场景中的"数字鸿沟"问题，以专项行动推进系统监督，综合运用圆桌会议、问卷调查、公开听证等方式，督促协同相关职能部门依法履行监管职责，促进出行、办事、文化等公共场所信息无障碍水平提升，助力信息障碍群体与智能社会无障碍。

第三十条 同步字幕与手语节目

利用财政资金设立的电视台应当在播出电视节目时配备同步字幕，条件具备的每天至少播放一次配播手语的新闻节目，并逐步扩大配播手语的节目范围。

国家鼓励公开出版发行的影视类录像制品、网络视频节目加配字幕、手语或者口述音轨。

关联规定

1.《无障碍环境建设条例》（2012 年 6 月 28 日）

第二十一条 设区的市级以上人民政府设立的电视台应当创造条件，在播出电视节目时配备字幕，每周播放至少一次配播手语的新闻节目。

公开出版发行的影视类录像制品应当配备字幕。

2.《北京市无障碍环境建设条例》（2021 年 9 月 24 日）

第二十六条 市、区广播电视台应当创造条件，在播出电视节目时同步配备字幕；市广播电视台播出主要新闻节目应当配播手语；区广播电视台应当逐步扩大手语配播节目的范围。

3.《上海市无障碍环境建设条例》（2023 年 1 月 15 日）

第三十八条 市级电视台应当在播出电视节目时配备同步字幕，每天播放至少一次配播手语的新闻节目，并逐步扩大配播手语的节目范围。

公开出版发行的影视制品，应当具备可供选择的字幕等无障碍功能。

鼓励网络视频节目加配字幕、手语或者口述音轨。

鼓励有条件的影剧院、社区文化活动中心等单位开设无障碍电影专场，举办无障碍电影日等活动。

第三十一条 无障碍格式版本

国家鼓励公开出版发行的图书、报刊配备有声、大字、盲文、电子等无障碍格式版本，方便残疾人、老年人阅读。

国家鼓励教材编写、出版单位根据不同教育阶段实际，编写、出版盲文版、低视力版教学用书，满足盲人和其他有视力障碍的学生的学习需求。

关联规定

1.《无障碍环境建设条例》（2012年6月28日）

第二十一条 设区的市级以上人民政府设立的电视台应当创造条件，在播出电视节目时配备字幕，每周播放至少一次配播手语的新闻节目。

公开出版发行的影视类录像制品应当配备字幕。

2.《以无障碍方式向阅读障碍者提供作品暂行规定》（2022年8月1日）

第一条 为规范以无障碍方式向阅读障碍者提供作品的秩序，更好地为阅读障碍者使用作品提供便利，发挥著作权促进阅读障碍者平等参与社会生活、共享文化发展成果的作用，根据《中华人民共和国著作权法》（以下简称著作权法）和我国批准的《关于为盲人、视力障碍者或其他印刷品阅读障碍者获得已出版作品提供便利的马拉喀什条约》（以下简称《马拉喀什条约》），制定本规定。

第二条 本规定所称的阅读障碍者，是指视力残疾人以及由于视觉缺陷、知觉障碍、肢体残疾等原因无法正常阅读的人。

本规定所称的无障碍格式版，是指采用替代方式或形式，让阅读障碍者能够感知并有效使用的作品版本。

本规定所称的无障碍格式版服务机构，是指以非营利方式向阅读障碍者提供文化、教育、培训、信息等服务的法人组织。

本规定所称的无障碍格式版跨境交换机构，是指向其他《马拉喀什条约》缔约方的同类机构或阅读障碍者提供，或从前述同类机构接收无障碍格式版的法人组织。

第三条 依据著作权法第二十四条第一款第十二项规定，可以不经著作权人许可，不向其支付报酬，将已经发表的作品制作成无障碍格式版并向阅读障碍者提供，但应当遵守下列要求：

（一）指明作者姓名或名称、作品名称；

（二）使用有合法来源的作品；

（三）尊重作品完整性，除让阅读障碍者能够感知并有效使用所需要的修改外，不得进行其他修改；

（四）在作品名称中以适当显著的方式标注“阅读障碍者专用”；

（五）仅限通过特定渠道向可以提供相关证明的阅读障碍者或无障碍格式版服务机构提供，不得向其他人员或组织提供或开放服务；

（六）采取身份认证、技术措施等有效手段防止阅读障碍者以外的人员或组织获取、传播；

（七）向阅读障碍者提供的无障碍格式版类型应当仅限于满足其合理需要；

（八）不以营利为目的；

（九）未以其他方式影响作品的正常使用或不合理地损害著作权人的合法权益。

第四条 使用无法通过正常途径获取的作品制作、提供无障碍格式版，依据著作权法第五十条第一款第二项规定，可以避开技术措施，但不得向他人提供避开技术措施的技术、装置或部件，不得侵犯权利人依法享有的其他权利。

第五条 制作、提供、跨境交换无障碍格式版，应当以适当的方式告知著作权人，并完整、准确记录作者姓名或名称、作品名称以及制作、提供的方式和数量及提供对象等，供相关著作权人和国家相关主管部门查阅。相关记录至少保留3年。

记录、提供相关信息时，应当遵守《中华人民共和国个人信息保护法》相关规定，平等保护阅读障碍者个人信息。

第六条 制作、提供无障碍格式版，应当遵守国家关于出版、电影、广播电视、网络视听等行业的管理规定和标准。

跨境交换无障碍格式版，应当遵守相关行业进出口管理等有关规定。

第七条 鼓励出版、电影、广播电视、网络视听等机构为其拥有版权的作品同步制作、提供无障碍格式版。

鼓励通过无障碍格式版服务机构制作无障碍格式版并向阅读障碍者或其他无障碍格式版服务机构提供。

鼓励通过无障碍格式版跨境交换机构与其他《马拉喀什条约》缔约方的同类机构交换无障碍格式版。

第八条 无障碍格式版服务机构应当符合下列条件：

（一）具有与制作、提供无障碍格式版相适应的人员、资金和技术，包括防止阅读障碍者以外的人员或组织获取、传播无障碍格式版的技术；

（二）制定符合本规定第三条至第六条规定的规章制度并严格遵守，包括能够有效确认阅读障碍者和无障碍格式版服务机构身份的规则程序；

（三）从事需要取得行政许可的活动的，须经相关主管部门许可，取得相关资质、资格。

第九条 无障碍格式版跨境交换机构应当符合下列条件：

（一）符合本规定第八条规定的条件；

（二）具有与跨境交换无障碍格式版相适应的人员、资金和技术，包括确保无障碍格式版安全跨境提供和接收的技术；

（三）采取合理措施确认其他《马拉喀什条约》缔约方的同类机构或阅读障碍者身份；

（四）建立无障碍格式版跨境交换内容合规机制；

（五）从事进出口等需要取得行政许可的活动的，具有相应资质。

第十条 无障碍格式版服务机构（含跨境交换机构）实行告知性备案，相关机构应当依据无障碍格式版服务机构（含跨境交换机构）备案指南向国家版权局备案。

无障碍格式版跨境交换机构的相关信息由国家版权局向世界知识产权组织或相关机构提供，以促进无障碍格式版的跨境交换。

第十一条 各级著作权主管部门以及相关部门对无障碍格式版服务机

构（含跨境交换机构），在业务指导、宣传推广、资源对接、经费协调等方面给予支持。

第十二条 制作、提供、跨境交换无障碍格式版违反本规定，影响作品的正常使用或不合理地损害著作权人的合法权益的，应当承担著作权法第五十二条、第五十三条规定的民事责任；同时损害公共利益的，由著作权主管部门依法追究行政责任；构成犯罪的，依法追究刑事责任。

制作、提供、跨境交换无障碍格式版违反相关行业管理规定、标准或进出口管理等有关规定的，由相关部门依法依规进行处理。

第十三条 对于制作、提供、跨境交换无障碍格式版违反本规定的行为，被侵权人、利害关系人或其他知情人可以向著作权主管部门或其他相关部门投诉、举报。

第十四条 为实施义务教育和国家教育规划而编写出版教科书，将已经发表的作品制作成无障碍格式版并向阅读障碍者提供的，属于著作权法第二十四条第一款第十二项规定的情形，适用本规定。

第十五条 制作、提供、跨境交换无障碍格式版涉及图书、报刊出版，以及表演、录音录像和广播电台、电视台播放等与著作权有关的权利的，参照本规定执行。

第十六条 本规定由国家版权局负责解释。

第十七条 本规定自印发之日起施行。

附件：无障碍格式版服务机构（含跨境交换机构）备案指南（略）

第三十二条 无障碍网站

利用财政资金建立的互联网网站、服务平台、移动互联网应用程序，应当逐步符合无障碍网站设计标准和国家信息无障碍标准。

国家鼓励新闻资讯、社交通讯、生活购物、医疗健康、金融服务、学习教育、交通出行等领域的互联网网站、移动互联网应用程序，逐步符合无障碍网站设计标准和国家信息无障碍标准。

国家鼓励地图导航定位产品逐步完善无障碍设施的标识和无障碍出行路线导航功能。

关联规定

1.《无障碍环境建设条例》（2012年6月28日）

第二十三条 残疾人组织的网站应当达到无障碍网站设计标准，设区的市级以上人民政府网站、政府公益活动网站，应当逐步达到无障碍网站设计标准。

2.《工业和信息化部、中国残联关于推进信息无障碍的指导意见》（2020年9月11日）

二、主要任务

……

（四）加快推动互联网无障碍化普及。

10. 推进互联网网站无障碍建设。加快提升各级政府门户网站、政务服务平台及网上办事大厅的信息无障碍服务能力，鼓励公共企事业单位加入城市信息无障碍公共服务体系。引导新闻媒体、金融服务、电子商务等网站建设符合信息无障碍通用标准要求，鼓励从事公共服务的其他网站支持信息无障碍功能。支持网站接入服务商搭建互联网信息无障碍共性技术服务平台，为接入网站提供无障碍技术支持。

11. 推动移动互联网应用无障碍优化与研发。丰富满足重点受益群体需求的移动互联网应用（APP）种类和功能，加快无障碍地图产品开发和人工智能技术的融合应用，推进新闻资讯、社交通讯、生活购物、金融服务、旅游出行、工作教育、市政服务、医疗健康等领域移动互联网应用的无障碍改造。引导企业利用最新标准和技术对移动互联网应用进行无障碍优化，将无障碍优化纳入产品日常维护流程。

（五）提升信息技术无障碍服务水平。

12. 深入开展“互联网+科技助残”行动。进一步完善全国残疾人人口基础数据库和残疾人网上服务平台建设。支持电子商务助力残疾人创业就业，为残疾人士提供低成本、高效率、多方式创业的机会。

13. 加快推动智慧养老产业发展。推进社会养老、居家养老与信息无障碍有机结合。持续丰富智慧健康养老产品及服务推广目录，推动一批智慧健康养老服务品牌做优做强，推进智慧健康养老试点示范工作，鼓励试点企业、项目选拔向信息无障碍领域倾斜。

14. 推进公共服务信息无障碍优化。鼓励公共交通系统提供语音提示、信息屏幕系统、手语、盲文等信息无障碍服务。加快推进“互联网+医疗健康”向重点受益群体延伸覆盖，推进医疗服务系统的信息无障碍改造。支持利用信息技术加快推进食品药品信息识别无障碍。

第三十三条　音视频等语音、大字无障碍功能

音视频以及多媒体设备、移动智能终端设备、电信终端设备制造者提供的产品，应当逐步具备语音、大字等无障碍功能。

银行、医院、城市轨道交通车站、民用运输机场航站区、客运站、客运码头、大型景区等的自助公共服务终端设备，应当具备语音、大字、盲文等无障碍功能。

关联规定

1.《信息技术产品国家通用语言文字使用管理规定》（2023年1月3日）

第十条　面向残疾人、老年人的信息技术产品，应当具备语言文字信息无障碍功能。面向少年儿童的信息技术产品，应当符合其身心特点和语言文字学习规律。

2.《上海市无障碍环境建设条例》（2023年1月15日）

第四十二条 本市鼓励音视频以及多媒体设备、智能移动终端设备、电信终端设备制造者，开展相关设备研发和改造，推动技术和产品具备语音、大字等无障碍功能。

银行、医院、铁路客运站、轨道交通车站、民用运输机场航站区等应当确保一定比例的自助公共服务终端设备具备语音、大字、盲文等无障碍功能。

第三十四条 无障碍电信服务

电信业务经营者提供基础电信服务时，应当为残疾人、老年人提供必要的语音、大字信息服务或者人工服务。

关联规定

1.《无障碍环境建设条例》（2012年6月28日）

第二十六条 电信业务经营者提供电信服务，应当创造条件为有需求的听力、言语残疾人提供文字信息服务，为有需求的视力残疾人提供语音信息服务。

电信终端设备制造者应当提供能够与无障碍信息交流服务相衔接的技术、产品。

2.《工业和信息化部、中国残联关于推进信息无障碍的指导意见》（2020年9月11日）

二、主要任务

（一）加强信息无障碍法规制度建设。

1. 推进信息无障碍相关立法工作。贯彻依法治国方略，推动将信息无障碍纳入到相关法律法规的制修订工作中，为推进行业规范化、标准化发展提供法治保障。

（二）加快推广便利普惠的电信服务。

2. 完善网络及信息基础设施建设。加强偏远地区村镇中小学、卫生院

（室）、图书馆、活动中心等信息基础设施建设，确保宽带网络服务稳定、高质。推动5G在无障碍领域的应用，加快联网智能产品研发推广，提升信息服务水平。

3. 推动电信服务无障碍。简化电信业务办理流程，推广线上办理、电话办理、上门办理等定制化服务。提升电信运营商网上营业厅、移动端服务渠道的无障碍化水平，鼓励电信运营商提供电子版大字账单、语音盲文账单等服务，推进电信经营场所无障碍设施建设与改造。

4. 鼓励推出电信资费优惠举措。支持电信运营商结合持证残疾人、60周岁以上农村老年人等特殊群体需求，提供更大折扣的资费优惠，合理降低使用固定电话、移动电话、宽带网络等服务的费用。支持有关政府部门出台本地推动面向重点受益群体信息消费的相关政策。

（三）扩大信息无障碍终端产品供给。

5. 鼓励信息无障碍终端设备研发与无障碍化改造。培育一批科技水平高、产品性价比优的信息无障碍终端设备制造商，推动现有终端设备无障碍改造、优化，支持开发残健融合型无障碍智能终端产品，鼓励研发生产可穿戴、便携式监测、居家养老监护等智能养老设备。

6. 提升信息辅助器具智能化水平。针对残疾人、老年人功能康复和健康管理需求，加大沟通和信息辅助器具研发力度，提升产品的通用性、安全性和便利性。重点加快智能轮椅、智能导盲设备、文字语音转换、康复机器人等智能终端的设计开发，积极研发虚拟现实、头控、眼控、声控、盲用、带字幕等智能硬件配套产品。

7. 推进公共服务终端设备的无障碍改进。鼓励企业设计开发适应重点受益群体不同服务需求的自助公共服务设备，如银行ATM机、机场自助值机设备、地铁自助检票设备、医院自助就医设备、自助售卖设备等。在城市范围内推进公共场所的无障碍自助公共服务设备的部署。

8. 支持新技术在信息无障碍领域的发展与应用。推进人工智能、5G、物联网、大数据、边缘计算、区块链等关键技术在信息无障碍领域的融合和科技成果转化，支持新兴技术在导盲、声控、肢体控制、图文识别、语音识别、语音合成等方面的实际应用。

9. 加强信息无障碍产品宣传与推广。搭建信息无障碍产品供给与需求对接平台，广泛利用残疾人组织、电子商务企业、电信运营商、医疗康复机构以及社团组织等渠道加强产品宣传与推广。

（四）加快推动互联网无障碍化普及。

10. 推进互联网网站无障碍建设。加快提升各级政府门户网站、政务服务平台及网上办事大厅的信息无障碍服务能力，鼓励公共企事业单位加入城市信息无障碍公共服务体系。引导新闻媒体、金融服务、电子商务等网站建设符合信息无障碍通用标准要求，鼓励从事公共服务的其他网站支持信息无障碍功能。支持网站接入服务商搭建互联网信息无障碍共性技术服务平台，为接入网站提供无障碍技术支持。

11. 推动移动互联网应用无障碍优化与研发。丰富满足重点受益群体需求的移动互联网应用（APP）种类和功能，加快无障碍地图产品开发和人工智能技术的融合应用，推进新闻资讯、社交通讯、生活购物、金融服务、旅游出行、工作教育、市政服务、医疗健康等领域移动互联网应用的无障碍改造。引导企业利用最新标准和技术对移动互联网应用进行无障碍优化，将无障碍优化纳入产品日常维护流程。

（五）提升信息技术无障碍服务水平。

12. 深入开展“互联网+科技助残”行动。进一步完善全国残疾人人口基础数据库和残疾人网上服务平台建设。支持电子商务助力残疾人创业就业，为残疾人士提供低成本、高效率、多方式创业的机会。

13. 加快推动智慧养老产业发展。推进社会养老、居家养老与信息无障碍有机结合。持续丰富智慧健康养老产品及服务推广目录，推动一批智慧健康养老服务品牌做优做强，推进智慧健康养老试点示范工作，鼓励试点企业、项目选拔向信息无障碍领域倾斜。

14. 推进公共服务信息无障碍优化。鼓励公共交通系统提供语音提示、信息屏幕系统、手语、盲文等信息无障碍服务。加快推进“互联网+医疗健康”向重点受益群体延伸覆盖，推进医疗服务系统的信息无障碍改造。支持利用信息技术加快推进食品药品信息识别无障碍。

（六）完善信息无障碍规范与标准体系建设。

15. 统筹推进信息无障碍规范与标准体系建设。建设完善包括总体性标准、通用性标准、应用标准及产品标准在内的标准体系，开展信息服务系统、应用软件、终端产品等信息服务载体无障碍要求的研究与制定，建立完善针对疫情、自然灾害等突发公共事件的信息无障碍应急服务规范。

16. 强化信息无障碍规范与标准落地实施。开展信息无障碍重点规范与标准宣贯工作，建立信息无障碍评测机制，指导第三方机构按照无障碍规范与标准进行符合性测试，发布评测认证结果，激励相关行业规范与标准落地应用。

17. 鼓励参与信息无障碍国际标准制定。鼓励支持行业协会、研究机构、高等学校、企业等积极参与国际标准制定，推动相关技术、标准等方面的国际化合作。

（七）营造良好信息无障碍发展环境。

18. 加强与城乡信息化建设融合衔接。支持将信息无障碍建设纳入智慧城市、数字乡村、无障碍环境等城乡信息化建设工作。在城市大数据中心、地理信息服务系统、突发事件管理系统等各类信息服务载体中融入新技术，满足各类群体的无障碍应用。

19. 深化国际交流与合作。积极开展信息无障碍领域国际交流与合作，扩大我国在相关国际事务与国际组织中的影响力。宣传我国信息无障碍发展理念和建设成果，为推动信息无障碍事业发展贡献中国智慧与中国方案。

20. 营造良好社会氛围。通过政府支持、企业联动、公益慈善补充，营造全社会共建信息无障碍的良好氛围。多渠道、多形式普及信息无障碍知识和通用设计理念，倡导爱心企业、社会组织通过捐款捐赠、志愿服务、设立基金等方式，支持和参与信息无障碍建设。

第三十五条 紧急呼救系统无障碍功能

政务服务便民热线和报警求助、消防应急、交通事故、医疗急救等紧急呼叫系统，应当逐步具备语音、大字、盲文、一键呼叫等无障碍功能。

关联规定

1.《北京市无障碍环境建设条例》（2021年9月24日）

第二十五条 110、119、120、122等紧急呼叫系统应当具备文字信息传送和语音呼叫功能，方便残疾人、老年人等社会成员报警、求助和呼救。

12345市民服务热线及其网络平台应当具备文字信息传送和语音呼叫功能，方便残疾人、老年人等社会成员咨询、求助、投诉、举报、建议。

2.《上海市无障碍环境建设条例》（2023年1月15日）

第三十七条 各级人民政府及其有关部门发布涉及自然灾害、事故灾难、公共卫生事件、社会安全事件等突发事件信息时，应当同步采取语音、文字、手语等无障碍方式。

本市完善"12345"市民服务热线以及报警求助、消防应急、交通事故、医疗急救等紧急呼叫系统，健全文字、语音等无障碍功能，保障有无障碍需求的社会成员及时获取咨询、建议、求助、报警等服务。

典型案例

浙江省建德市人民检察院督促健全120急救调度系统文字报警功能行政公益诉讼案①

◎ **关键词**：行政公益诉讼诉前程序；特定群体权益；120急救调度系统；文字报警功能；公开听证

◎ **要旨**

120急救调度系统因欠缺文字报警功能，听力障碍、言语障碍人士的自主呼救权益难以保障。检察机关积极履行公益诉讼职能，通过公开听证广泛听取意见，协同督促120急救调度系统功能优化，打通特定群体120

① 《残疾人权益保障检察公益诉讼典型案例》，载最高人民检察院网，https：//www.spp.gov.cn/spp/xwfbh/wsfbt/202205/t20220513_ 556792.shtml#2，最后访问时间：2023年5月1日。

急救报警渠道，助力信息无障碍环境共建共治共享。

◎ 基本案情

浙江省某医疗急救指挥中心是建德市域内负责医疗急救指挥调度的唯一机构，其使用的指挥调度系统仅具备普通来电、110 联动、122 联动等电话呼救功能，不具备文字信息报送和文字呼叫功能，无法满足听力障碍、言语障碍人士在紧急情况下的自主呼救需求，损害了社会公共利益。

◎ 调查和督促履职

2021 年 1 月，浙江省建德市人民检察院（以下简称建德市院）收到群众反映线索，称辖区 120 急救调度系统仅能够接收电话呼救，对听力障碍、言语障碍群体自主报警造成客观障碍，生命健康安全难以有效保障，遂立案审查。建德市院赴某医疗急救指挥中心进行调查核实，查明该中心负责建德市域医疗急救指挥的统一调度工作，日常使用的急救调度系统“安克 120 院前调度系统 V7.0 标准版”仅具备普通来电、110 联动、122 联动等电话呼救功能，不具备文字报警功能，违反了《无障碍环境建设条例》第二十四条、《浙江省实施〈无障碍环境建设条例〉办法》第十七条第四款等规定。建德市卫生健康局（以下简称建德市卫健局）作为辖区医疗服务行业监督管理部门，存在未依法履职情形，致使社会公共利益受到侵害。

2021 年 1 月 27 日，建德市院针对医疗急救系统增设文字信息报送和文字呼叫功能的必要性与完善路径问题，组织召开公开听证会，邀请残疾人联合会、老年人协会等社会组织代表，卫生、财政等有关职能部门以及人大代表、政协委员、人民监督员、无障碍环境建设专家等参会，各方充分发表意见建议，一致认为，120 急救调度系统文字报警功能的建设是保障听力障碍、言语障碍群体及其家属生命健康权益的重要举措，完善医疗急救文字报警系统建设确有必要。听证会结束后，建德市院向建德市卫健局送达诉前检察建议，建议其督促某医疗急救指挥中心尽快完善呼救系统相关功能，切实保护特定群体合法权益。

2021 年 3 月 20 日，建德市卫健局向检察机关作出书面回复，表示已积极联系调度系统设计研发公司完善软件开发，文字报警功能即将上线。

同年4月1日，“互联急救”平台正式启动，建德市院邀请人大代表、医疗行业专家、特定群体代表等参与平台运行调试。经验收，“互联急救”目前已具备“一键呼救”的便捷操作功能，并能实时定位注册患者，有效提升调度救援效率，市民亦可通过发送文字内容至指定号码实现文字报警。

在本案办理基础上，浙江省杭州市人民检察院（以下简称杭州市院）指导区县检察机关对辖区其他8个医疗急救指挥中心进行排查，发现指挥调度系统不具备文字报警功能的情形具有普遍性。2021年5月18日，杭州市院与杭州市无障碍环境建设领导小组办公室联合召开协调会，邀请卫健、残联等相关职能部门参加，形成《杭州市一键急救及文字报警系统建设推进会议纪要》，明确由市卫健部门牵头制定全市医疗急救文字报警系统建设完善方案并组织实施。2021年7月9日，杭州市卫生健康委员会下发《关于做好杭州市推进一键急救及文字报警系统建设的通知》，要求各相关区、县（市）卫健部门切实推进医疗急救文字报警系统建设、投入使用及长效管理。截至2021年12月底，全市120急救调度系统均已具备文字报警功能。

◎ 典型意义

医疗急救等紧急呼叫系统文字报警功能是听力障碍、言语障碍等特定群体的应急保障。检察机关运用“公开听证+检察建议+评估验收”等方式，督促协同有关职能部门推动医疗急救调度系统完善文字报警功能。立足个案开展类案监督，推动全市120急救调度系统实现文字报警功能全覆盖，取得“办理一案，治理一片”的社会实效。

第三十六条 无障碍公共文化服务

提供公共文化服务的图书馆、博物馆、文化馆、科技馆等应当考虑残疾人、老年人的特点，积极创造条件，提供适合其需要的文献信息、无障碍设施设备和服务等。

关联规定

《无障碍环境建设条例》（2012 年 6 月 28 日）

第二十二条 设区的市级以上人民政府设立的公共图书馆应当开设视力残疾人阅览室，提供盲文读物、有声读物，其他图书馆应当逐步开设视力残疾人阅览室。

第三十七条 无障碍格式版本标签、说明书

国务院有关部门应当完善药品标签、说明书的管理规范，要求药品生产经营者提供语音、大字、盲文、电子等无障碍格式版本的标签、说明书。

国家鼓励其他商品的生产经营者提供语音、大字、盲文、电子等无障碍格式版本的标签、说明书，方便残疾人、老年人识别和使用。

要点提示

实践中，存在商品尤其是药品的说明书字体小、阅读不方便的问题。增加强制性规定，可以从立法上为药品的监管部门提供更加明确可行的执法司法依据，并为药品生产经营者提供合规性的指引。

第三十八条 手语和盲文

国家推广和使用国家通用手语、国家通用盲文。

基本公共服务使用手语、盲文以及各类学校开展手语、盲文教育教学时，应当采用国家通用手语、国家通用盲文。

第四章　无障碍社会服务

第三十九条　公共服务场所无障碍设施

公共服务场所应当配备必要的无障碍设备和辅助器具，标注指引无障碍设施，为残疾人、老年人提供无障碍服务。

公共服务场所涉及医疗健康、社会保障、金融业务、生活缴费等服务事项的，应当保留现场指导、人工办理等传统服务方式。

关联规定

1.《残疾人保障法》（2018 年 10 月 26 日）

第五十五条第一款　公共服务机构和公共场所应当创造条件，为残疾人提供语音和文字提示、手语、盲文等信息交流服务，并提供优先服务和辅助性服务。

2.《无障碍环境建设条例》（2012 年 6 月 28 日）

第二十四条　公共服务机构和公共场所应当创造条件为残疾人提供语音和文字提示、手语、盲文等信息交流服务，并对工作人员进行无障碍服务技能培训。

第二十五条　举办听力残疾人集中参加的公共活动，举办单位应当提供字幕或者手语服务。

3.《“十四五”残疾人保障和发展规划》（2021 年 7 月 8 日）

2. 创新残疾人法律服务和权益维护。开展残疾人尊法学法守法用法专项行动。将残疾人作为公共法律服务的重点对象，完善公共法律服务平台无障碍功能，依据国家有关规定扩大残疾人法律援助覆盖面，重点提升残疾人法律援助质量。完善残疾人法律救助工作协调机制，培养助残公益律师队伍，开展法律援助志愿助残行动，为残疾人提供及时有效的法律救助服务。加强对残疾人的司法保护，方便残疾人诉讼。发挥“12385”残疾人服务热线和网络信访平台作用，建立健全残疾人权益维护应急处置机制。坚决打击侵害残疾人权益的违法犯罪行为。不断拓宽残疾人和残疾人组织民主参与、民主协商渠道，有效保障残疾人的知情权、参与权、表达权、监督权，支持更多残疾人、残疾人亲友和残疾人工作者进入各级人大、政协并提供履职便利。

第四十条 低位服务台或者无障碍服务窗口

行政服务机构、社区服务机构以及供水、供电、供气、供热等公共服务机构，应当设置低位服务台或者无障碍服务窗口，配备电子信息显示屏、手写板、语音提示等设备，为残疾人、老年人提供无障碍服务。

关联规定

1.《残疾人保障法》（2018年10月26日）

第五十五条第一款 公共服务机构和公共场所应当创造条件，为残疾人提供语音和文字提示、手语、盲文等信息交流服务，并提供优先服务和辅助性服务。

2.《无障碍环境建设条例》（2012年6月28日）

第二十七条 社区公共服务设施应当逐步完善无障碍服务功能，为残疾人等社会成员参与社区生活提供便利。

3.《北京市无障碍环境建设条例》（2021年9月24日）

第二十七条 本市提供政务服务和其他公共服务的场所应当根据残疾人、老年人等社会成员的需求，提供助视、助听、助行设备以及辅助服务，开展无障碍预约服务。

政府有关部门应当会同残疾人联合会、老年人组织，根据需要组织编制有声版、大字版办事指南，为残疾人、老年人等社会成员办理相关事务提供便利。

第四十一条 无障碍法律服务

司法机关、仲裁机构、法律援助机构应当依法为残疾人、老年人参加诉讼、仲裁活动和获得法律援助提供无障碍服务。

国家鼓励律师事务所、公证机构、司法鉴定机构、基层法律服务所等法律服务机构，结合所提供的服务内容提供无障碍服务。

关联规定

1.《法律援助法》（2021 年 8 月 20 日）

第四十五条 法律援助机构为老年人、残疾人提供法律援助服务的，应当根据实际情况提供无障碍设施设备和服务。

法律法规对向特定群体提供法律援助有其他特别规定的，依照其规定。

2.《上海市无障碍环境建设条例》（2023 年 1 月 15 日）

第四十七条 司法机关、法律援助机构应当为有无障碍需求的社会成员参加诉讼活动、获得法律援助提供无障碍服务，并按照国家有关规定提供手语翻译、盲文翻译等服务。

本市鼓励仲裁机构、律师事务所、公证处、司法鉴定机构、基层法律服务所等法律服务机构结合所提供的服务内容，提供无障碍服务。

第四十二条 无障碍交通运输服务

交通运输设施和公共交通运输工具的运营单位应当根据各类运输方式的服务特点，结合设施设备条件和所提供的服务内容，为残疾人、老年人设置无障碍服务窗口、专用等候区域、绿色通道和优先坐席，提供辅助器具、咨询引导、字幕报站、语音提示、预约定制等无障碍服务。

关联规定

1.《残疾人保障法》（2018 年 10 月 26 日）

第五十五条第二款 公共交通工具应当逐步达到无障碍设施的要求。有条件的公共停车场应当为残疾人设置专用停车位。

2.《铁路旅客车票实名制管理办法》（2022 年 11 月 18 日）

第十八条 铁路运输企业应当根据旅客发送量确定车站实名查验通道的开放数量。车站应当设有人工实名查验通道，为老年人、证件无法自动识读、需要使用无障碍通道和其他需要帮助的旅客提供必要的服务。

3.《上海市无障碍环境建设条例》（2023 年 1 月 15 日）

第五十二条 交通运输设施和公共交通运输工具运营单位应当根据各类运输方式的服务特点，结合设施设备条件和所提供的服务内容，为有无障碍需求的社会成员设置无障碍窗口、专用等候区域、绿色通道和优先坐席，提供辅助器具、咨询引导、字幕报站、语音提示、预约定制等无障碍服务。

交通运输设施和公共交通运输工具运营单位应当逐步建立无障碍公共交通导乘系统，提供公共交通路线和站点的详细地图、无障碍设施设置等信息，服务有无障碍需求的社会成员自主出行。

第四十三条 无障碍教育服务

教育行政部门和教育机构应当加强教育场所的无障碍环境建设，为有残疾的师生、员工提供无障碍服务。

国家举办的教育考试、职业资格考试、技术技能考试、招录招聘考试以及各类学校组织的统一考试，应当为有残疾的考生提供便利服务。

关联规定

1.《残疾人保障法》（2018年10月26日）

第五十四条第四款 国家举办的各类升学考试、职业资格考试和任职考试，有盲人参加的，应当为盲人提供盲文试卷、电子试卷或者由专门的工作人员予以协助。

2.《无障碍环境建设条例》（2012年6月28日）

第二十条 国家举办的升学考试、职业资格考试和任职考试，有视力残疾人参加的，应当为视力残疾人提供盲文试卷、电子试卷，或者由工作人员予以协助。

3.《北京市无障碍环境建设条例》（2021年9月24日）

第三十一条 本市举办的各类升学考试、职业资格考试和任职考试，应当根据视力、听力或者肢体残疾考生的实际需要，提供阅卷、书写、助听、唇语等便利，或者由工作人员予以协助。

符合机动车驾驶资格考试条件的听力障碍者参加考试的，公安机关交通管理部门应当为其提供便利。

4.《上海市无障碍环境建设条例》（2023年1月15日）

第四十八条 教育部门和各类教育机构应当采取措施，加强教育场所的无障碍设施建设、改造和设备配备，为有无障碍需求的师生提供服务。

有关部门和考试组织单位应当根据国家规定，为有无障碍需求的社会成员参加教育考试、职业资格考试、技术技能考试、招录招聘考试等提供便利。

公安机关、交通部门应当为符合条件的肢体残疾人、听力障碍者、老年人参加机动车驾驶资格考试提供便利。

第四十四条 无障碍医疗服务

医疗卫生机构应当结合所提供的服务内容，为残疾人、老年人就医提供便利。

与残疾人、老年人相关的服务机构应当配备无障碍设备，在生活照料、康复护理等方面提供无障碍服务。

第四十五条 服务场所无障碍服务

国家鼓励文化、旅游、体育、金融、邮政、电信、交通、商业、餐饮、住宿、物业管理等服务场所结合所提供的服务内容，为残疾人、老年人提供辅助器具、咨询引导等无障碍服务。

国家鼓励邮政、快递企业为行动不便的残疾人、老年人提供上门收寄服务。

关联规定

1.《公共图书馆法》（2018年10月26日）

第三十四条 政府设立的公共图书馆应当设置少年儿童阅览区域，根据少年儿童的特点配备相应的专业人员，开展面向少年儿童的阅读指导和社会教育活动，并为学校开展有关课外活动提供支持。有条件的地区可以单独设立少年儿童图书馆。

政府设立的公共图书馆应当考虑老年人、残疾人等群体的特点，积极创造条件，提供适合其需要的文献信息、无障碍设施设备和服务等。

2.《上海市无障碍环境建设条例》（2023年1月15日）

第五十一条 本市鼓励文化、旅游、绿化、体育、金融、邮政、电信、商业、会展、餐饮、旅馆等服务场所结合所提供的服务内容，为有无障碍需求的社会成员提供辅助器具、咨询引导等服务，相关服务场所不得拒绝使用轮椅等康复辅助器具者进入。

本市鼓励邮政、快递企业为行动不便的残疾人、老年人提供上门收寄服务。邮政企业应当对盲人读物给予免费寄递。

本市鼓励高等学校、社会团体、文化企业根据残疾人、老年人等的特点和需求，参与无障碍模式的文化作品制作，扩大无障碍模式的文化作品供应。

典型案例

江苏省宝应县人民检察院督促规范文物保护单位、英烈纪念设施无障碍环境建设行政公益诉讼案①

◎ **关键词：**行政公益诉讼诉前程序；文物保护；红色教育；公开听证

◎ **要旨**

文物保护单位、英雄烈士纪念设施未设置无障碍设施，损害了特殊群体参加革命传统教育、爱国主义教育的权利。检察机关充分发挥公益诉讼职能，推动建立多部门协作联动机制，探索符合文物保护要求和残障人士需求的无障碍设施建设最佳方案，维护特殊群体平等参与社会活动的权利。

◎ **基本案情**

江苏省扬州市宝应县内共有不可移动文物点223处，英雄烈士纪念设施23处。长期以来，7处对外开放的文物保护单位、22处英雄烈士纪念设施均未设置无障碍设施，无法满足残障人士自主参观需求，损害了社会公共利益。

---

① 《最高检发布无障碍环境建设公益诉讼典型案例》，载最高人民检察院网，https：//www.spp.gov.cn/spp/xwfbh/wsfbh/202105/t20210514_518136.shtml，最后访问时间：2023年5月1日。

◎ 调查和督促履职

2021年3月，宝应县人民检察院（以下简称宝应县院）收到群众反映，县域内个别文物保护单位无障碍设施缺失，造成残疾人不方便参观的问题，经核实后决定立案办理。通过查询资料和实地调查，确定了全县文物保护单位、英雄烈士纪念设施的基本情况、数量和地点，并了解无障碍设施建设情况。宝应县院认为，根据英烈保护、无障碍环境建设等相关法律法规，相关职能部门未依法履行职责。

2021年4月1日，宝应县院分别向宝应县文体广电和旅游局（以下简称县文旅局）、县退役军人事务局发出诉前检察建议，督促两单位积极依法履行法定职责，全面排查全县文物保护单位、英雄烈士纪念设施等无障碍设施情况，制定具体建设改造方案并有序推进，切实保障特殊群体平等接受革命传统教育、爱国主义教育。

两单位收到检察建议后，成立了专项工作领导小组，并及时制定相应整改方案。县文旅局拟于2021年5月底前，完成开放的7处文物保护单位无障碍设施改造；县退役军人事务局对正在施工的两处英雄烈士纪念设施增设了无障碍卫生间和无障碍坡道，并计划于2021年底前，完成全县所有英雄烈士纪念设施无障碍设施建设改造工作。

4月10日，为论证相关职能部门整改方案的可行性，宝应县院组织召开无障碍设施行政公益诉讼案件公开听证会，邀请人大代表、律师、人民监督员担任听证员，邀请县人大、县委政法委有关负责人以及社会各界群众代表现场观摩，并在听证会后组织座谈交流。4月16日，宝应县院向县委报告该案办理情况，建立多部门联动协作机制，进一步增强推进无障碍设施建设的合力。4月27日，宝应县院联合县文旅局等四部门会签《关于加强文物保护单位（革命文物点）、英雄烈士纪念设施无障碍设施建设实施意见》，进一步细化分解任务，确保建设改造工作高效完成。

◎ 典型意义

加强文物保护单位、英雄烈士纪念设施无障碍设施建设，对于充分保障残障人士平等参与社会生活，更好地接受革命传统教育、爱国主义教育具有重要意义。本案中，检察机关通过走访有关职能部门和残疾人代表，了解无障碍设施的现状和难点，有效提升诉前检察建议针对性。在诉前检察建议发出后，通过举办听证会、座谈会，与行政机关会签无障碍设施建设实施办法，邀请残障人士现场体验等方式，及时验收整改情况，评议整改方案，保障整改工作持续有力推进。同时，坚持以人民为中心，积极争取党政部门对公益诉讼工作的支持，推动全县无障碍设施建设，更好保障特殊群体利益，提升城市文明水平，实现了三个效果的有机统一。

第四十六条 服务犬

公共场所经营管理单位、交通运输设施和公共交通运输工具的运营单位应当为残疾人携带导盲犬、导听犬、辅助犬等服务犬提供便利。

残疾人携带服务犬出入公共场所、使用交通运输设施和公共交通运输工具的，应当遵守国家有关规定，为服务犬佩戴明显识别装备，并采取必要的防护措施。

关联规定

1.《残疾人保障法》（2018年10月26日）

第五十八条 盲人携带导盲犬出入公共场所，应当遵守国家有关规定。

2.《无障碍环境建设条例》（2012年6月28日）

第十六条 视力残疾人携带导盲犬出入公共场所，应当遵守国家有关规定，公共场所的工作人员应当按照国家有关规定提供无障碍服务。

第四十七条 应急避难场所无障碍服务

应急避难场所的管理人在制定以及实施工作预案时，应当考虑残疾人、老年人的无障碍需求，视情况设置语音、大字、闪光等提示装置，完善无障碍服务功能。

关联规定

《无障碍环境建设条例》（2012年6月28日）

第二十八条 地方各级人民政府应当逐步完善报警、医疗急救等紧急呼叫系统，方便残疾人等社会成员报警、呼救。

第四十八条 无障碍选举服务

组织选举的部门和单位应当采取措施，为残疾人、老年人选民参加投票提供便利和必要协助。

关联规定

1. 《残疾人保障法》（2018年10月26日）

第五十六条 组织选举的部门应当为残疾人参加选举提供便利；有条件的，应当为盲人提供盲文选票。

2. 《北京市无障碍环境建设条例》（2021年9月24日）

第三十二条 组织残疾人、老年人等社会成员参加选举的，应当在场地、设施、材料提供方面充分考虑其无障碍需求，根据需要提供盲文、大字选票。

3. 《上海市无障碍环境建设条例》（2023年1月15日）

第四十六条 组织选举的部门和单位应当为有无障碍需求的选民参加选举提供便利和必要协助，为视力障碍选民提供盲文、大字或者电子选票。

第四十九条 无障碍信息服务平台建设

国家鼓励和支持无障碍信息服务平台建设，为残疾人、老年人提供远程实时无障碍信息服务。

关联规定

《上海市无障碍环境建设条例》（2023 年 1 月 15 日）

第五十四条 本市鼓励和支持服务于残疾人、老年人等听力、言语、视力障碍人群的无障碍信息服务平台建设，为有无障碍需求的社会成员提供远程实时无障碍信息服务。

本市支持运用互联网、物联网等技术手段，为残疾人、老年人等提供“一键通”服务，创建推广示范应用场景，即时接收、响应残疾人、老年人等就医、出行、紧急救援、政策咨询等需求。

第五章 保障措施

第五十条 理念宣传

国家开展无障碍环境理念的宣传教育，普及无障碍环境知识，传播无障碍环境文化，提升全社会的无障碍环境意识。

新闻媒体应当积极开展无障碍环境建设方面的公益宣传。

第五十一条 无障碍环境建设标准体系

国家推广通用设计理念，建立健全国家标准、行业标准、地方标准，鼓励发展具有引领性的团体标准、企业标准，加强标准之间的衔接配合，构建无障碍环境建设标准体系。

地方结合本地实际制定的地方标准不得低于国家标准的相关技术要求。

关联规定

《老年人权益保障法》（2018 年 12 月 29 日）

第六十四条 国家制定无障碍设施工程建设标准。新建、改建和扩建道路、公共交通设施、建筑物、居住区等，应当符合国家无障碍设施工程建设标准。

各级人民政府和有关部门应当按照国家无障碍设施工程建设标准，优先推进与老年人日常生活密切相关的公共服务设施的改造。

无障碍设施的所有人和管理人应当保障无障碍设施正常使用。

第五十二条 制定标准征求意见

制定或者修改涉及无障碍环境建设的标准，应当征求残疾人、老年人代表以及残疾人联合会、老龄协会等组织的意见。残疾人联合会、老龄协会等组织可以依法提出制定或者修改无障碍环境建设标准的建议。

关联规定

《上海市无障碍环境建设条例》（2023 年 1 月 15 日）

第六十五条 本市鼓励有关单位在下列与无障碍环境建设相关的活动中，邀请残疾人联合会、依法设立的老年人组织等组织以及残疾人、老年人等有无障碍需求的社会成员代表，进行意见征询、试用体验：

（一）无障碍设施设计；

（二）新建、改建、扩建公共服务场所、公共活动场所、商业服务场所等建设项目竣工验收；

（三）信息化项目建设；

（四）无障碍产品设计、研发；

（五）其他与无障碍环境建设相关的活动。

第六十六条 残疾人联合会、依法设立的老年人组织等组织应当定期组织开展无障碍设施、信息交流和公共服务的使用或者体验活动，汇总分析各类无障碍需求信息，形成需求清单，为完善政策，改进工作，促进相关技术、产品和服务供需对接等提供参考。

第五十三条 认证与评测制度

国家建立健全无障碍设计、设施、产品、服务的认证和无障碍信息的评测制度，并推动结果采信应用。

关联规定

1.《无障碍环境认证实施方案》（2022年11月1日）

为推进实施无障碍环境认证，提升无障碍环境服务水平，健全残疾人、老年人等社会成员关爱服务体系和设施，根据《市场监管总局 中国残联关于推进无障碍环境认证工作的指导意见》（国市监认证发〔2021〕79号），制定本方案。

一、组织保障

市场监管总局、中国残联牵头组建由政府部门、科研机构、认证机构、检测机构、标准化机构、专业社会组织及体验用户等相关方参与的无障碍环境认证技术委员会，协调解决认证制度建设和实施过程中的技术问题，为无障碍环境认证工作提供决策咨询和技术支持。

二、制度建设

（一）无障碍环境认证目录由市场监管总局、中国残联根据社会发展需要，共同确定并发布。认证规则由市场监管总局商中国残联后发布。

（二）从事无障碍环境认证的认证机构应当依法设立，符合《中华人民共和国认证认可条例》《认证机构管理办法》规定的基本条件，具备从事无障碍环境认证相应的技术能力。经市场监管总局征求中国残联意见后批准，方可从事无障碍环境认证。

（三）无障碍环境实施分级认证，使用以下图案①作为认证标志。

① 原图为彩色，因印刷色彩限制，此处采用黑白印刷。

三、认证实施

（一）认证委托人可自愿向认证机构提出无障碍环境认证委托，对认证机构的认证工作和认证决定有异议的，可以向作出决定的认证机构提出申诉。

（二）认证机构依据无障碍环境认证规则开展认证工作，并采取适当方式和频次，对获得认证的无障碍环境实施有效跟踪检查，以验证其持续符合认证要求。

（三）认证机构应当公开认证收费标准和认证证书有效、暂停、注销或者撤销的状态等信息，接受社会的查询和监督，并按照有关规定报送无障碍环境认证实施情况及认证信息。

四、推广应用

（一）中国残联、市场监管总局积极推动社会治理、行业管理、市场采购等领域广泛采信无障碍环境认证结果，及时总结经验、培训典型、抓好示范，推动无障碍环境认证普及覆盖。

（二）各级残联、市场监管部门协调推动本地无障碍环境认证及推广应用工作，推动将无障碍环境认证结果纳入各类公共建筑质量评奖、评价或考核。

五、监督管理

（一）各级市场监管部门、残联发挥各自职能作用，对无障碍环境认证及采信应用等活动与结果进行监督管理。

（二）对认证活动中出现的违法违规行为依法进行处罚，符合条件的列入严重违法失信名单，并将行政处罚、严重违法失信名单等涉企信息通过国家企业信用信息公示系统及国家平台依法公示。

2.《市场监管总局、中国残联关于推进无障碍环境认证工作的指导意见》（2021年12月3日）

一、总体要求

……

（二）基本原则

1. 政府引导，统筹推动。市场监管总局、中国残联共同协调指导全国无障碍环境认证工作，发挥政府引导、行业示范作用，共同推动无障碍环境认证实施、采信和推广应用。

2. 需求主导，稳步推进。充分挖掘市场消费、产品创新、社会治理等方面的需求，积极推进无障碍环境认证体系研发及建设。根据需求分级分类，在重点领域优先开展认证，推动建立无障碍环境认证制度。

3. 以人为本，社会共治。以体现社会关爱、增进民生福祉为出发点和落脚点，推进无障碍环境认证体系建设，形成政府、行业组织、认证机构、企业、消费者等多方共建共治共享格局。

二、主要任务

（三）加强质量认证顶层设计。市场监管总局、中国残联共同建立分工明确、运作高效的工作指导机制。强化政府支持引导，优化无障碍环境认证制度设计，完善标准与认证衔接，推动无障碍环境认证结果采信应用，形成认证规范有效、服务作用凸显的无障碍环境认证工作局面，推动无障碍环境建设高标准、高质量发展。

（四）增加无障碍环境认证供给。以重点受益群体迫切需求为导向，积极开展无障碍环境相关设计、设施及服务认证，对急需规范和认证条件成熟的无障碍环境率先优先实施认证。结合无障碍环境建设实际需求，优化资源配置，加快研发覆盖全生命周期的认证项目，不断提升无障碍环境认证供给水平。

（五）鼓励认证结果采信。市场监管总局、中国残联协调相关部门结合实际制定无障碍环境认证应用方案，明确重点任务和保障措施，鼓励在市场采购、行业管理、社会治理等领域广泛采信无障碍环境认证结果，健全政府、行业、社会等多层面的认证采信机制。

（六）强化人才培养和认证机构能力建设。加强对无障碍环境建设相关领域人才培养，充分发挥相关高校、科研机构、专业团队的作用，与相关专业机构和团队紧密合作，为认证提供必要的人才储备。加强认证机构能力建设，不断提高无障碍环境认证的专业技术服务能力、创新能力、认证能力。

（七）完善基础研究。从推进标准制修订、设计研发、检测认证、应用推广等方面加强无障碍环境相关技术研究，为无障碍环境建设和认证提供必要的技术支撑，为持续优化无障碍环境“硬设施”和“软服务”提供保障。

（八）支持创新发展。以改革创新为动力，全面培育设计研发能力，通过融合运用新技术，加快推动认证技术、认证模式、认证流程的创新发展。对于新研发的认证领域和认证技术，在不违背认证相关原则前提下，积极支持开展无障碍环境认证知识产权、版权等核心技术保护。

（九）健全认证制度评估。市场监管总局、中国残联共同建立无障碍环境认证制度评估机制，定期评估、完善认证制度的适宜性和增长情况，了解认证制度实施情况，及时督促更新认证工作体系，不断提升无障碍环境认证质量。

（十）推动社会多元联动。畅通投诉举报通道，各相关部门应及时对无障碍环境认证中的违法违规行为进行调查处理。认证机构要主动公开认证依据标准、程序、方法、结果，自觉接受社会监督，加强行业自律，提升认证公信力。推动建立认证机构、认证人员、获证组织、消费者的关联制约机制和风险责任机制，实现多元共治。

三、保障措施

（十一）加大宣传力度。多角度、多渠道、多领域宣传推广无障碍环境认证工作，广泛凝聚共识，形成宣传合力。以使用者和采购方为关注焦点，采用生动活泼、受众喜闻乐见的方式开展宣传推广工作，营造良好的社会氛围。

（十二）深化交流合作。积极开展无障碍环境认证领域国际交流合作，加强与国外无障碍环境认证组织和机构的信息交流，学习借鉴国际无障碍环境建设有益经验。培育具有国际影响力的中国认证品牌，为国家无障碍事业发展提供质量认证“中国方案”。

（十三）强化监督检查。强化对认证机构的“双随机、一公开”监管，确保认证工作规范有序、竞争公平。依法查处认证违法违规行为，建立严重违法失信名单制度，及时向社会公布并将失信信息依法依规纳入国家企业信用信息公示系统。

第五十四条 科技成果的运用

国家通过经费支持、政府采购、税收优惠等方式，促进新科技成果在无障碍环境建设中的运用，鼓励无障碍技术、产品和服务的研发、生产、应用和推广，支持无障碍设施、信息和服务的融合发展。

第五十五条 人才培养机制

国家建立无障碍环境建设相关领域人才培养机制。

国家鼓励高等学校、中等职业学校等开设无障碍环境建设相关专业和课程，开展无障碍环境建设理论研究、国际交流和实践活动。

建筑、交通运输、计算机科学与技术等相关学科专业应当增加无障碍环境建设的教学和实践内容，相关领域职业资格、继续教育以及其他培训的考试内容应当包括无障碍环境建设知识。

第五十六条 知识与技能培训

国家鼓励机关、企业事业单位、社会团体以及其他社会组织，对工作人员进行无障碍服务知识与技能培训。

第五十七条 文明城市等创建活动

文明城市、文明村镇、文明单位、文明社区、文明校园等创建活动，应当将无障碍环境建设情况作为重要内容。

第六章　监督管理

第五十八条　监督检查

县级以上人民政府及其有关主管部门依法对无障碍环境建设进行监督检查，根据工作需要开展联合监督检查。

第五十九条　考核评价制度

国家实施无障碍环境建设目标责任制和考核评价制度。县级以上地方人民政府根据本地区实际，制定具体考核办法。

第六十条　定期评估

县级以上地方人民政府有关主管部门定期委托第三方机构开展无障碍环境建设评估，并将评估结果向社会公布，接受社会监督。

第六十一条　信息公示制度

县级以上人民政府建立无障碍环境建设信息公示制度，定期发布无障碍环境建设情况。

第六十二条　意见和建议

任何组织和个人有权向政府有关主管部门提出加强和改进无障碍环境建设的意见和建议，对违反本法规定的行为进行投诉、举报。县级以上人民政府有关主管部门接到涉及无障碍环境建设的投诉和举报，应当及时处理并予以答复。

残疾人联合会、老龄协会等组织根据需要，可以聘请残疾人、老年人代表以及具有相关专业知识的人员，对无障碍环境建设情况进行监督。

新闻媒体可以对无障碍环境建设情况开展舆论监督。

第六十三条　公益诉讼

对违反本法规定损害社会公共利益的行为，人民检察院可以提出检察建议或者提起公益诉讼。

第七章　法 律 责 任

第六十四条　违法建设、设计、施工、监理的责任

工程建设、设计、施工、监理单位未按照本法规定进行建设、设计、施工、监理的，由住房和城乡建设、民政、交通运输等相关主管部门责令限期改正；逾期未改正的，依照相关法律法规的规定进行处罚。

关联规定

《无障碍环境建设条例》（2012 年 6 月 28 日）

第三十一条　城镇新建、改建、扩建道路、公共建筑、公共交通设施、居住建筑、居住区，不符合无障碍设施工程建设标准的，由住房和城乡建设主管部门责令改正，依法给予处罚。

第六十五条 未依法维护和使用责任

违反本法规定，有下列情形之一的，由住房和城乡建设、民政、交通运输等相关主管部门责令限期改正；逾期未改正的，对单位处一万元以上三万元以下罚款，对个人处一百元以上五百元以下罚款：

（一）无障碍设施责任人不履行维护和管理职责，无法保障无障碍设施功能正常和使用安全；

（二）设置临时无障碍设施不符合相关规定；

（三）擅自改变无障碍设施的用途或者非法占用、损坏无障碍设施。

关联规定

《无障碍环境建设条例》（2012年6月28日）

第三十三条 无障碍设施的所有权人或者管理人对无障碍设施未进行保护或者及时维修，导致无法正常使用的，由有关主管部门责令限期维修；造成使用人人身、财产损害的，无障碍设施的所有权人或者管理人应当承担赔偿责任。

第六十六条 未依法履行无障碍信息交流义务责任

违反本法规定，不依法履行无障碍信息交流义务的，由网信、工业和信息化、电信、广播电视、新闻出版等相关主管部门责令限期改正；逾期未改正的，予以通报批评。

第六十七条 未依法提供无障碍信息服务责任

电信业务经营者不依法提供无障碍信息服务的，由电信主管部门责令限期改正；逾期未改正的，处一万元以上十万元以下罚款。

第六十八条 未依法提供无障碍社会服务责任

负有公共服务职责的部门和单位未依法提供无障碍社会服务的，由本级人民政府或者上级主管部门责令限期改正；逾期未改正的，对直接负责的主管人员和其他直接责任人员依法给予处分。

第六十九条 未依法向有残疾的考生提供便利服务责任

考试举办者、组织者未依法向有残疾的考生提供便利服务的，由本级人民政府或者上级主管部门予以批评并责令改正；拒不改正的，对直接负责的主管人员和其他直接责任人员依法给予处分。

关联规定

《刑法》（2020 年 12 月 26 日）

第二百八十四条之一 在法律规定的国家考试中，组织作弊的，处三年以下有期徒刑或者拘役，并处或者单处罚金；情节严重的，处三年以上七年以下有期徒刑，并处罚金。

为他人实施前款犯罪提供作弊器材或者其他帮助的，依照前款的规定处罚。

为实施考试作弊行为，向他人非法出售或者提供第一款规定的考试的试题、答案的，依照第一款的规定处罚。

代替他人或者让他人代替自己参加第一款规定的考试的，处拘役或者管制，并处或者单处罚金。

第七十条 滥用职权、玩忽职守的责任

无障碍环境建设相关主管部门、有关组织的工作人员滥用职权、玩忽职守、徇私舞弊的，依法给予处分。

第七十一条 造成人身损害、财产损失的责任

违反本法规定，造成人身损害、财产损失的，依法承担民事责任；构成犯罪的，依法追究刑事责任。

关联规定

《无障碍环境建设条例》（2012年6月28日）

第三十四条 无障碍环境建设主管部门工作人员滥用职权、玩忽职守、徇私舞弊的，依法给予处分；构成犯罪的，依法追究刑事责任。

第八章　附　　则

第七十二条 时效

本法自2023年9月1日起施行。

中华人民共和国残疾人保障法

（1990年12月28日第七届全国人民代表大会常务委员会第十七次会议通过　2008年4月24日第十一届全国人民代表大会常务委员会第二次会议修订　根据2018年10月26日第十三届全国人民代表大会常务委员会第六次会议《关于修改〈中华人民共和国野生动物保护法〉等十五部法律的决定》修正）

目　录

第一章　总　则

第一条　立法目的和依据

为了维护残疾人的合法权益，发展残疾人事业，保障残疾人平等地充分参与社会生活，共享社会物质文化成果，根据宪法，制定本法。

关联规定

1.《宪法》（2018 年 3 月 11 日）

第三十三条第三款 国家尊重和保障人权。

2.《民法典》（2020 年 5 月 28 日）

第一百二十八条 法律对未成年人、老年人、残疾人、妇女、消费者等的民事权利保护有特别规定的，依照其规定。

第一千零四十一条第三款 保护妇女、未成年人、老年人、残疾人的合法权益。

第二条 概念、类别和标准

残疾人是指在心理、生理、人体结构上，某种组织、功能丧失或者不正常，全部或者部分丧失以正常方式从事某种活动能力的人。

残疾人包括视力残疾、听力残疾、言语残疾、肢体残疾、智力残疾、精神残疾、多重残疾和其他残疾的人。

残疾标准由国务院规定。

要点提示

本法规定的残疾人概念具有医学和社会的双重属性。从医学角度看，是指在心理、生理、人体结构上，某种组织、功能丧失或者不正常；从社会角度看，是指全部或者部分丧失以正常方式从事某种活动能力。这里的医学属性和社会属性互相作用，缺一不可。

关联规定

《残疾人证管理办法》（2017 年 5 月 27 日）

第一条 为推动残疾人事业发展，维护残疾人合法权益，全面提升残疾人事业科学管理和残疾人精准服务水平，依据《中华人民共和国残疾人保障法》《中国残疾人联合会章程》及有关法律、法规，制定中华人民共和国残疾人证管理办法。

第二条 中华人民共和国残疾人证（以下简称残疾人证）是认定残疾人及其残疾类别、残疾等级的合法凭证，是残疾人依法享有国家和地方政府优惠政策的重要依据。残疾评定标准为中华人民共和国国家标准《残疾人残疾分类和分级》（GB/T26341-2010）（以下简称残疾标准）。

第三条 残疾人证坚持申领自愿、属地管理原则。凡符合残疾标准的视力、听力、言语、肢体、智力、精神及多重残疾人均可申领残疾人证。

第四条 残疾人证由中国残疾人联合会统一印制，套印中国残疾人联合会印章（样式见附件1）。地方残联负责发放和管理。视力残疾人证采用红色外皮，其他类别残疾人证采用绿色外皮。有视力残疾的多重残疾人可采用红色外皮的视力残疾人证。

第五条 残疾人证号全国统一编码，首次办证采用20位编码格式，以公民身份号码和残疾类别、残疾等级代码为基础，由18位公民身份号码加1位残疾类别代码和1位残疾等级代码组成，如：

360121197011210013 4 3

残疾等级代码

残疾类别代码

18位公民身份号码

残疾类别代码

视力残疾：1

听力残疾：2

言语残疾：3

肢体残疾：4

智力残疾：5

精神残疾：6

多重残疾：7

残疾等级代码

一级：1

二级：2

三级：3

四级：4

第六条 中国残联、国家卫生计生委按照职责分工共同指导省、市、县级残联、卫生计生委做好残疾评定、残疾人证核发管理等工作。

各地以省（自治区、直辖市）为单位，由卫生计生委、残联等共同下文，指定本地区具备残疾评定资质的医院或专业机构，报中国残联备案。

第七条 县级残联负责残疾人证的申办受理、核发管理等工作。

县级残联按照省级卫生计生委和残联指定的医院或专业机构（以下简称指定机构）作出的残疾类别和残疾等级评定结论，核发残疾人证，并负责办证原始档案管理。

省级残联、地市级残联做好残疾人证核发、使用、管理等工作的指导和监督检查。省级残联和卫生计生委成立残疾评定专家委员会，负责受理残疾评定争议。

第八条 申办残疾人证使用全国统一的《中华人民共和国残疾人证申请表》（以下简称申请表，见附件 2）、《中华人民共和国残疾评定表》（以下简称评定表，见附件 3）。

第九条 核发残疾人证程序。

（一）申请：第一次申办残疾人证的申请人，需持申请人居民身份证、户口本和 3 张两寸近期免冠白底彩照，向户口所在地县级残联提出办证申请，如实填写申请表、评定表。申请智力、精神类残疾人证和未成年人申请残疾人证须同时提供法定监护人的证明材料。有条件的地方可开展网上办理申请。

（二）受理：县级残联接到办证申请人提交的申请材料后，由受理人对申请人、法定监护人、照片、身份证、户口本进行确认，对于填写虚假信息者不予受理。

（三）评定：指定机构对于申办残疾人证的申请人进行残疾评定，按照残疾标准作出明确的残疾类别和等级评定结论，填写评定表并加盖公章。评定结论符合残疾标准的，应在申请人所在的村（社区）予以公示，公示时间为五个工作日；申请人是未成年人的，原则上不予公示。

（四）审核、批准：县级残联对办证申请材料、受理程序、残疾评定结论和公示结果进行审核，并在十个工作日内审核完毕。

经审核符合规定的，予以批准，填写打印残疾人证相关信息，并在批准残联栏内加盖公章、在持证人像上加盖钢印，同时将残疾评定表等相关信息录入残疾人人口基础数据库。

评定结论不符合残疾标准者，不予办理。

（五）发放、存档：县级残联将残疾人证发放给申请人，并将申请表、评定表、公示结果等相关材料存档、长期保存。

第十条 有条件的地方可将残疾人证申办受理、发放等工作下放到乡镇（街道）残联。

第十一条 有条件的地方应上门开展残疾评定和办证服务。

第十二条 北京、天津、上海、重庆四个直辖市残疾人证的审核、批准由区（县）残联负责。

第十三条 多重残疾按所属残疾中残疾程度最重类别的分级确定其残疾等级，具体残疾类别和残疾等级在残疾人证备注栏中逐一注明。

第十四条 未成年残疾人和智力残疾人、精神残疾人所持残疾人证须填写联系人的姓名及联系电话。

第十五条 持证人像上未加盖批准残联钢印或批准残联栏未加盖公章的，残疾人证无效。私自涂改的，残疾人证作废。

第十六条 残疾人证残疾等级填写使用大写汉字（壹、贰、叁、肆），其他数字一律使用阿拉伯数字。

第十七条 办理残疾人证不收取工本费。指定机构评定残疾类别、等级的费用以及照片等费用，原则上由申请人个人自理；有条件的地方可由当地财政予以补贴，对特殊困难的申请人应协调有关部门予以减免。

第十八条 残疾人证只限持证人本人使用，要妥善保管，不得转借他人。

第十九条 残疾人证有效期十年，期满可到批准残联免费换领，同时将原残疾人证交回。发证残联在新换领残疾人证的备注栏中注明换发信息，将回收的旧证统一销毁。

第二十条 残疾人证遗失，应及时报告批准残联，声明作废后可申请补发。第一次补发残疾人证的编号在原20位编号后加“B1”，第二次补发加“B2”，依次类推。同时，遗失的残疾人证在残疾人人口基础数据库中注销。

第二十一条 残疾人证污损、影响正常使用的，可交回批准残联免费换领。换领残疾人证登记信息与原残疾人证一致。

第二十二条 残疾类别或残疾等级发生变化的，本人提出申请，经批准残联同意，可到指定机构重新进行残疾评定。批准残联根据评定结果重新核发残疾人证，并将残疾人人口基础数据库中的相关信息进行变更。

第二十三条 残疾人户口迁移的，须同时办理残疾人证迁移手续。持证人需凭公安机关出具的户口迁移证明，到户口迁出地县级残联开具残疾人证迁移证明，残疾人户口迁出地县级残联要及时将残疾人人口基础数据库中的相应信息标注为迁出状态。

残疾人凭户口迁出地县级残联转出的残疾人证申请表、评定表等档案材料和出具的残疾人证迁移证明，到户口迁入地县级残联登记入档。

户口迁入地县级残联依据迁移证明，在残疾人证备注栏中注明残疾人证迁移日期并加盖公章，同时在残疾人人口基础数据库中完成迁入工作。

迁入地残联对原残疾评定有异议的，可要求在迁入地当地重新进行残疾评定。

户口迁移后超过半年没有办理残疾人证迁移手续的，原发证残联可在残疾人人口数据库中标注为冻结状态，办理迁移手续后改为迁出状态。

第二十四条 残疾人残疾状况变化不再符合残疾标准或死亡的，发证残联应及时将残疾人证注销；残疾人本人或智力、精神残疾人及未成年残疾人的监护人要求注销残疾人证的，提交相应身份证明材料和书面申请，发证残联可收回残疾人证，并在残疾人人口基础数据库中注销相关信息。残疾人证注销后，一年内不得重新申请。残疾人残疾状况变化的认定，以指定机构作出的残疾评定结论为准。

第二十五条 残疾人证申请人或残疾类别、残疾等级变更申请人对评定结论有异议的，可在十个工作日内到所在地市级残联申请重新评定，经地市级残联同意后到指定的医院或专业机构进行残疾评定；如仍有异议，可向省级残联提出申请，由省级残疾评定专家委员会组织专家进行评定，该评定结论为最终结论。

第二十六条 建立残疾人证动态核查机制。批准残联定期对残疾人证进行审验核查，并受理实名举报。残疾状况发生明显变化、与残疾人证内容不符的，批准残联可要求持证人重新进行残疾评定。持证人无正当理由拒不进行重新评定超过半年以上的，批准残联可对其残疾人证实施强制注销。

第二十七条 在残疾人证核发与管理中，有下列情形之一的，严肃追究有关人员的责任，根据有关规定给予党纪政纪处分，涉嫌违法犯罪的，移送司法机关处理。

（一）残疾评定弄虚作假的；

（二）违规办理残疾人证的；

（三）刁难残疾人、故意拖延办理的；

（四）泄露残疾人个人信息造成严重后果的。

第二十八条 各省（自治区、直辖市）残联、卫生计生委等部门可根据本办法，结合当地实际制定实施细则，并报中国残联、国家卫生计生委备案。

第二十九条 经中国残联批准开展第三代残疾人证（智能化）试点的地方，可统一采用第三代残疾人证（智能化），并在一定时期内延续证卡并用。第三代残疾人证（智能化）标准另行制定。

第三十条 本办法由中国残联负责解释。

第三十一条 本办法自2018年1月1日起施行。2008年中国残联发布的《〈中华人民共和国残疾人证〉管理办法》同时废止。

附件：1. 中华人民共和国残疾人证样式（略）

2. 中华人民共和国残疾人证申请表（略）

3. 中华人民共和国残疾评定表（略）

典型案例

1. 楼某某与浙江省杭州市某区人力资源和社会保障局工伤认定检察监督案①

◎ **关键词**：行政检察；公开听证；工伤认定；残疾人权益保护

◎ **基本案情**

2014年11月，楼某某在原工作单位与同事发生争执，后感身体不适，在自行就医途中突发中风，经康复治疗后被评定为肢体残疾三级。2017年5月，楼某某申请工伤认定，杭州市某区人力资源和社会保障局（以下简称某区人社局）经审核后决定不予认定工伤或者视同工伤。楼某某不服，认为其在上班时间因工作原因遭受同事辱骂，属于受到“言语暴力”即“冷暴力”，符合《工伤保险条例》第十四条第一款第（三）项规定的条件，应被认定为工伤，提起行政诉讼，但未获法院支持，申请再审被驳回。2021年5月，楼某某向浙江省杭州市某区人民检察院（以下简称某区检察院）申请监督。

◎ **检察听证过程**

听证前准备。某区检察院经审查认为，某区人社局所作的不予认定工伤决定正确。但考虑到本案楼某某因伤病、诉讼致贫，其坚持认为构成工伤，若直接作出不支持监督申请决定，不利于化解争议。为解开当事人心中多年郁结，提升司法公信，某区检察院综合评估听证化解纠纷的必要性、可行性后，决定召开公开听证会。考虑到本案系因工伤认定引发争议、楼某某肢体残疾等情况，检察机关决定邀请省人大代表、人民监督员、高校学者、律师、残联及社区工作人员等担任听证员。

公开听证。2021年10月13日，某区检察院召开公开听证会，检察长担任听证会主持人。听证会围绕楼某某是否遭受了“暴力等意外伤害”以及突发疾病是否具有可被认定为工伤的情形两项议题展开。听证员结合各

---

① 《“检察为民办实事”——行政检察与民同行系列典型案例（第十一批）》，载最高人民检察院网，https://www.spp.gov.cn//xwfbh/dxal/202304/t20230428_612769.shtml，最后访问时间：2023年5月1日。

自工作领域，有针对性地发表专业见解，从不同角度对当事人开展释法说理和心理疏导。例如，学者、律师、人大代表等从不同角度对“言语暴力”“工作场所暴力”等概念发表了观点，均认为“言语暴力”不符合《工伤保险条例》规定的“暴力等意外伤害”，现有证据不能证明楼某某发病与此前的言语争执存在必然因果关系，某区人社局不予认定工伤的决定正确；残联及社区工作人员结合楼某某家庭生活情况，从残疾人合法权益保护、人文和社会关怀、无障碍设施建设、司法救助等角度，提出相应的意见建议，并对楼某某进行专业的心理疏导，使其备受安慰。

听证效果。楼某某当场表示愿意接受不予认定工伤的结果。听证会后，某区检察院针对楼某某反映其后遗症症状为同侧上、下肢瘫痪（即偏瘫）应评定为肢体残疾二级却被评定为三级的情况，联合楼某某所在社区为其安排“一对一”的助残服务，通过再次鉴定，楼某某办理了残疾等级升级手续，申领了重残补贴。同时，考虑到楼某某因病致残、因案致困的实际情况，向楼某某提供3万元司法救助，为其后续治疗和家庭生活纾困解难。

◎ 典型意义

检察机关对于长年诉讼且难以支持监督申请人诉求的案件，不能简单以不支持监督申请决定结案了之，可通过公开听证，搭建监督申请人与行政机关面对面交流的平台，以常识聚共识，以公开促公信，促进案结事了。借助听证员各自领域的专业见解和基本认知，运用法治思维、凝聚多方智慧，打开心结，消弭积怨。用心用情解决实际困难，协调残联、社区等部门落实多元救助帮扶措施，由一次性救助延伸为持续性帮扶，实现司法救助与社会救助有效衔接，切实维护残疾人等弱势群体的合法权益。

---

2. 广东省肇庆市高要区人民检察院督促发放严重精神障碍患者监护人补助行政公益诉讼案①

◎ 关键词：行政公益诉讼诉前程序；残疾人权益；严重精神障碍患者监护

① 《残疾人权益保障检察公益诉讼典型案例》，载最高人民检察院网，https：//www.spp.gov.cn/spp/xwfbh/wsfbt/202205/t20220513_556792.shtml#2，最后访问时间：2023年5月1日。

人补助

◎ 要旨

对精神卫生的重视程度是衡量社会文明程度的重要标志之一。严重精神障碍患者监护人补助的依法发放，有利于提高精神障碍患者监护人的积极性，促进监护责任落实，为生活困难的患者家庭有效减轻负担，促进部门、社会、家庭、个人协同到位，提升精神疾病防治能力，完善患者救治救助保障体系。针对行政机关未及时依法发放严重精神障碍患者监护人补助的情形，检察机关通过磋商方式促使其积极履职，推动及时拨付到位。

◎ 基本案情

广东省肇庆市高要区 2020 年度严重精神障碍患者监护人补助未按时发放，其中部分严重精神障碍患者家庭经济困难，又未能按时取得相应补助，一定程度影响了患者定期复诊、生活照料和居家康复，可能带来严重精神障碍患者发生危害自身和社会安全的潜在风险，社会公共利益存在受损风险。

◎ 调查和督促履职

2021 年初，广东省肇庆市高要区人民检察院（以下简称高要区院）收到严重精神障碍患者家属的举报反映，2019 年以前银行账户会定期有政府发放的补贴转入，2020 年后未收到该项补贴。高要区院立即开展初步核查，及时与举报人取得联系，调取其银行账户交易流水清单，向相关部门调取严重精神障碍患者清单、补贴发放情况等，核查到该项补贴实为严重精神障碍患者监护人补助。举报人银行账户在 2018 年、2019 年期间均有收到该项补助，但 2020 年未收到。针对可能存在补助使用不规范或不及时发放造成社会公共利益受损情形，高要区院迅速启动立案调查。

经查，依据《中华人民共和国精神卫生法》、广东省社会治安综合治理委员会办公室等 11 部门印发的《关于加强严重精神障碍患者救治救助工作的实施意见》及《肇庆市实施“以奖代补”政策落实严重精神障碍患者监护责任办法》（以下简称《肇庆办法》）等相关规定，高要区严重精神障碍患者监护人补助每年底由监护人和村（居委）填写申报审批表并签署意见后，送镇（街）综治部门受理，由镇（街）综治部门送辖区公安派出所、卫生计生、残联等部门审核，经区综治部门审批，最后由财政部门发放。每年中根据在册的严重精神障碍患者监护人发放一半补助，另一半在年底患者未发生肇事肇祸行为，且监护责任落实经评估合格再发放至监护人。高要区依据《肇庆办法》从2016年起开展严重精神障碍患者监护人补助发放工作。2020年度该项补助发放的前期审核审批工作基本完备，但因各部门之间衔接不畅，截至2021年4月仍未发放。高要区院遂向区财政部门发出《磋商函》，商请依法履行辖区内严重精神障碍患者监护人补助发放和资金管理监控职责。2021年4月19日，高要区财政部门根据相关部门审核资料情况，将2020年度经申请批准的严重精神障碍患者监护人补助经费共计人民币484.915万元全额拨付至全区4000余名患者监护人账户中。各相关职能部门表示，今后将加强沟通协调，依规及时发放补助，切实维护特定群体合法权益。高要区院收到回复后，走访线索举报人家庭，核实补助到账情况并释明行政部门已及时向全区发放该项补助。

◎ 典型意义

检察机关主动履行公益诉讼检察职能，督促相关行政部门积极履职，推动严重精神障碍患者监护人补助按程序及时拨付到位，促进国家惠民政策的落实落地，有利于防止严重精神障碍患者及其家庭因病致贫、因病返贫，鼓励和督促监护人认真履行监护责任，推动从源头上预防和减少严重精神障碍患者肇事肇祸事件发生，消除影响社会安全稳定的潜在风险，营造理解、关爱严重精神障碍患者的社会氛围，促进扶残助残社会支持体系建设。

第三条 权益保护

残疾人在政治、经济、文化、社会和家庭生活等方面享有同其他公民平等的权利。

残疾人的公民权利和人格尊严受法律保护。

禁止基于残疾的歧视。禁止侮辱、侵害残疾人。禁止通过大众传播媒介或者其他方式贬低损害残疾人人格。

关联规定

《宪法》（2018 年 3 月 11 日）

第三十三条第三款 国家尊重和保障人权。

第四十五条第一款 中华人民共和国公民在年老、疾病或者丧失劳动能力的情况下，有从国家和社会获得物质帮助的权利。国家发展为公民享受这些权利所需要的社会保险、社会救济和医疗卫生事业。

典型案例

1. 宋某某诉某银行人格权纠纷案①

◎ 基本案情

宋某某为贰级残疾人，表现为口齿不清、身体协调性差。2017 年 4 月，宋某某在某银行领取粮食补贴款，并给其父亲缴纳养老保险金时，因忘记银行卡密码，需要办理重置密码业务。工作人员告知其需到开户行办理，因交流不畅发生口角。该银行工作人员不了解宋某某身体残疾情况，见宋某某行为异常，遂启动银行报警系统。宋某某听到警铃声后，随即匆忙跑出营业场所。宋某某以侵害其人格权为由，起诉请求某银行在省级媒体上向其赔礼道歉，赔偿精神损失费 40000 元。

◎ 裁判结果

甘肃省平凉市崆峒区人民法院经审理认为，人格尊严是民事主体作为“人”所应有的最基本社会地位、社会评价，并得到最起码尊重的权利。《中华人民共和国民法总则》第一百零九条规定，自然人的人身自由、人格尊严受法律保护。某银行没有证据证实宋某某在该行办理业务过程中有抢劫企图或者有危及某银行工作人员生命健康安全行为的迹象，仅是为办理业务事宜时，和某银行工作人员发生争执。宋某某作为残疾人，社会适应能力差。某银行的行为给身为残疾人的宋某某适应社会平添了心理障

---

① 《最高人民法院 中国残疾人联合会残疾人权益保护十大典型案例》，载最高人民法院网，https：//www. court. gov. cn/zixun/xiangqing/334501. html，最后访问时间：2023 年 5 月 1 日。

碍，造成了精神上严重伤害。遂判决某银行赔偿宋某某精神损害抚慰金 5000 元，并就使用警铃不当行为给宋某某造成精神伤害作出书面赔礼道歉。甘肃省平凉市中级人民法院维持一审判决。

◎ 典型意义

《中华人民共和国残疾人保障法》第三条第二款规定："残疾人的公民权利和人格尊严受法律保护。"残疾人在社会适应力、心理承受力方面弱于普通人，更加需要社会的理解与关怀。保障残疾人的人格尊严，需要全社会的共同参与。在民事活动中，更应弘扬社会主义核心价值观，充分关心、理解、尊重残疾人，消除偏见和歧视。尤其是社会服务行业，在工作环境设置和办理业务过程中应为残疾人充分提供便利。该案在残疾人参加社会活动受到歧视时给予充分保护，切实保障残疾人合法权益，判决结果在当地产生了积极影响，充分彰显了司法的公正性，凸显了新时代司法为民主题，有力弘扬了社会主义核心价值观。

---

2. 刘某某诉某景观工程公司、李某某姓名权纠纷案①

◎ 基本案情

刘某某系听力壹级、言语壹级多重残疾人，享受农村五保供养待遇。2018 年，某景观工程公司与李某某签订制作冰灯协议，约定由李某某为其制作冰灯 4 组。2019 年，李某某承包的工程完工，某景观工程公司告知李某某以工人工资的形式结算工程款。因李某某雇用的工人工资不能达到工程款数额，李某某便盗用刘某某身份信息，冒充自己雇用的工人。后某景观工程公司做工资账目时，使用了刘某某的身份信息，同时向税务部门申报了个人所得税。

2019 年，民政部门对城乡低保人员复审工作期间，发现刘某某收入超标，于 2019 年 7 月开始终止对刘某某的特困人员救助供养。刘某某以侵害姓名权为由，起诉请求某景观工程公司、李某某赔偿损失。

---

① 《最高人民法院 中国残疾人联合会残疾人权益保护十大典型案例》，载最高人民法院网，https：//www. court. gov. cn/zixun/xiangqing/334501. html，最后访问时间：2023 年 5 月 1 日。

◎ **裁判结果**

北京市延庆区人民法院经审理认为，李某某未经刘某某同意，私自盗用其身份证复印件，某景观工程公司做工资账目时，使用了刘某某的身份信息，并用作纳税申报，导致民政部门终止对刘某某的特困人员救助供养。对因此给刘某某造成的损失，某景观工程公司、李某某应当承担赔偿责任。遂判决某景观工程公司、李某某连带赔偿刘某某2019年7月至同年12月的基本生活费9900元、生活照料费7680元、物价临时补贴300元、电价补贴42.92元、2019年的采暖补贴1800元、2019年7月至2020年1月3日的医疗费3847.44元、精神抚慰金5000元、交通费及误工费5000元。

◎ **典型意义**

如《残疾人权利公约》序言第十三款所指出的，残疾人对其社区的全面福祉和多样性作出了宝贵贡献。残疾人作为特殊困难的群体，更需要给予特别的保护。保护残疾人合法权益是整个社会的义务和责任，也是社会文明进步的重要标志。随着个人信息领域的立法完善，社会普遍提高了对个人信息的保护力度。残疾人作为社会公众中的一员，其姓名作为个人信息的重要组成部分，是个体区分的主要标志，承载着经济意义和社会意义。侵犯残疾人个人信息的行为应当承担相应的法律责任。本案判决较好地保护了残疾人的人格权益，向社会彰显残疾人权益应当得到全方位保障的价值理念。

第四条 特别扶助

国家采取辅助方法和扶持措施，对残疾人给予特别扶助，减轻或者消除残疾影响和外界障碍，保障残疾人权利的实现。

第五条 人民政府职责

县级以上人民政府应当将残疾人事业纳入国民经济和社会发展规划，加强领导，综合协调，并将残疾人事业经费列入财政预算，建立稳定的经费保障机制。

国务院制定中国残疾人事业发展纲要，县级以上地方人民政府根据中国残疾人事业发展纲要，制定本行政区域的残疾人事业发展规划和年度计划，使残疾人事业与经济、社会协调发展。

县级以上人民政府负责残疾人工作的机构，负责组织、协调、指导、督促有关部门做好残疾人事业的工作。

各级人民政府和有关部门，应当密切联系残疾人，听取残疾人的意见，按照各自的职责，做好残疾人工作。

第六条 残疾人参与政治生活

国家采取措施，保障残疾人依照法律规定，通过各种途径和形式，管理国家事务，管理经济和文化事业，管理社会事务。

制定法律、法规、规章和公共政策，对涉及残疾人权益和残疾人事业的重大问题，应当听取残疾人和残疾人组织的意见。

残疾人和残疾人组织有权向各级国家机关提出残疾人权益保障、残疾人事业发展等方面的意见和建议。

第七条 全社会支持残疾人事业

全社会应当发扬人道主义精神，理解、尊重、关心、帮助残疾人，支持残疾人事业。

国家鼓励社会组织和个人为残疾人提供捐助和服务。

国家机关、社会团体、企业事业单位和城乡基层群众性自治组织，应当做好所属范围内的残疾人工作。

从事残疾人工作的国家工作人员和其他人员，应当依法履行职责，努力为残疾人服务。

关联规定

《公益事业捐赠法》（1999年6月28日）

第三条 本法所称公益事业是指非营利的下列事项：

（一）救助灾害、救济贫困、扶助残疾人等困难的社会群体和个人的活动；

（二）教育、科学、文化、卫生、体育事业；

（三）环境保护、社会公共设施建设；

（四）促进社会发展和进步的其他社会公共和福利事业。

第八条 残联及其地方组织

中国残疾人联合会及其地方组织，代表残疾人的共同利益，维护残疾人的合法权益，团结教育残疾人，为残疾人服务。

中国残疾人联合会及其地方组织依照法律、法规、章程或者接受政府委托，开展残疾人工作，动员社会力量，发展残疾人事业。

关联规定

《中国残疾人联合会章程》（2018年9月15日）

第一章 总 则

第一条 中国残疾人联合会（简称中国残联）是国家法律确认、国务院批准的由残疾人及其亲友和残疾人工作者组成的人民团体，是全国各类残疾人的统一组织。

第二条 中国残联的宗旨是：在中国共产党领导下，在马克思列宁主义、毛泽东思想、邓小平理论、“三个代表”重要思想、科学发展观、习近平新时代中国特色社会主义思想指导下，坚持以人民为中心，弘扬人道主义思想，发展残疾人事业，促进残疾人平等、充分参与社会生活，实现融合发展，共享社会物质文化成果。

第三条 中国残联具有代表、服务、管理三种职能：代表残疾人共同利益，维护残疾人合法权益；团结帮助残疾人，为残疾人服务；履行法律赋予的职责，承担政府委托的任务，管理和发展残疾人事业。

第二章 任 务

第四条 宣传贯彻《中华人民共和国残疾人保障法》，维护残疾人在政治、经济、文化、社会等方面平等的公民权利，密切联系残疾人，听取残疾人意见，反映残疾人需求，全心全意为残疾人服务。

第五条 团结、激励残疾人自尊、自信、自强、自立，履行法定义务，践行社会主义核心价值观，为建设富强民主文明和谐美丽的社会主义现代化强国、实现中华民族伟大复兴的中国梦贡献力量。

第六条 沟通党和政府、社会与残疾人之间的联系，宣传残疾人事业，动员社会理解、尊重、关心、帮助残疾人，消除歧视、偏见和障碍。

第七条 协助政府制定实施残疾人事业发展纲要，促进残疾人康复、教育、劳动就业、扶贫、托养、维权、文化体育、社会保障、无障碍环境建设、科技信息化应用、残疾人服务标准化建设和残疾预防等工作，改善残疾人参与社会生活的环境和条件。

第八条 参与研究、制定和实施残疾人事业的法律法规、政策规划，发挥综合协调、咨询服务作用，对有关领域的工作进行管理和指导。

第九条 承担政府残疾人工作委员会的日常工作。

第十条 管理和发放《中华人民共和国残疾人证》。

第十一条 加强党的建设，深化自身改革，保持和增强政治性、先进性、群众性。联系和指导各类残疾人社会组织。培养残疾人工作者。使残疾人和残疾人组织更加活跃。

第十二条 开展国际交流与合作，发挥联合国经社理事会特别咨商地位的作用。参与联合国《残疾人权利公约》履约工作。

第三章　全国组织

第十三条　全国代表大会

中国残联的最高权力机构是全国代表大会。

全国代表大会每五年举行一次，由中国残联主席团召集。代表中残疾人及残疾人亲友应超过半数。

全国代表大会职权是：

一、审议中国残联主席团报告，确定工作方针和任务；

二、修改中国残联章程；

三、选举中国残联主席团。

第十四条　名誉职务

中国残联可设名誉主席、名誉副主席，由中国残联主席团聘请。

第十五条　主席团

主席团每届任期五年。在全国代表大会闭会期间，负责贯彻全国代表大会决议，领导全国残联工作。

主席团由主席一人、副主席若干人、委员若干人组成。主席团委员中残疾人及残疾人亲友应超过半数。

主席团会议由主席团主席召集，每年至少举行一次。主席团实行民主集中制。

主席团职权是：

一、选举主席、副主席；

二、推举执行理事会理事长，通过执行理事会组成人员；

三、检查代表大会决议执行情况；

四、审议执行理事会工作报告；

五、调换、增补主席团委员；

六、监督执行理事会贯彻有关残疾人事业的法律法规、政策规划的情况；

七、监督“人道、廉洁”职业道德建设情况；

八、决定其他重大事项。

第十六条　执行理事会

执行理事会是中国残联全国代表大会及其主席团的常设执行机构，由理事长一人、副理事长若干人、理事若干人组成。

理事会成员中应有各类残疾人或残疾人亲属代表。

理事长由中国残联主席团推举，政府任命，任期不超过两届。副理事长由理事长提名，主席团通过，政府任命。理事由理事长提名，主席团通过。执行理事会实行理事长负责制。

执行理事会下设办事机构，承办中国残联的日常工作。

第十七条 专门协会

中国残联领导盲人协会、聋人协会、肢残人协会、智力残疾人及亲友协会、精神残疾人及亲友协会等专门协会。

专门协会委员会由中国残联全国代表大会代表中同类别的残疾人、残疾人亲友选举产生。

专门协会的主要任务是：代表、联系、团结、服务本类别残疾人，反映特殊愿望及需求，维护合法权益，争取社会帮助，开展适宜活动，参与国际交往。

专门协会设主席、副主席，由专门协会委员会选举产生。

第十八条 团体会员

与残疾人事业有关的全国性社会团体，承认本章程，可申请作为本会的团体会员。

第四章 地方组织

第十九条 按国家行政区划设立中国残联各级地方组织。

第二十条 县（市、区、旗）及县以上残疾人联合会，每五年召开一次代表大会。代表大会审议同级主席团报告，确定工作方针和任务，选举本级大会主席团。可设名誉主席、名誉副主席。主席团每届任期五年，每年举行一次会议，必要时可提前或延期召开。

代表大会及其主席团的常设执行机构为执行理事会，设理事长、副理事长、理事。

县（市、区、旗）及县以上残疾人联合会领导所设专门协会。

第二十一条 乡、镇、街道残疾人联合会，每五年召开一次代表会议，设主席、理事长。理事长负责日常工作。

第五章 基层组织

第二十二条 社区居民委员会、村民委员会及残疾人集中的企业、事业、社会组织等单位，建立残疾人协会或残疾人小组。

大中型企业事业单位、开发区，经省（自治区、直辖市）残疾人联合会同意、本单位批准，可建立残疾人协会或残疾人联合会。

第二十三条 基层组织的任务是：代表残疾人利益，反映残疾人需求，维护残疾人权益，开展有益活动，为残疾人办实事。

第六章 经　费

第二十四条 经费来源

一、政府财政拨款；

二、社会捐助；

三、其他。

第七章 会　徽

第二十五条 中国残疾人联合会会徽外形为梅花图案，中心由“残疾人”三字汉语拼音缩写 CJR 组成。底色为翠绿色，中心图形和边线为金黄色。

第二十六条 中国残疾人联合会会徽可在办公地点、活动场所、会场悬挂，也可作徽章佩戴。

第八章 附　则

第二十七条 中国残疾人联合会英文译名是“China Disabled Persons’ Federation”，缩写为“CDPF”。

第二十八条 本章程解释权属于中国残疾人联合会。

第九条 扶养义务和监护

残疾人的扶养人必须对残疾人履行扶养义务。

残疾人的监护人必须履行监护职责，尊重被监护人的意愿，维护被监护人的合法权益。

残疾人的亲属、监护人应当鼓励和帮助残疾人增强自立能力。

禁止对残疾人实施家庭暴力，禁止虐待、遗弃残疾人。

要点提示

广义上的扶养，泛指特定亲属之间根据法律的明确规定而存在的经济上相互供养、生活上相互辅助照顾的权利义务关系，囊括了长辈亲属对晚辈亲属的“抚养”，平辈亲属之间的“扶养”和晚辈亲属对长辈亲属的“赡养”三种具体形态。本法中使用的“扶养”，应当采用广义的理解。对残疾人负有法定抚养、扶养和赡养义务的人，都是残疾人的扶养人。

关联规定

1.《民法典》（2020年5月28日）

第二十一条 不能辨认自己行为的成年人为无民事行为能力人，由其法定代理人代理实施民事法律行为。

八周岁以上的未成年人不能辨认自己行为的，适用前款规定。

第二十二条 不能完全辨认自己行为的成年人为限制民事行为能力人，实施民事法律行为由其法定代理人代理或者经其法定代理人同意、追认；但是，可以独立实施纯获利益的民事法律行为或者与其智力、精神健康状况相适应的民事法律行为。

第二十四条 不能辨认或者不能完全辨认自己行为的成年人，其利害关系人或者有关组织，可以向人民法院申请认定该成年人为无民事行为能力人或者限制民事行为能力人。

被人民法院认定为无民事行为能力人或者限制民事行为能力人的，经本人、利害关系人或者有关组织申请，人民法院可以根据其智力、精神健康恢复的状况，认定该成年人恢复为限制民事行为能力人或者完全民事行为能力人。

本条规定的有关组织包括：居民委员会、村民委员会、学校、医疗机构、妇女联合会、残疾人联合会、依法设立的老年人组织、民政部门等。

第三十四条 监护人的职责是代理被监护人实施民事法律行为，保护被监护人的人身权利、财产权利以及其他合法权益等。

监护人依法履行监护职责产生的权利，受法律保护。

监护人不履行监护职责或者侵害被监护人合法权益的，应当承担法律责任。

因发生突发事件等紧急情况，监护人暂时无法履行监护职责，被监护人的生活处于无人照料状态的，被监护人住所地的居民委员会、村民委员会或者民政部门应当为被监护人安排必要的临时生活照料措施。

第三十六条 监护人有下列情形之一的，人民法院根据有关个人或者组织的申请，撤销其监护人资格，安排必要的临时监护措施，并按照最有利于被监护人的原则依法指定监护人：

（一）实施严重损害被监护人身心健康的行为；

（二）怠于履行监护职责，或者无法履行监护职责且拒绝将监护职责部分或者全部委托给他人，导致被监护人处于危困状态；

（三）实施严重侵害被监护人合法权益的其他行为。

本条规定的有关个人、组织包括：其他依法具有监护资格的人，居民委员会、村民委员会、学校、医疗机构、妇女联合会、残疾人联合会、未成年人保护组织、依法设立的老年人组织、民政部门等。

前款规定的个人和民政部门以外的组织未及时向人民法院申请撤销监护人资格的，民政部门应当向人民法院申请。

第一百四十五条 限制民事行为能力人实施的纯获利益的民事法律行为或者与其年龄、智力、精神健康状况相适应的民事法律行为有效；实施的其他民事法律行为经法定代理人同意或者追认后有效。

相对人可以催告法定代理人自收到通知之日起三十日内予以追认。法定代理人未作表示的，视为拒绝追认。民事法律行为被追认前，善意相对人有撤销的权利。撤销应当以通知的方式作出。

第一千零四十二条第三款 禁止家庭暴力。禁止家庭成员间的虐待和遗弃。

2.《刑法》（2020年12月26日）

第二百六十条之一 对未成年人、老年人、患病的人、残疾人等负有监护、看护职责的人虐待被监护、看护的人，情节恶劣的，处三年以下有期徒刑或者拘役。

单位犯前款罪的，对单位判处罚金，并对其直接负责的主管人员和其他直接责任人员，依照前款的规定处罚。

有第一款行为，同时构成其他犯罪的，依照处罚较重的规定定罪处罚。

3.《反家庭暴力法》（2015年12月27日）

第二条 本法所称家庭暴力，是指家庭成员之间以殴打、捆绑、残害、限制人身自由以及经常性谩骂、恐吓等方式实施的身体、精神等侵害行为。

第三条 家庭成员之间应当互相帮助，互相关爱，和睦相处，履行家庭义务。

反家庭暴力是国家、社会和每个家庭的共同责任。

国家禁止任何形式的家庭暴力。

第四条 县级以上人民政府负责妇女儿童工作的机构，负责组织、协调、指导、督促有关部门做好反家庭暴力工作。

县级以上人民政府有关部门、司法机关、人民团体、社会组织、居民委员会、村民委员会、企业事业单位，应当依照本法和有关法律规定，做好反家庭暴力工作。

各级人民政府应当对反家庭暴力工作给予必要的经费保障。

第五条 反家庭暴力工作遵循预防为主，教育、矫治与惩处相结合原则。

反家庭暴力工作应当尊重受害人真实意愿，保护当事人隐私。

未成年人、老年人、残疾人、孕期和哺乳期的妇女、重病患者遭受家庭暴力的，应当给予特殊保护。

第六条 国家开展家庭美德宣传教育，普及反家庭暴力知识，增强公民反家庭暴力意识。

工会、共产主义青年团、妇女联合会、残疾人联合会应当在各自工作范围内，组织开展家庭美德和反家庭暴力宣传教育。

广播、电视、报刊、网络等应当开展家庭美德和反家庭暴力宣传。

学校、幼儿园应当开展家庭美德和反家庭暴力教育。

第七条 县级以上人民政府有关部门、司法机关、妇女联合会应当将预防和制止家庭暴力纳入业务培训和统计工作。

医疗机构应当做好家庭暴力受害人的诊疗记录。

第八条 乡镇人民政府、街道办事处应当组织开展家庭暴力预防工作，居民委员会、村民委员会、社会工作服务机构应当予以配合协助。

第九条 各级人民政府应当支持社会工作服务机构等社会组织开展心理健康咨询、家庭关系指导、家庭暴力预防知识教育等服务。

第十条 人民调解组织应当依法调解家庭纠纷，预防和减少家庭暴力的发生。

第十一条 用人单位发现本单位人员有家庭暴力情况的，应当给予批评教育，并做好家庭矛盾的调解、化解工作。

第二十三条 当事人因遭受家庭暴力或者面临家庭暴力的现实危险，向人民法院申请人身安全保护令的，人民法院应当受理。

当事人是无民事行为能力人、限制民事行为能力人，或者因受到强制、威吓等原因无法申请人身安全保护令的，其近亲属、公安机关、妇女联合会、居民委员会、村民委员会、救助管理机构可以代为申请。

第二十四条 申请人身安全保护令应当以书面方式提出；书面申请确有困难的，可以口头申请，由人民法院记入笔录。

第二十五条 人身安全保护令案件由申请人或者被申请人居住地、家庭暴力发生地的基层人民法院管辖。

第二十六条 人身安全保护令由人民法院以裁定形式作出。

第二十七条 作出人身安全保护令，应当具备下列条件：

（一）有明确的被申请人；

（二）有具体的请求；

（三）有遭受家庭暴力或者面临家庭暴力现实危险的情形。

第二十八条 人民法院受理申请后，应当在七十二小时内作出人身安全保护令或者驳回申请；情况紧急的，应当在二十四小时内作出。

第二十九条 人身安全保护令可以包括下列措施：

（一）禁止被申请人实施家庭暴力；

（二）禁止被申请人骚扰、跟踪、接触申请人及其相关近亲属；

（三）责令被申请人迁出申请人住所；

（四）保护申请人人身安全的其他措施。

第三十条 人身安全保护令的有效期不超过六个月，自作出之日起生效。人身安全保护令失效前，人民法院可以根据申请人的申请撤销、变更或者延长。

第三十一条 申请人对驳回申请不服或者被申请人对人身安全保护令不服的，可以自裁定生效之日起五日内向作出裁定的人民法院申请复议一次。人民法院依法作出人身安全保护令的，复议期间不停止人身安全保护令的执行。

第三十二条 人民法院作出人身安全保护令后，应当送达申请人、被申请人、公安机关以及居民委员会、村民委员会等有关组织。人身安全保护令由人民法院执行，公安机关以及居民委员会、村民委员会等应当协助执行。

4.《最高人民法院关于适用〈中华人民共和国民法典〉婚姻家庭编的解释（一）》（2020 年 12 月 29 日）

第一条 持续性、经常性的家庭暴力，可以认定为民法典第一千零四十二条、第一千零七十九条、第一千零九十一条所称的“虐待”。

典型案例

1. 李某某与李某玉排除妨害纠纷案①

◎ 典型意义：依法切实保障残疾人居住权

如何将残疾人保障法中对残疾人权益保护的指导原则和要求落到实处，是残疾人权益保护审判实践中需要重点予以关注的问题。在切实保障残疾人权益，支持残疾人事业，增强残疾人自立能力的具体司法实践中，切实依法加大对残疾人居住权利的保护，是解决残疾人工作、生活的基本问题，也是具体落实残疾人权益保护的具体举措。

◎ 基本案情

案涉房屋内居住有原告李某某、林某某，被告李某玉及其丈夫。李某某、林某某系再婚夫妻，李某玉系李某某与前妻之女。被告李某玉及其丈夫均为聋哑人。李某某的前妻田某某于2004年9月16日去世，继承结束后，案涉房屋归李某某所有。李某玉与其丈夫在经李某某与其前妻田某某同意下自行出资在案涉房屋内搭建一处平台，并自1999年起一直居住于诉争平台内。现二原告李某某、林某某起诉要求李某玉及其丈夫搬离案涉房屋平台。人民法院认为，原告李某某作为被告李某玉的父亲，具有法定的关心帮助被告李某玉的义务，其要求被告搬离案涉房屋，违背了社会公德和公序良俗，也违反了法律规定的人道主义精神和亲属间的帮助义务，故李某某的诉讼请求依法应予驳回。而原告林某某不是案涉房屋的所有权人，其无权要求被告搬离诉争平台，对其诉讼请求依法亦应予驳回。据此，法院判决驳回了原告李某某、林某某的诉讼请求。

---

① 《最高人民法院公布10起残疾人权益保障典型案例》，载最高人民法院网，https：//www.court. gov. cn/zixun/xiangqing/20871. html，最后访问时间：2023年5月1日。

2. 卢某某申请人身安全保护令案①

◎ 基本案情

卢某某（女）系二级智力残疾，王某某与卢某某为夫妻关系。因婚前缺乏了解，婚后感情基础差，王某某在婚姻生活中稍有不满，即对卢某某及其父母拳脚相加，实施家庭暴力。卢某某为此提起离婚诉讼，并提交了公安机关的报警回执、受案回执、询问笔录、家庭暴力告诫书等证据。案件受理后，法院邀请区残联共同走访卢某某及其家人，向当事人及其单位了解具体情况，委托区残联对卢某某遭受家庭暴力的程度以及存在家庭暴力的现实危险等进行综合评估。经调查评估后，区残联以卢某某遭受家庭暴力且受到威胁不敢申请人身安全保护令为由，代卢某某向法院申请人身安全保护令。

◎ 裁判结果

福建省莆田市城厢区人民法院经审查认为，卢某某系二级智力残疾，残联曾为其发放残疾人证。现残联依法履行法律赋予的救助服务职责，以卢某某遭受家庭暴力危险无法申请人身安全保护令为由代卢某某提出申请，符合法律规定。遂裁定，禁止王某某对卢某某及其近亲属实施家庭暴力，禁止王某某在距离卢某某工作单位200米范围内活动。

◎ 典型意义

残疾人是社会特殊困难群体，需要全社会格外关心、加倍爱护。在司法实践中，由于残疾人自身的生理缺陷，导致诉讼能力较弱，因受到威胁等原因不敢申请人身安全保护令。本案是全国首例由残联代为申请的人身安全保护令，较好地将最高人民法院和中国残疾人联合会共同印发的《关于在审判执行工作中切实维护残疾人合法权益的意见》融入司法审判实践中，既是反家暴审判的一次有益尝试，也是回应残疾人司法需求和司法服务的具体体现。

---

① 《最高人民法院 中国残疾人联合会残疾人权益保护十大典型案例》，载最高人民法院网，https：//www. court. gov. cn/zixun/xiangqing/334501. html，最后访问时间：2023年5月1日。

3. 李某滨与李某峰财产损害赔偿纠纷支持起诉案①

◎ 关键词：残疾人权益保障；支持起诉；监护人侵权；协助收集证据

◎ 要旨

因监护人侵害智力残疾的被监护人财产权，智力残疾人诉请赔偿损失存在障碍而请求支持起诉的，检察机关可以围绕法定起诉条件协助其收集证据，为其起诉维权提供帮助。在支持起诉程序中，检察机关应当依法履行支持起诉职能，保障当事人平等行使诉权。

◎ 基本案情

李某滨系三级智力残疾人，日常生活由弟弟李某峰照料。2017 年 1 月 24 日，李某峰以李某滨监护人身份与案外人季某签订房屋买卖协议，将登记在李某滨名下并实际为其所有的一套房屋以 130 万元价款出售给季某。签约后，售房款 130 万元转入李某峰银行账户内，房屋所有权变更登记至季某名下。2017 年 8 月 23 日，李某峰又将该售房款转入其个人名下另一银行账户内。2018 年 12 月 17 日，李某峰因肝脏疾病住院治疗。2018 年 12 月 24 日，李某峰与妻子杨某敏协议离婚，约定夫妻双方共同共有的天津市河西区的房产、所有存款及其他夫妻共同财产全部归杨某敏所有。2019 年 1 月至 6 月，李某峰陆续将上述 130 万元售房款转出，用于支付其肝脏移植手术费用。2019 年 7 月，李某峰病逝。2019 年 10 月，李某峰之女李某将李某峰银行账户内 204519.33 元返还给李某滨、李某峰姐姐李某光，剩余售房款未返还。

2020 年 1 月 13 日，天津市河西区人民法院（以下简称河西区法院）作出一审民事判决，认定李某滨为限制民事行为能力人，指定李某光为李某滨的监护人。后李某光向李某峰前妻杨某敏、女儿李某追索未返还的售房款未果。2020 年 1 月 21 日，李某滨向河西区法院提起民事诉讼，请求判令杨某敏、李某赔偿损失。因售房由原监护人李某峰实施，李某滨不了解售房价款、售房款去向等具体情节，无法提出具体的诉讼请求，河西区法院未予受理。

---

① 最高人民检察院指导性案例第 122 号。

◎ 检察机关履职过程

受理情况。2020 年 1 月 21 日，李某滨以其系智力残疾人，无法收集法院受理案件所需证据为由，向天津市河西区人民检察院（以下简称河西区检察院）申请支持起诉，该院审查后予以受理。

审查过程。河西区检察院经向河西区法院了解情况后确认，法院认定李某滨为限制民事行为能力人、李某光为监护人的民事判决已生效。经向天津市规划和自然资源局了解，2017 年 1 月 24 日，李某峰以李某滨监护人名义与案外人季某签订房屋买卖协议，将李某滨名下房屋以 130 万元价格出售给季某并办理过户手续。河西区检察院与河西区司法局联系，帮助李某滨聘请法律援助律师，提供无偿法律服务。

支持起诉意见。2020 年 1 月 22 日，李某滨监护人李某光作为法定代理人再次向河西区法院提起财产损害赔偿诉讼，河西区检察院同日发出支持起诉意见书。检察机关认为，李某滨系三级智力残疾人，属于特殊群体，系支持起诉对象。李某滨名下房产被监护人李某峰售出后，售房款被李某峰私自挪用，李某滨的财产权益受到严重侵害，有权通过民事诉讼程序获得救济，是民事诉讼适格主体。本案有明确被告，具体的诉讼请求和事实、理由，属于人民法院受理民事诉讼的范围和受诉人民法院管辖，符合法定起诉受理条件。

裁判结果。2020 年 1 月 22 日，河西区法院受理李某滨的起诉。2020 年 10 月 21 日，河西区法院作出一审民事判决。法院认定，李某峰将李某滨名下房产出售并将售房款 130 万元私自挪用，其行为构成侵权，造成被监护人李某滨财产损失 1095480. 67 元，应当承担侵权赔偿责任。杨某敏与李某峰原为夫妻关系，于 2018 年 12 月 24 日协议离婚，约定将夫妻共同财产中的天津市河西区的房产和其他夫妻共同财产全部归杨某敏所有，住院治疗费使用出售李某滨房产所得房款支付，属于恶意串通侵害他人财产。杨某敏是侵权行为的受益人，应在受益的财产范围内承担民事责任。据此，该院作出一审判决，判令杨某敏以天津市河西区房产市场价值 1/2 份额为限承担赔偿李某滨 1095480. 67 元的责任。判决生效后，李某滨已于 2020 年 12 月 17 日收到判决确定给付的全部款项。

◎ 指导意义

（一）依法履行支持起诉职能，保障残疾人等特殊群体平等行使诉权。《中华人民共和国民事诉讼法》第十五条规定："机关、社会团体、企业事业单位对损害国家、集体或者个人民事权益的行为，可以支持受损害的单位或者个人向人民法院起诉。"支持起诉的要义是支持受损害的单位或者个人起诉，特别是支持特殊群体能够通过行使诉权获得救济，保障双方当事人诉权实质平等。适用条件上，检察机关支持起诉原则上以有关行政机关、社会团体等部门履职后仍未实现最低维权目标为前提条件。在支持起诉程序中，检察机关应当秉持客观公正立场，遵循自愿原则、处分原则、诉权平等原则等民事诉讼基本原则，避免造成诉权失衡；可以综合运用提供法律咨询、协助收集证据、提出支持起诉意见、协调提供法律援助等方式为残疾人等特殊群体起诉维权提供帮助。支持起诉并非代替当事人行使诉权，检察机关不能独立启动诉讼程序。除有涉及国家利益、社会公共利益等重大影响的案件外，检察机关一般不出席法庭；出庭时可以宣读支持起诉意见书，但不参与举证、质证等其他庭审活动；当事人撤回起诉的，支持起诉程序自行终结，检察机关无须撤回支持起诉意见。

（二）被监护人的财产权受到监护人侵害，人民法院以诉讼请求不具体为由未予受理的，检察机关可以依申请支持其起诉。监护人应当履行法定职责，保护被监护人的人身权和财产权不受侵害。监护人擅自出售被监护人名下房产用于个人医疗、购房等个人支出，侵害被监护人财产权益的，被监护人有权请求监护人赔偿损失。客观上，智力残疾人等被监护人诉讼能力偏弱，在其权利受到侵害时，难以凭个人之力通过民事诉讼程序获得救济。检察机关对于履职过程中发现的残疾人合法权益受到侵害的线索，应当先行督促残疾人联合会、残疾人居住地的居民委员会、村民委员会等社会团体、自治组织为残疾人维权提供法律帮助。残疾人径行向人民法院起诉的，应当告知其有权申请法律援助。认知能力低下的残疾人因财产权受到侵害提起损害赔偿诉讼，人民法院未告知其有权申请法律援助，以其诉讼请求不具体为由未予受理的，在尊重其真实意愿的前提下，检察机关可以依申请支持起诉，帮助其获得法律救济。

（三）综合运用协助收集证据、协调提供法律援助等方式，为智力残疾人起诉维权提供帮助。依照民事诉讼法相关规定，原告起诉必须符合法定条件。智力残疾人作为限制行为能力人虽然可以实施与其智力、精神状况相适应的民事法律行为，但难以独立、充分围绕法定起诉条件收集证据，提出诉讼请求。在支持起诉程序中，检察机关可以通过提供法律咨询，加强释法说理，引导智力残疾人自行收集证据；智力残疾人无法自行收集的，检察机关可以依法协助其收集确定当事人具体诉讼请求、证明原被告与案件争议事实存在关联并符合起诉条件的相应证据。检察机关可以与司法行政部门协调，为智力残疾人提供法律援助，由法律援助人员作为智力残疾人的委托代理人参加诉讼。

◎ 相关规定

《中华人民共和国民事诉讼法》第十五条、第一百一十九条

《中华人民共和国残疾人保障法》第九条、第六十条

第十条 残疾人的义务

国家鼓励残疾人自尊、自信、自强、自立，为社会主义建设贡献力量。

残疾人应当遵守法律、法规，履行应尽的义务，遵守公共秩序，尊重社会公德。

要点提示

在保障残疾人权利的前提下，本法也相应规定了残疾人应该履行的义务。

第十一条 残疾预防

国家有计划地开展残疾预防工作，加强对残疾预防工作的领导，宣传、普及母婴保健和预防残疾的知识，建立健全出生缺陷预防和早期发现、早期治疗机制，针对遗传、疾病、药物、事故、灾害、环境污染和其他致残因素，组织和动员社会力量，采取措施，预防残疾的发生，减轻残疾程度。

国家建立健全残疾人统计调查制度，开展残疾人状况的统计调查和分析。

第十二条 特别保障

国家和社会对残疾军人、因公致残人员以及其他为维护国家和人民利益致残的人员实行特别保障，给予抚恤和优待。

关联规定

1.《军人地位和权益保障法》（2021年6月10日）

第四十五条 国家和社会尊重军人、军人家庭为国防和军队建设做出的奉献和牺牲，优待军人、军人家属，抚恤优待烈士、因公牺牲军人、病故军人的遗属，保障残疾军人的生活。

国家建立抚恤优待保障体系，合理确定抚恤优待标准，逐步提高抚恤优待水平。

第四十九条 国家实行军人残疾抚恤制度。

军人因战、因公、因病致残的，按照国家有关规定评定残疾等级并颁发证件，享受残疾抚恤金和其他待遇，符合规定条件的以安排工作、供养、退休等方式妥善安置。

第五十一条第三款 国家和社会对残疾军人的医疗依法给予特别保障。

第五十七条第二款 军人免费乘坐市内公共汽车、电车、轮渡和轨道交通工具。军人和烈士、因公牺牲军人、病故军人的遗属，以及与其随同出行的家属，乘坐境内运行的火车、轮船、长途公共汽车以及民航班机享受优先购票、优先乘车（船、机）等服务，残疾军人享受票价优惠。

2.《退役军人保障法》（2020年11月11日）

第二十八条 国家建立伤病残退役军人指令性移交安置、收治休养制度。军队有关部门应当及时将伤病残退役军人移交安置地人民政府安置。安置地人民政府应当妥善解决伤病残退役军人的住房、医疗、康复、护理和生活困难。

第四十条 服现役期间因战、因公、因病致残被评定残疾等级和退役后补评或者重新评定残疾等级的残疾退役军人，有劳动能力和就业意愿的，优先享受国家规定的残疾人就业优惠政策。

第五十二条 军队医疗机构、公立医疗机构应当为退役军人就医提供优待服务，并对参战退役军人、残疾退役军人给予优惠。

第五十四条 县级以上人民政府加强优抚医院、光荣院建设，充分利用现有医疗和养老服务资源，收治或者集中供养孤老、生活不能自理的退役军人。

各类社会福利机构应当优先接收老年退役军人和残疾退役军人。

第五十五条 国家建立退役军人帮扶援助机制，在养老、医疗、住房等方面，对生活困难的退役军人按照国家有关规定给予帮扶援助。

第五十六条 残疾退役军人依法享受抚恤。

残疾退役军人按照残疾等级享受残疾抚恤金，标准由国务院退役军人工作主管部门会同国务院财政部门综合考虑国家经济社会发展水平、消费物价水平、全国城镇单位就业人员工资水平、国家财力情况等因素确定。残疾抚恤金由县级人民政府退役军人工作主管部门发放。

3.《军人抚恤优待条例》（2019年3月2日）

第三章 残疾抚恤

第二十一条 现役军人残疾被认定为因战致残、因公致残或者因病致残的，依照本条例的规定享受抚恤。

因第八条第一款规定的情形之一导致残疾的，认定为因战致残；因第九条第一款规定的情形之一导致残疾的，认定为因公致残；义务兵和初级士官因第九条第一款第三项、第四项规定情形以外的疾病导致残疾的，认定为因病致残。

第二十二条 残疾的等级，根据劳动功能障碍程度和生活自理障碍程度确定，由重到轻分为一级至十级。

残疾等级的具体评定标准由国务院退役军人事务部门、人力资源社会保障部门、卫生部门会同军队有关部门规定。

第二十三条 现役军人因战、因公致残，医疗终结后符合评定残疾等级条件的，应当评定残疾等级。义务兵和初级士官因病致残符合评定残疾等级条件，本人（精神病患者由其利害关系人）提出申请的，也应当评定残疾等级。

因战、因公致残，残疾等级被评定为一级至十级的，享受抚恤；因病致残，残疾等级被评定为一级至六级的，享受抚恤。

第二十四条 因战、因公、因病致残性质的认定和残疾等级的评定权限是：

（一）义务兵和初级士官的残疾，由军队军级以上单位卫生部门认定和评定；

（二）现役军官、文职干部和中级以上士官的残疾，由军队军区级以上单位卫生部门认定和评定；

（三）退出现役的军人和移交政府安置的军队离休、退休干部需要认定残疾性质和评定残疾等级的，由省级人民政府退役军人事务部门认定和评定。

评定残疾等级，应当依据医疗卫生专家小组出具的残疾等级医学鉴定意见。

残疾军人由认定残疾性质和评定残疾等级的机关发给《中华人民共和国残疾军人证》。

第二十五条 现役军人因战、因公致残，未及时评定残疾等级，退出现役后或者医疗终结满3年后，本人（精神病患者由其利害关系人）申请补办评定残疾等级，有档案记载或者有原始医疗证明的，可以评定残疾等级。

现役军人被评定残疾等级后，在服现役期间或者退出现役后残疾情况发生严重恶化，原定残疾等级与残疾情况明显不符，本人（精神病患者由其利害关系人）申请调整残疾等级的，可以重新评定残疾等级。

第二十六条 退出现役的残疾军人，按照残疾等级享受残疾抚恤金。残疾抚恤金由县级人民政府退役军人事务部门发给。

因工作需要继续服现役的残疾军人，经军队军级以上单位批准，由所在部队按照规定发给残疾抚恤金。

第二十七条 残疾军人的抚恤金标准应当参照全国职工平均工资水平确定。残疾抚恤金的标准以及一级至十级残疾军人享受残疾抚恤金的具体办法，由国务院退役军人事务部门会同国务院财政部门规定。

县级以上地方人民政府对依靠残疾抚恤金生活仍有困难的残疾军人，可以增发残疾抚恤金或者采取其他方式予以补助，保障其生活不低于当地的平均生活水平。

第二十八条 退出现役的因战、因公致残的残疾军人因旧伤复发死亡的，由县级人民政府退役军人事务部门按照因公牺牲军人的抚恤金标准发给其遗属一次性抚恤金，其遗属享受因公牺牲军人遗属抚恤待遇。

退出现役的因战、因公、因病致残的残疾军人因病死亡的，对其遗属增发12个月的残疾抚恤金，作为丧葬补助费；其中，因战、因公致残的一级至四级残疾军人因病死亡的，其遗属享受病故军人遗属抚恤待遇。

第二十九条 退出现役的一级至四级残疾军人，由国家供养终身；其中，对需要长年医疗或者独身一人不便分散安置的，经省级人民政府退役军人事务部门批准，可以集中供养。

第三十条 对分散安置的一级至四级残疾军人发给护理费，护理费的标准为：

（一）因战、因公一级和二级残疾的，为当地职工月平均工资的50%；

（二）因战、因公三级和四级残疾的，为当地职工月平均工资的40%；

（三）因病一级至四级残疾的，为当地职工月平均工资的30%。

退出现役的残疾军人的护理费，由县级以上地方人民政府退役军人事务部门发给；未退出现役的残疾军人的护理费，经军队军级以上单位批准，由所在部队发给。

第三十一条 残疾军人需要配制假肢、代步三轮车等辅助器械，正在服现役的，由军队军级以上单位负责解决；退出现役的，由省级人民政府退役军人事务部门负责解决。

第四章 优 待

第三十二条 烈士遗属依照《烈士褒扬条例》的规定享受优待。

第三十三条 义务兵服现役期间，其家庭由当地人民政府发给优待金或者给予其他优待，优待标准不低于当地平均生活水平。

义务兵和初级士官入伍前是国家机关、社会团体、企业事业单位职工（含合同制人员）的，退出现役后，允许复工复职，并享受不低于本单位同岗位（工种）、同工龄职工的各项待遇；服现役期间，其家属继续享受该单位职工家属的有关福利待遇。

义务兵和初级士官入伍前的承包地（山、林）等，应当保留；服现役期间，除依照国家有关规定和承包合同的约定缴纳有关税费外，免除其他负担。

义务兵从部队发出的平信，免费邮递。

第三十四条 国家对一级至六级残疾军人的医疗费用按照规定予以保障，由所在医疗保险统筹地区社会保险经办机构单独列账管理。具体办法由国务院退役军人事务部门会同国务院人力资源社会保障部门、财政部门规定。

七级至十级残疾军人旧伤复发的医疗费用，已经参加工伤保险的，由工伤保险基金支付，未参加工伤保险，有工作的由工作单位解决，没有工作的由当地县级以上地方人民政府负责解决；七级至十级残疾军人旧伤复发以外的医疗费用，未参加医疗保险且本人支付有困难的，由当地县级以上地方人民政府酌情给予补助。

残疾军人、复员军人、带病回乡退伍军人以及因公牺牲军人遗属、病故军人遗属享受医疗优惠待遇。具体办法由省、自治区、直辖市人民政府规定。

中央财政对抚恤优待对象人数较多的困难地区给予适当补助，用于帮助解决抚恤优待对象的医疗费用困难问题。

第三十五条 在国家机关、社会团体、企业事业单位工作的残疾军人，享受与所在单位工伤人员同等的生活福利和医疗待遇。所在单位不得因其残疾将其辞退、解聘或者解除劳动关系。

第三十六条 现役军人凭有效证件、残疾军人凭《中华人民共和国残疾军人证》优先购票乘坐境内运行的火车、轮船、长途公共汽车以及民航班机；残疾军人享受减收正常票价50%的优待。

现役军人凭有效证件乘坐市内公共汽车、电车和轨道交通工具享受优待，具体办法由有关城市人民政府规定。残疾军人凭《中华人民共和国残疾军人证》免费乘坐市内公共汽车、电车和轨道交通工具。

第三十七条 现役军人、残疾军人凭有效证件参观游览公园、博物馆、名胜古迹享受优待，具体办法由公园、博物馆、名胜古迹管理单位所在地的县级以上地方人民政府规定。

第三十八条 因公牺牲军人、病故军人的子女、兄弟姐妹，本人自愿应征并且符合征兵条件的，优先批准服现役。

第三十九条 义务兵和初级士官退出现役后，报考国家公务员、高等学校和中等职业学校，在与其他考生同等条件下优先录取。

残疾军人、因公牺牲军人子女、一级至四级残疾军人的子女，驻边疆国境的县（市）、沙漠区、国家确定的边远地区中的三类地区和军队确定的特、一、二类岛屿部队现役军人的子女报考普通高中、中等职业学校、高等学校，在录取时按照国家有关规定给予优待；接受学历教育的，在同等条件下优先享受国家规定的各项助学政策。现役军人子女的入学、入托，在同等条件下优先接收。具体办法由国务院退役军人事务部门会同国务院教育部门规定。

第四十条 残疾军人、复员军人、带病回乡退伍军人、因公牺牲军人遗属、病故军人遗属承租、购买住房依照有关规定享受优先、优惠待遇。居住农村的抚恤优待对象住房有困难的，由地方人民政府帮助解决。具体办法由省、自治区、直辖市人民政府规定。

第四十一条 经军队师（旅）级以上单位政治机关批准随军的现役军官家属、文职干部家属、士官家属，由驻军所在地的公安机关办理落户手续。随军前是国家机关、社会团体、企业事业单位职工的，驻军所在地人民政府人力资源社会保障部门应当接收和妥善安置；随军前没有工作单位的，驻军所在地人民政府应当根据本人的实际情况作出相应安置；对自谋职业的，按照国家有关规定减免有关费用。

第四十二条 驻边疆国境的县（市）、沙漠区、国家确定的边远地区中的三类地区和军队确定的特、一、二类岛屿部队的现役军官、文职干部、士官，其符合随军条件无法随军的家属，所在地人民政府应当妥善安置，保障其生活不低于当地的平均生活水平。

第四十三条 随军的烈士遗属、因公牺牲军人遗属和病故军人遗属移交地方人民政府安置的，享受本条例和当地人民政府规定的抚恤优待。

第四十四条 复员军人生活困难的，按照规定的条件，由当地人民政府退役军人事务部门给予定期定量补助，逐步改善其生活条件。

第四十五条 国家兴办优抚医院、光荣院，治疗或者集中供养孤老和生活不能自理的抚恤优待对象。

各类社会福利机构应当优先接收抚恤优待对象。

4.《民政部、中国残疾人联合会关于残疾军人享受社会残疾人待遇有关问题的通知》（2013年3月21日）

残疾军人是为国家作出特殊贡献的优抚对象，是社会残疾人的重要组成部分。现就残疾军人享受社会残疾人待遇有关问题通知如下：

一、本通知中“残疾军人”是指在服役期间因战因公因病致残，并按规定评定了残疾等级、持有合法有效的《中华人民共和国残疾军人证》的退役军人。

二、残疾军人除享受国家给予的特殊待遇外，同时也应享受当地社会残疾人的相应待遇。

三、惠及所有残疾人政策待遇，残疾军人凭《中华人民共和国残疾军人证》应予享受；惠及特定残疾人的政策待遇（如安装假肢、配发轮椅车等），按照有关身体残疾的特殊要求，符合条件的残疾军人应予享受。具体办法由地方民政部门和残联制定。

四、各地民政、残联部门要密切协作，加强有关政策宣传，加大工作力度，建立信息共享机制，确保残疾军人享受社会残疾人的相应待遇。

第十三条 表彰和奖励

对在社会主义建设中做出显著成绩的残疾人，对维护残疾人合法权益、发展残疾人事业、为残疾人服务做出显著成绩的单位和个人，各级人民政府和有关部门给予表彰和奖励。

第十四条 全国助残日

每年5月的第三个星期日为全国助残日。

第二章 康 复

第十五条 康复服务

国家保障残疾人享有康复服务的权利。

各级人民政府和有关部门应当采取措施，为残疾人康复创造条件，建立和完善残疾人康复服务体系，并分阶段实施重点康复项目，帮助残疾人恢复或者补偿功能，增强其参与社会生活的能力。

关联规定

1.《基本医疗卫生与健康促进法》（2019年12月28日）

第二十六条 国家发展残疾预防和残疾人康复事业，完善残疾预防和残疾人康复及其保障体系，采取措施为残疾人提供基本康复服务。

县级以上人民政府应当优先开展残疾儿童康复工作，实行康复与教育相结合。

2.《残疾预防和残疾人康复条例》（2018年9月18日）

第一章 总 则

第一条 为了预防残疾的发生、减轻残疾程度，帮助残疾人恢复或者补偿功能，促进残疾人平等、充分地参与社会生活，发展残疾预防和残疾人康复事业，根据《中华人民共和国残疾人保障法》，制定本条例。

第二条 本条例所称残疾预防，是指针对各种致残因素，采取有效措施，避免个人心理、生理、人体结构上某种组织、功能的丧失或者异常，防止全部或者部分丧失正常参与社会活动的能力。

本条例所称残疾人康复，是指在残疾发生后综合运用医学、教育、职业、社会、心理和辅助器具等措施，帮助残疾人恢复或者补偿功能，减轻功能障碍，增强生活自理和社会参与能力。

第三条 残疾预防和残疾人康复工作应当坚持以人为本，从实际出发，实行预防为主、预防与康复相结合的方针。

国家采取措施为残疾人提供基本康复服务，支持和帮助其融入社会。禁止基于残疾的歧视。

第四条 县级以上人民政府领导残疾预防和残疾人康复工作，将残疾预防和残疾人康复工作纳入国民经济和社会发展规划，完善残疾预防和残疾人康复服务和保障体系，建立政府主导、部门协作、社会参与的工作机制，实行工作责任制，对有关部门承担的残疾预防和残疾人康复工作进行考核和监督。乡镇人民政府和街道办事处根据本地区的实际情况，组织开展残疾预防和残疾人康复工作。

县级以上人民政府负责残疾人工作的机构，负责残疾预防和残疾人康复工作的组织实施与监督。县级以上人民政府有关部门在各自的职责范围内做好残疾预防和残疾人康复有关工作。

第五条 中国残疾人联合会及其地方组织依照法律、法规、章程或者接受政府委托，开展残疾预防和残疾人康复工作。

工会、共产主义青年团、妇女联合会、红十字会等依法做好残疾预防和残疾人康复工作。

第六条 国家机关、社会组织、企业事业单位和城乡基层群众性自治组织应当做好所属范围内的残疾预防和残疾人康复工作。从事残疾预防和残疾人康复工作的人员应当依法履行职责。

第七条 社会各界应当关心、支持和参与残疾预防和残疾人康复事业。

新闻媒体应当积极开展残疾预防和残疾人康复的公益宣传。

国家鼓励和支持组织、个人提供残疾预防和残疾人康复服务，捐助残疾预防和残疾人康复事业，兴建相关公益设施。

第八条 国家鼓励开展残疾预防和残疾人康复的科学研究和应用，提高残疾预防和残疾人康复的科学技术水平。

国家鼓励开展残疾预防和残疾人康复领域的国际交流与合作。

第九条 对在残疾预防和残疾人康复工作中作出显著成绩的组织和个人，按照国家有关规定给予表彰、奖励。

第二章 残疾预防

第十条 残疾预防工作应当覆盖全人群和全生命周期，以社区和家庭为基础，坚持普遍预防和重点防控相结合。

第十一条 县级以上人民政府组织有关部门、残疾人联合会等开展下列残疾预防工作：

（一）实施残疾监测，定期调查残疾状况，分析致残原因，对遗传、疾病、药物、事故等主要致残因素实施动态监测；

（二）制定并实施残疾预防工作计划，针对主要致残因素实施重点预防，对致残风险较高的地区、人群、行业、单位实施优先干预；

（三）做好残疾预防宣传教育工作，普及残疾预防知识。

第十二条 卫生主管部门在开展孕前和孕产期保健、产前筛查、产前诊断以及新生儿疾病筛查，传染病、地方病、慢性病、精神疾病等防控，心理保健指导等工作时，应当做好残疾预防工作，针对遗传、疾病、药物等致残因素，采取相应措施消除或者降低致残风险，加强临床早期康复介入，减少残疾的发生。

公安、安全生产监督管理、食品安全监督管理、药品监督管理、生态环境、防灾减灾救灾等部门在开展交通安全、生产安全、食品安全、药品安全、生态环境保护、防灾减灾救灾等工作时，应当针对事故、环境污染、灾害等致残因素，采取相应措施，减少残疾的发生。

第十三条 国务院卫生、教育、民政等有关部门和中国残疾人联合会在履行职责时应当收集、汇总残疾人信息，实现信息共享。

第十四条 承担新生儿疾病和未成年人残疾筛查、诊断的医疗卫生机构应当按照规定将残疾和患有致残性疾病的未成年人信息，向所在地县级人民政府卫生主管部门报告。接到报告的卫生主管部门应当按照规定及时将相关信息与残疾人联合会共享，并共同组织开展早期干预。

第十五条 具有高度致残风险的用人单位应当对职工进行残疾预防相关知识培训，告知作业场所和工作岗位存在的致残风险，并采取防护措施，提供防护设施和防护用品。

第十六条 国家鼓励公民学习残疾预防知识和技能，提高自我防护意识和能力。

未成年人的监护人应当保证未成年人及时接受政府免费提供的疾病和残疾筛查，努力使有出生缺陷或者致残性疾病的未成年人及时接受治疗和康复服务。未成年人、老年人的监护人或者家庭成员应当增强残疾预防意识，采取有针对性的残疾预防措施。

第三章 康复服务

第十七条 县级以上人民政府应当组织卫生、教育、民政等部门和残疾人联合会整合从事残疾人康复服务的机构（以下称康复机构）、设施和人员等资源，合理布局，建立和完善以社区康复为基础、康复机构为骨干、残疾人家庭为依托的残疾人康复服务体系，以实用、易行、受益广的康复内容为重点，为残疾人提供综合性的康复服务。

县级以上人民政府应当优先开展残疾儿童康复工作，实行康复与教育相结合。

第十八条 县级以上人民政府根据本行政区域残疾人数量、分布状况、康复需求等情况，制定康复机构设置规划，举办公益性康复机构，将康复机构设置纳入基本公共服务体系规划。

县级以上人民政府支持社会力量投资康复机构建设，鼓励多种形式举办康复机构。

社会力量举办的康复机构和政府举办的康复机构在准入、执业、专业技术人员职称评定、非营利组织的财税扶持、政府购买服务等方面执行相同的政策。

第十九条 康复机构应当具有符合无障碍环境建设要求的服务场所以及与所提供康复服务相适应的专业技术人员、设施设备等条件，建立完善的康复服务管理制度。

康复机构应当依照有关法律、法规和标准、规范的规定，为残疾人提供安全、有效的康复服务。鼓励康复机构为所在区域的社区、学校、家庭提供康复业务指导和技术支持。

康复机构的建设标准、服务规范、管理办法由国务院有关部门商中国残疾人联合会制定。

县级以上人民政府有关部门应当依据各自职责，加强对康复机构的监督管理。残疾人联合会应当及时汇总、发布康复机构信息，为残疾人接受康复服务提供便利，各有关部门应当予以支持。残疾人联合会接受政府委托对康复机构及其服务质量进行监督。

第二十条 各级人民政府应当将残疾人社区康复纳入社区公共服务体系。

县级以上人民政府有关部门、残疾人联合会应当利用社区资源，根据社区残疾人数量、类型和康复需求等设立康复场所，或者通过政府购买服务方式委托社会组织，组织开展康复指导、日常生活能力训练、康复护理、辅助器具配置、信息咨询、知识普及和转介等社区康复工作。

城乡基层群众性自治组织应当鼓励和支持残疾人及其家庭成员参加社区康复活动，融入社区生活。

第二十一条 提供残疾人康复服务，应当针对残疾人的健康、日常活动、社会参与等需求进行评估，依据评估结果制定个性化康复方案，并根据实施情况对康复方案进行调整优化。制定、实施康复方案，应当充分听取、尊重残疾人及其家属的意见，告知康复措施的详细信息。

提供残疾人康复服务，应当保护残疾人隐私，不得歧视、侮辱残疾人。

第二十二条 从事残疾人康复服务的人员应当具有人道主义精神，遵守职业道德，学习掌握必要的专业知识和技能并能够熟练运用；有关法律、行政法规规定需要取得相应资格的，还应当依法取得相应的资格。

第二十三条 康复机构应当对其工作人员开展在岗培训，组织学习康复专业知识和技能，提高业务水平和服务能力。

第二十四条 各级人民政府和县级以上人民政府有关部门、残疾人联合会以及康复机构等应当为残疾人及其家庭成员学习掌握康复知识和技能提供便利条件，引导残疾人主动参与康复活动，残疾人的家庭成员应当予以支持和帮助。

第四章 保障措施

第二十五条 各级人民政府应当按照社会保险的有关规定将残疾人纳入基本医疗保险范围，对纳入基本医疗保险支付范围的医疗康复费用予以支付；按照医疗救助的有关规定，对家庭经济困难的残疾人参加基本医疗保险给予补贴，并对经基本医疗保险、大病保险和其他补充医疗保险支付医疗费用后仍有困难的给予医疗救助。

第二十六条 国家建立残疾儿童康复救助制度，逐步实现0—6岁视力、听力、言语、肢体、智力等残疾儿童和孤独症儿童免费得到手术、辅助器具配置和康复训练等服务；完善重度残疾人护理补贴制度；通过实施重点康复项目为城乡贫困残疾人、重度残疾人提供基本康复服务，按照国家有关规定对基本型辅助器具配置给予补贴。具体办法由国务院有关部门商中国残疾人联合会根据经济社会发展水平和残疾人康复需求等情况制定。

国家多渠道筹集残疾人康复资金，鼓励、引导社会力量通过慈善捐赠等方式帮助残疾人接受康复服务。工伤保险基金、残疾人就业保障金等按照国家有关规定用于残疾人康复。

有条件的地区应当根据本地实际情况提高保障标准，扩大保障范围，实施高于国家规定水平的残疾人康复保障措施。

第二十七条 各级人民政府应当根据残疾预防和残疾人康复工作需要，将残疾预防和残疾人康复工作经费列入本级政府预算。

从事残疾预防和残疾人康复服务的机构依法享受有关税收优惠政策。县级以上人民政府有关部门对相关机构给予资金、设施设备、土地使用等方面的支持。

第二十八条 国家加强残疾预防和残疾人康复专业人才的培养；鼓励和支持高等学校、职业学校设置残疾预防和残疾人康复相关专业或者开设相关课程，培养专业技术人员。

县级以上人民政府卫生、教育等有关部门应当将残疾预防和残疾人康复知识、技能纳入卫生、教育等相关专业技术人员的继续教育。

第二十九条 国务院人力资源社会保障部门应当会同国务院有关部门和中国残疾人联合会，根据残疾预防和残疾人康复工作需要，完善残疾预防和残疾人康复专业技术人员职业能力水平评价体系。

第三十条 省级以上人民政府及其有关部门应当积极支持辅助器具的研发、推广和应用。

辅助器具研发、生产单位依法享受有关税收优惠政策。

第三十一条 各级人民政府和县级以上人民政府有关部门按照国家有关规定，保障残疾预防和残疾人康复工作人员的待遇。县级以上人民政府人力资源社会保障等部门应当在培训进修、表彰奖励等方面，对残疾预防和残疾人康复工作人员予以倾斜。

第五章 法律责任

第三十二条 地方各级人民政府和县级以上人民政府有关部门未依照本条例规定履行残疾预防和残疾人康复工作职责，或者滥用职权、玩忽职守、徇私舞弊的，依法对负有责任的领导人员和直接责任人员给予处分。

各级残疾人联合会有违反本条例规定的情形的，依法对负有责任的领导人员和直接责任人员给予处分。

第三十三条 医疗卫生机构、康复机构及其工作人员未依照本条例规定开展残疾预防和残疾人康复工作的，由有关主管部门按照各自职责分工责令改正，给予警告；情节严重的，责令暂停相关执业活动，依法对负有责任的领导人员和直接责任人员给予处分。

第三十四条 具有高度致残风险的用人单位未履行本条例第十五条规定的残疾预防义务，违反安全生产、职业病防治等法律、行政法规规定的，依照有关法律、行政法规的规定给予处罚；有关法律、行政法规没有规定的，由有关主管部门按照各自职责分工责令改正，给予警告；拒不改正的，责令停产停业整顿。用人单位还应当依法承担救治、保障等义务。

第三十五条 违反本条例规定，构成犯罪的，依法追究刑事责任；造成人身、财产损失的，依法承担赔偿责任。

第六章 附 则

第三十六条 本条例自 2017 年 7 月 1 日起施行。

第十六条 康复工作

康复工作应当从实际出发，将现代康复技术与我国传统康复技术相结合；以社区康复为基础，康复机构为骨干，残疾人家庭为依托；以实用、易行、受益广的康复内容为重点，优先开展残疾儿童抢救性治疗和康复；发展符合康复要求的科学技术，鼓励自主创新，加强康复新技术的研究、开发和应用，为残疾人提供有效的康复服务。

要点提示

残疾人的康复工作包括下列内容：残疾的及早发现、诊断和处理；进行必要的医疗护理；提供社会、心理和其他方面的咨询和协助；对残疾人进行自理训练；为残疾人提供辅助器具；为残疾人提供专门教育服务；开展残疾人职业技能训练；等等。

第十七条 康复机构及康复训练

各级人民政府鼓励和扶持社会力量兴办残疾人康复机构。

地方各级人民政府和有关部门，应当组织和指导城乡社区服务组织、医疗预防保健机构、残疾人组织、残疾人家庭和其他社会力量，开展社区康复工作。

残疾人教育机构、福利性单位和其他为残疾人服务的机构，应当创造条件，开展康复训练活动。

残疾人在专业人员的指导和有关工作人员、志愿工作者及亲属的帮助下，应当努力进行功能、自理能力和劳动技能的训练。

要点提示

康复机构包括有关部门设立的康复机构和社会力量兴办的康复机构。

关联规定

1.《残疾人服务机构管理办法》（2018 年 3 月 5 日）

第一章 总 则

第一条 为维护和保障残疾人的合法权益，加强和规范残疾人服务机构管理，根据《中华人民共和国残疾人保障法》、《残疾预防和残疾人康复条例》等有关法律法规，制定本办法。

第二条 本办法所称残疾人服务机构是指国家、社会和个人举办的，依法登记的专门为残疾人提供供养、托养、照料、康复、辅助性就业等相关服务的机构。属于综合性社会福利机构中内设的残疾人服务机构的管理，参照此办法执行。

《残疾人教育条例》、《特殊教育学校暂行规程》等规定的残疾人职业教育机构不适用于本办法。

第三条 残疾人服务机构应当遵守国家法律、法规和政策，坚持以人为本，保障服务对象的人格尊严和合法权益。

入住残疾人服务机构的残疾人应当遵守机构的规章制度。

第四条 国务院民政、卫生计生、人力资源社会保障等有关部门是残疾人服务机构的行业管理部门，负责对全国残疾人服务机构进行指导、监督和管理。行业管理部门应当按照职能和残疾人服务机构提供服务的主要内容，对残疾人服务机构进行政策和业务指导，履行相关监管责任。

县级以上地方人民政府民政、卫生计生、人力资源社会保障等相关部门，负责对本行政区域内残疾人服务机构进行指导、监督和管理。

中国残疾人联合会及其地方组织依照相关法律法规或者接受政府委托，对残疾人服务机构进行监督。

第五条 残疾人服务机构应当依法登记。国家机关、事业单位举办或其他组织利用国有资产举办的非营利性残疾人服务机构，应当按照《事业单位登记管理暂行条例》等事业单位登记管理规定到事业单位登记（管理）机关办理登记。非营利性残疾人服务机构符合《民办非企业单位登记管理暂行条例》等民办非企业单位（社会服务机构）登记管理有关规定的，应当到民政部门办理登记。营利性残疾人服务机构，应当依据法律法规规定的管辖权限到工商行政管理部门办理登记。

第六条 县级以上地方人民政府民政、卫生计生、人力资源社会保障等相关部门，应当提请本级人民政府根据经济社会发展规划和残疾人数量、分布状况及服务需求，制定并实施残疾人服务机构设置规划，将残疾人服务机构设置纳入基本公共服务体系规划。

第七条 鼓励公民、法人或者其他组织通过捐赠、设置公益慈善项目、提供志愿服务等方式，为残疾人服务机构提供帮助。

第二章 服务提供

第八条 残疾人服务机构接收残疾人，为残疾人提供服务前，应当对残疾人服务需求、身心状况等与服务相关的基本情况进行评估，并根据残疾类型、残疾等级和评估结果制定适合的服务方案，实施分级分类服务。

残疾人服务机构应当对接受服务的残疾人进行定期评估，并根据评估结果适时调整服务方案。

第九条 残疾人服务机构应当与接受服务的残疾人或其代理人签订具有法律效力、权责明晰的服务协议。服务协议一般载明下列事项：

（一）残疾人服务机构的名称、住所、法定代表人或者主要负责人、联系方式；

（二）残疾人或者其代理人指定的经常联系人的姓名、住址、身份证明、联系方式；

（三）服务内容和服务方式；

（四）收费标准以及费用支付方式；

（五）服务期限和地点；

（六）当事人的权利和义务；

（七）协议变更、解除与终止的条件；

（八）违约责任；

（九）争议解决方式；

（十）当事人协商一致的其他内容。

第十条 残疾人服务机构应当依照其登记类型、业务性质、设施设备条件、管理水平、服务质量、护理等级等因素确定服务项目的收费标准。

残疾人服务机构应当在醒目位置公示各类服务项目收费标准和收费依据，并遵守国家和地方政府价格管理有关规定。

残疾人服务机构应当依法接受政府有关部门对财务收支状况、收费项目和调价频次等的监督。

第十一条 残疾人服务机构按照服务协议为接收的残疾人提供的服务，应当符合相关国家标准或者行业标准和规范。

第十二条 对于具有劳动能力的残疾人，残疾人服务机构可以根据其特点，配备专业人员帮助其进行适当的社会康复和职业康复。

对于有就业意愿的残疾人，提供辅助性就业等服务的残疾人服务机构可以组织开展适宜的辅助性生产劳动项目，并与参与劳动的残疾人或残疾人亲属签订相关协议，符合劳动合同法律法规规定的，依法签订劳动合同。

第十三条 残疾人服务机构可以通过设立医疗机构或者采取与医疗机

构合作的方式，为残疾人提供医疗服务。残疾人服务机构开展诊疗服务的，应当依法取得《医疗机构执业许可证》。

第十四条 残疾人服务机构可以通过设置康复辅助器具配置室等方式，为残疾人获得和使用康复辅助器具服务提供便利条件。

第十五条 残疾人服务机构应当根据需要为残疾人提供情绪疏导、心理咨询、危机干预等精神慰藉服务。其中，对于智力障碍、精神障碍残疾人应当配备专业人员进行专业服务。

第十六条 残疾人服务机构应当定期开展适合残疾人的文化、体育、娱乐活动，丰富残疾人的精神文化生活。

残疾人服务机构开展文化、体育、娱乐活动时，应当为残疾人提供必要的安全防护措施。

第十七条 残疾人服务机构提供服务时，应当注意保护残疾人隐私、尊重残疾人民族风俗习惯、保障服务对象的人身权益。

第十八条 残疾人服务机构因歇业、解散、被撤销或者其他原因暂停或终止服务的，行业管理部门应当指导和督促残疾人服务机构妥善处理后续事宜，最大限度保障残疾人合法权益。

第三章 内部管理

第十九条 残疾人服务机构应当按照国家有关规定建立完善安全、消防、卫生、财务、档案、无障碍环境等管理制度，制定服务标准和工作流程，并予以公开。

第二十条 残疾人服务机构应当配备与服务和运营相适应的工作人员，并依法与其签订聘用合同或者劳动合同，明确工作人员的岗位职责和工作流程，实行岗位责任制。

残疾人服务机构中从事医疗、康复、心理咨询、社会工作等服务的专业技术人员，应当依据相关法律法规持证上岗，或上岗前接受专业技能培训。

残疾人服务机构应当定期组织工作人员进行职业道德教育和业务培训。

第二十一条 残疾人服务机构应当遵循国家统一的财务、会计制度，按规定实施财务管理，依法建立会计账簿并进行会计核算。

第二十二条 残疾人服务机构应当按照《无障碍环境建设条例》等要求，为残疾人提供符合相关技术标准的无障碍设施。

第二十三条 残疾人服务机构应当为残疾人建立基本信息档案，一人一档，并妥善保存相关原始资料。

残疾人服务机构应当保护残疾人的个人信息。

第二十四条 残疾人服务机构申请登记认定为慈善组织、接受和使用捐赠物资等，应当遵守慈善事业有关法律法规。

残疾人服务机构接受社会捐赠、政府补助的，应当专款专用，有详尽的使用记录，并公开接受捐赠的情况和受赠资产使用、管理情况。

第二十五条 残疾人服务机构应当建立健全照料、护理、膳食、特殊设施设备等方面的安全管理制度和工作责任机制，并在公共区域安装实时监控装置。

残疾人服务机构应当制定突发事件应急预案，并按照应急处理程序处置突发事件。突发事件应当及时向行业管理部门和有关部门报告，并有完整的过程和应急处理记录。

第四章 监督检查

第二十六条 行业管理部门应当通过信息化手段等多种方式，加强与登记机关、残疾人联合会对残疾人服务机构的信息共享。

第二十七条 行业管理部门、残疾人联合会可以通过书面检查、随机抽查等方式，对残疾人服务机构进行监督检查，并向社会公布检查结果。上级主管部门可以委托下级部门进行监督检查。

第二十八条 行业管理部门、残疾人联合会可以委托第三方机构对残疾人服务机构的管理水平、服务质量、运行情况等进行专业评估。评估结果可以作为政府购买服务、资助扶持、分级管理的依据。

第二十九条 残疾人服务机构应当经常听取残疾人及家属的意见和建议，发挥残疾人及家属对于服务和管理的监督促进作用。

第三十条 残疾人服务机构应当以适当方式向社会公开服务对象的重大事项。

行业管理部门应当建立对残疾人服务机构的举报和投诉制度，接到举报、投诉后，应当及时核实、处理。

第三十一条 行业管理部门、残疾人联合会应当定期开展残疾人服务机构行业统计分析工作，残疾人服务机构应当及时准确报送相关信息。

第三十二条 上级行业管理部门应当加强对下级行业管理部门的指导和监督，及时纠正残疾人服务机构管理中的违法违规行为。

第五章 法律责任

第三十三条 残疾人服务机构有下列行为的，行业管理部门可以根据情况给予纠正，直至建议登记（管理）机关撤销登记或吊销营业执照。有关责任人构成犯罪的，依法追究刑事责任。

（一）未与残疾人或者其代理人签订服务协议，或者协议不符合规定的；

（二）未按照国家有关标准和规定开展服务的；

（三）配备的医疗、康复、心理咨询、社会工作等专业技术人员未依据相关法律法规持证上岗或者未经过岗前培训的；

（四）向负责监督检查的管理部门隐瞒有关情况、提供虚假材料或者拒绝提供反映其活动情况真实材料的；

（五）利用残疾人服务机构的房屋、场地、设施开展与服务宗旨无关的活动的；

（六）歧视、侮辱、虐待或者遗弃残疾人以及其他侵犯残疾人合法权益行为的；

（七）擅自暂停或者终止服务的；

（八）法律、法规、规章规定的其他违法行为。

第三十四条 行业管理部门及其工作人员违反本办法有关规定，由上级行政机关责令改正；情节严重的，对直接负责的主管人员和其他责任人员依法给予行政处分；构成犯罪的，依法追究刑事责任。

第六章 附 则

第三十五条 行业管理部门可以根据本办法，结合本领域管理的残疾人服务机构的特点，制定具体实施细则。

第三十六条 本办法自下发之日起施行。

2.《城市社区卫生服务机构管理办法（试行）》（2006年6月29日）

第三条 社区卫生服务机构以社区、家庭和居民为服务对象，以妇女、儿童、老年人、慢性病人、残疾人、贫困居民等为服务重点，开展健康教育、预防、保健、康复、计划生育技术服务和一般常见病、多发病的诊疗服务，具有社会公益性质，属于非营利性医疗机构。

3.《残联系统康复机构业务规范建设评估指南（试行）》（2022年6月15日）

为做好残联系统康复机构业务规范建设评估，根据《残疾预防和残疾人康复条例》、《"十四五"残疾人保障和发展规划》、《"十四五"残疾人康复服务实施方案》有关要求，制定本指南。

一、总体要求

……

（二）基本原则。

1. 坚持正确发展方向。坚持公益属性和服务残疾人方向，树立科学评价导向，推动构建全面康复业务体系，促进完善业务布局、充实服务内涵，全面提升专业化服务能力和质量。

2. 坚持以残疾人为本。尊重残疾人主体地位，努力满足残疾人康复需求，注重全面改善残疾人身体功能、活动和参与状况，鼓励、支持残疾人及残疾人亲友主动参与康复服务全过程。

3. 坚持科学评估。坚持结果评估与过程评估、硬件评估与内涵评估、自我评估与外部评估相统一，合理确定评估内容、方式，避免重硬件轻内涵、重他评轻自评的现象。

4. 坚持以评促建。注重分类指导，发挥评估的引导、诊断、激励等功能，引导康复机构加强专业服务能力、技术创新能力建设，提升服务水平、管理水平，实现安全、优质发展。

二、评估内容

评估内容主要包括综合管理、服务能力、服务提供、可持续发展能力、社会责任等5个方面，共16项关键指标和40个评估要点。

（一）综合管理。包括党建工作、发展理念、规范执业、风险防控等4

项关键指标，旨在促进康复机构坚持正确发展方向，强化党组织战斗堡垒作用，树立全面康复理念，加强职业道德建设、制度建设、安全保障，统筹安全与发展，落实好促进残疾人全面发展的根本任务。

（二）服务能力。包括设施设备、人员配备、信息化建设等3项关键指标，旨在促进康复机构加强工作力量和物质技术条件配备，创设有助于残疾儿童学习探索和残疾人自主活动的无障碍环境，保障康复服务安全、规范、有效实施。

（三）服务提供。包括服务内容、服务实施、服务效果等3项关键指标，旨在促进康复机构完善业务布局，充实服务内容，规范服务流程和技术操作，加强服务环节质量与终末质量管理，确保服务安全，提升服务质量和效果。

（四）可持续发展能力。包括队伍建设、科研状况、财务状况等3项关键指标，旨在促进康复机构加强人才培养引进，加快技术进步，提高经营管理水平，增强自主创新能力和自我造血功能，夯实持续发展基础。

（五）社会责任。包括教学培训、基层指导、公益服务等3项关键指标，旨在促进康复机构积极承担学历教育和各类技术培训，开展基层康复机构与社区康复技术指导，做好残疾预防和康复知识宣传普及，主动履行服务社会、服务基层的职责。

三、评估方式

（一）注重全面评估。重点关注业务内涵建设和残疾人服务过程，关注机构及工作人员在促进残疾人全面康复方面的专业水平和努力程度，避免简单用硬件条件来衡量机构业务建设水平。

（二）强化自我评估。建立常态化自我评估机制，促进康复机构全体员工主动参与评估，通过集体诊断，反思自身建设情况，提出改进措施。同时，有效发挥外部评估的导向、激励作用，有针对性地引导康复机构不断完善自我评估，改进机构规范化建设工作。

（三）聚焦服务观察。通过随机抽取的方式进行不少于半日的连续自然观察，了解工作人员与残疾人互动情况，全面、客观、真实地了解康复服务过程和质量。

四、组织实施

（一）加强组织领导。各地要高度重视残联系统康复机构业务规范建设评估，将其作为促进残疾人康复事业高质量发展的重要举措，纳入本地残疾人康复工作整体安排。各省（区、市）要结合实际，依据本指南，研究、制定本地评估具体指标、方案，组织开展市、县两级康复机构评估。要努力减轻康复机构评估负担，将业务规范建设评估与相关工作统筹实施。

（二）明确评估周期。残联系统康复机构每年开展一次自我评估；外部评估原则上每5年为一个周期，在每个周期内，应覆盖所有省（区、市）、市（地、州、盟）、县（市、区）康复机构。中国残联负责制定具体指标、方案，对省级康复机构进行外部评估，省（区、市）残联负责对市（地、州、盟）、县（市、区）康复机构进行外部评估，中国残联同时负责对省（区、市）评估工作进行指导。

（三）强化评估保障。各地要提供必要经费，保障评估工作顺利实施。要切实加强评估队伍建设，建立一支事业心责任感强、熟悉康复服务和康复机构管理实践、相对稳定的专家团队。要组织康复机构加强对本指南的学习，不断深化认识，提高推动业务规范建设的能力。

（四）注重激励引导。各地要将评估结果作为残联系统康复机构表彰奖励、政策支持、资源配置、机构负责人考核等方面工作的重要依据。对业务规范建设不到位、差距较大的康复机构，要及时督促整改。要通过评估工作，推动各级残联组织重视康复机构业务建设，努力为康复机构高质量发展提供有力支持和保障。

（五）营造良好氛围。要深入解读开展康复机构业务规范建设评估的重要意义、内容要求和指标体系，认真总结推广业务规范建设评估中发现的好经验、好做法，不断营造有利于康复机构加强业务内涵建设，实现高质量发展的良好氛围。

附件：残联系统康复机构业务规范建设评估指标（略）

典型案例

四川省彭州市人民检察院督促保障残疾人康复训练权益行政公益诉讼系列案①

◎ **关键词**：行政公益诉讼诉前程序；孤独症及脑瘫患者康复训练；医疗保障

◎ **要旨**

康复训练对提升孤独症、脑瘫等残疾人自理能力和生活质量至关重要。针对影响和制约康复训练的突出问题，检察机关会同残疾人联合会开展公益诉讼专项监督，督促协同卫生健康、医疗保障、民政等职能部门依法贯彻执行残疾人康复训练费用纳入基本医疗保险支付规定，规范康复训练机构管理，切实保障孤独症、脑瘫患者康复训练合法权益。

◎ **基本案情**

由于康复训练费用纳入基本医疗保险支付政策的实际落实效果欠佳，一些孤独症、脑瘫患者因高昂的康复训练费用给家庭增加经济负担，被迫减少甚至放弃康复训练，错失干预治疗黄金期，不利于改善自理能力，影响自身及其家庭的生活质量。一些康复训练机构在设施设备、师资力量配备和康复方案针对性等方面缺乏规范，影响康复训练效果。一些社会福利中心监护脑瘫患者未按规定安排康复训练。对此，行政监管存在漏洞和盲区。

◎ **调查和督促履职**

2022年4月11日，四川省彭州市人民检察院（以下简称彭州市院）根据市残疾人联合会（以下简称市残联）移送的辖区内孤独症及脑瘫患者康复训练情况，决定联合开展专项监督行动。

经查，对于依据《残疾预防和残疾人康复条例》《成都市残疾儿童康复救助工作实施办法》《成都市医疗保障局关于部分医疗康复项目纳入基

---

① 《残疾人权益保障检察公益诉讼典型案例》，载最高人民检察院网，https://www.spp.gov.cn/spp/xwfbh/wsfbt/202205/t20220513_556792.shtml#2，最后访问时间：2023年5月1日。

本医疗保障范围相关事宜的通知》等相关规定，已经将孤独症诊断访谈量表（ADI）测评、言语能力筛查、日常生活动作训练等明确纳入基本医疗保障范围的康复训练项目，有关职能部门普法宣传和政策解读不到位，造成一些孤独症患者家属不知情，未能依法享受救助和保障。同时，一些康复救助服务定点机构不属于医保部门核定的定点医疗康复机构，导致脑瘫患者不住院的医疗康复费用无法纳入医保支付。2022年4月21日，彭州市院以行政公益诉讼立案，于4月23日会同市残联与市医疗保障局进行诉前磋商，建议加大相关政策的宣传力度；建立适合孤独症、脑瘫患者实际情况的康复训练费用医保支付方式的配套机制。市医疗保障局表示将进一步加大医保政策的宣传力度，在规定的条件和程序下落实医疗康复训练项目纳入医保支付政策。4月28日，彭州市院向市妇幼保健院送达社会治理检察建议，建议其及时对接医保部门，争取纳入定点康复医疗机构，保障残疾人在康复训练中的合法权益。市妇幼保健院已专题研究申报方案。

另查明，辖区内三家定点康复训练机构未严格执行《四川省孤独症儿童定点康复机构准入标准（试行）》中“有条件的定点机构可配置VR训练设施”“康复教师需具备中专以上学历，取得相应执业资质；康复教师与孤独症儿童的比例不低于1∶5”“康复机构应制定和实施个别化康复服务计划”等规定，影响患者康复训练效果。4月26日，彭州市院组织召开公益诉讼听证会，公开听取人大代表、政协委员和政府法制部门意见。会议明确，对公立医疗康复训练机构存在的问题，由市卫生健康局加强管理和指导，确保严格执行相关规定，提升患者康复训练效果；对民营康复训练机构存在的问题，由市残联牵头，市卫生健康局配合，责令整改。截至目前，定点康复机构通过公开招聘和送教师外出培训等方式解决师资配备不足的问题，并就训练课时、训练方式等问题听取患者家属意见建议，严格按标准改进训练方案。

同时，针对福利中心存在的部分脑瘫患者未送往康复训练机构进行康复训练的问题，彭州市院于4月26日向市民政局制发诉前检察建议，建议督促福利中心履行监护职责，定期将脑瘫患者送往康复训练机构开展康复训练，并落实好康复训练补贴的资料收集报送工作。福利中心现已联系定点评估机构对脑瘫患者进行评估，诊断是否具有相应康复适应指征，明确康复需求，采取康复训练机构通过送教上门等方式，对脑瘫患者进行康复训练。

◎ **典型意义**

《"十四五"残疾人保障和发展规划》明确要求提升残疾人康复服务质量。检察机关找准困扰孤独症、脑瘫患者及其家庭的突出问题能动履职，督促协同相关职能部门落实康复救助制度，推动完善康复医疗保障项目，加强和规范康复训练机构建设，为实施残疾预防和残疾人康复强化法律监督、做实公益保护，体现对残疾人的格外关心、格外关注。

第十八条 康复医学科室、康复机构

地方各级人民政府和有关部门应当根据需要有计划地在医疗机构设立康复医学科室，举办残疾人康复机构，开展康复医疗与训练、人员培训、技术指导、科学研究等工作。

第十九条 康复课程

医学院校和其他有关院校应当有计划地开设康复课程，设置相关专业，培养各类康复专业人才。

政府和社会采取多种形式对从事康复工作的人员进行技术培训；向残疾人、残疾人亲属、有关工作人员和志愿工作者普及康复知识，传授康复方法。

第二十条 康复器械、辅助器具

政府有关部门应当组织和扶持残疾人康复器械、辅助器具的研制、生产、供应、维修服务。

关联规定

《民法典》（2020年5月28日）

第一千一百七十九条 侵害他人造成人身损害的，应当赔偿医疗费、护理费、交通费、营养费、住院伙食补助费等为治疗和康复支出的合理费用，以及因误工减少的收入。造成残疾的，还应当赔偿辅助器具费和残疾赔偿金；造成死亡的，还应当赔偿丧葬费和死亡赔偿金。

第三章 教 育

第二十一条 残疾人的受教育权

国家保障残疾人享有平等接受教育的权利。

各级人民政府应当将残疾人教育作为国家教育事业的组成部分，统一规划，加强领导，为残疾人接受教育创造条件。

政府、社会、学校应当采取有效措施，解决残疾儿童、少年就学存在的实际困难，帮助其完成义务教育。

各级人民政府对接受义务教育的残疾学生、贫困残疾人家庭的学生提供免费教科书，并给予寄宿生活费等费用补助；对接受义务教育以外其他教育的残疾学生、贫困残疾人家庭的学生按照国家有关规定给予资助。

关联规定

1. 《家庭教育促进法》（2021年10月23日）

第九条 工会、共产主义青年团、残疾人联合会、科学技术协会、关心下一代工作委员会以及居民委员会、村民委员会等应当结合自身工作，积极开展家庭教育工作，为家庭教育提供社会支持。

第二十三条 未成年人的父母或者其他监护人不得因性别、身体状况、智力等歧视未成年人，不得实施家庭暴力，不得胁迫、引诱、教唆、纵容、利用未成年人从事违反法律法规和社会公德的活动。

第二十九条 家庭教育指导机构应当及时向有需求的家庭提供服务。

对于父母或者其他监护人履行家庭教育责任存在一定困难的家庭，家庭教育指导机构应当根据具体情况，与相关部门协作配合，提供有针对性的服务。

第三十条 设区的市、县、乡级人民政府应当结合当地实际采取措施，对留守未成年人和困境未成年人家庭建档立卡，提供生活帮扶、创业就业支持等关爱服务，为留守未成年人和困境未成年人的父母或者其他监护人实施家庭教育创造条件。

教育行政部门、妇女联合会应当采取有针对性的措施，为留守未成年人和困境未成年人的父母或者其他监护人实施家庭教育提供服务，引导其积极关注未成年人身心健康状况、加强亲情关爱。

2.《残疾人教育条例》（2017年2月1日）

第一章 总 则

第一条 为了保障残疾人受教育的权利，发展残疾人教育事业，根据《中华人民共和国教育法》和《中华人民共和国残疾人保障法》，制定本条例。

第二条 国家保障残疾人享有平等接受教育的权利，禁止任何基于残疾的教育歧视。

残疾人教育应当贯彻国家的教育方针，并根据残疾人的身心特性和需要，全面提高其素质，为残疾人平等地参与社会生活创造条件。

第三条 残疾人教育是国家教育事业的组成部分。

发展残疾人教育事业，实行普及与提高相结合、以普及为重点的方针，保障义务教育，着重发展职业教育，积极开展学前教育，逐步发展高级中等以上教育。

残疾人教育应当提高教育质量，积极推进融合教育，根据残疾人的残疾类别和接受能力，采取普通教育方式或者特殊教育方式，优先采取普通教育方式。

第四条 县级以上人民政府应当加强对残疾人教育事业的领导，将残疾人教育纳入教育事业发展规划，统筹安排实施，合理配置资源，保障残疾人教育经费投入，改善办学条件。

第五条 国务院教育行政部门主管全国的残疾人教育工作，统筹规划、协调管理全国的残疾人教育事业；国务院其他有关部门在国务院规定的职责范围内负责有关的残疾人教育工作。

县级以上地方人民政府教育行政部门主管本行政区域内的残疾人教育工作；县级以上地方人民政府其他有关部门在各自的职责范围内负责有关的残疾人教育工作。

第六条 中国残疾人联合会及其地方组织应当积极促进和开展残疾人教育工作，协助相关部门实施残疾人教育，为残疾人接受教育提供支持和帮助。

第七条 学前教育机构、各级各类学校及其他教育机构应当依照本条例以及国家有关法律、法规的规定，实施残疾人教育；对符合法律、法规规定条件的残疾人申请入学，不得拒绝招收。

第八条 残疾人家庭应当帮助残疾人接受教育。

残疾儿童、少年的父母或者其他监护人应当尊重和保障残疾儿童、少年接受教育的权利，积极开展家庭教育，使残疾儿童、少年及时接受康复训练和教育，并协助、参与有关教育机构的教育教学活动，为残疾儿童、少年接受教育提供支持。

第九条 社会各界应当关心和支持残疾人教育事业。残疾人所在社区、相关社会组织和企事业单位，应当支持和帮助残疾人平等接受教育、融入社会。

第十条 国家对为残疾人教育事业作出突出贡献的组织和个人，按照有关规定给予表彰、奖励。

第十一条 县级以上人民政府负责教育督导的机构应当将残疾人教育实施情况纳入督导范围，并可以就执行残疾人教育法律法规情况、残疾人教育教学质量以及经费管理和使用情况等实施专项督导。

第二章　义务教育

第十二条　各级人民政府应当依法履行职责，保障适龄残疾儿童、少年接受义务教育的权利。

县级以上人民政府对实施义务教育的工作进行监督、指导、检查，应当包括对残疾儿童、少年实施义务教育工作的监督、指导、检查。

第十三条　适龄残疾儿童、少年的父母或者其他监护人，应当依法保证其残疾子女或者被监护人入学接受并完成义务教育。

第十四条　残疾儿童、少年接受义务教育的入学年龄和年限，应当与当地儿童、少年接受义务教育的入学年龄和年限相同；必要时，其入学年龄和在校年龄可以适当提高。

第十五条　县级人民政府教育行政部门应当会同卫生行政部门、民政部门、残疾人联合会，根据新生儿疾病筛查和学龄前儿童残疾筛查、残疾人统计等信息，对义务教育适龄残疾儿童、少年进行入学前登记，全面掌握本行政区域内义务教育适龄残疾儿童、少年的数量和残疾情况。

第十六条　县级人民政府应当根据本行政区域内残疾儿童、少年的数量、类别和分布情况，统筹规划，优先在部分普通学校中建立特殊教育资源教室，配备必要的设备和专门从事残疾人教育的教师及专业人员，指定其招收残疾儿童、少年接受义务教育；并支持其他普通学校根据需要建立特殊教育资源教室，或者安排具备相应资源、条件的学校为招收残疾学生的其他普通学校提供必要的支持。

县级人民政府应当为实施义务教育的特殊教育学校配备必要的残疾人教育教学、康复评估和康复训练等仪器设备，并加强九年一贯制义务教育特殊教育学校建设。

第十七条　适龄残疾儿童、少年能够适应普通学校学习生活、接受普通教育的，依照《中华人民共和国义务教育法》的规定就近到普通学校入学接受义务教育。

适龄残疾儿童、少年能够接受普通教育，但是学习生活需要特别支持的，根据身体状况就近到县级人民政府教育行政部门在一定区域内指定的具备相应资源、条件的普通学校入学接受义务教育。

适龄残疾儿童、少年不能接受普通教育的，由县级人民政府教育行政部门统筹安排进入特殊教育学校接受义务教育。

适龄残疾儿童、少年需要专人护理，不能到学校就读的，由县级人民政府教育行政部门统筹安排，通过提供送教上门或者远程教育等方式实施义务教育，并纳入学籍管理。

第十八条 在特殊教育学校学习的残疾儿童、少年，经教育、康复训练，能够接受普通教育的，学校可以建议残疾儿童、少年的父母或者其他监护人将其转入或者升入普通学校接受义务教育。

在普通学校学习的残疾儿童、少年，难以适应普通学校学习生活的，学校可以建议残疾儿童、少年的父母或者其他监护人将其转入指定的普通学校或者特殊教育学校接受义务教育。

第十九条 适龄残疾儿童、少年接受教育的能力和适应学校学习生活的能力应当根据其残疾类别、残疾程度、补偿程度以及学校办学条件等因素判断。

第二十条 县级人民政府教育行政部门应当会同卫生行政部门、民政部门、残疾人联合会，建立由教育、心理、康复、社会工作等方面专家组成的残疾人教育专家委员会。

残疾人教育专家委员会可以接受教育行政部门的委托，对适龄残疾儿童、少年的身体状况、接受教育的能力和适应学校学习生活的能力进行评估，提出入学、转学建议；对残疾人义务教育问题提供咨询，提出建议。

依照前款规定作出的评估结果属于残疾儿童、少年的隐私，仅可被用于对残疾儿童、少年实施教育、康复。教育行政部门、残疾人教育专家委员会、学校及其工作人员对在工作中了解的残疾儿童、少年评估结果及其他个人信息负有保密义务。

第二十一条 残疾儿童、少年的父母或者其他监护人与学校就入学、转学安排发生争议的，可以申请县级人民政府教育行政部门处理。

接到申请的县级人民政府教育行政部门应当委托残疾人教育专家委员会对残疾儿童、少年的身体状况、接受教育的能力和适应学校学习生活的能力进行评估并提出入学、转学建议，并根据残疾人教育专家委员会的评估结果和提出的入学、转学建议，综合考虑学校的办学条件和残疾儿童、少年及其父母或者其他监护人的意愿，对残疾儿童、少年的入学、转学安排作出决定。

第二十二条 招收残疾学生的普通学校应当将残疾学生合理编入班级；残疾学生较多的，可以设置专门的特殊教育班级。

招收残疾学生的普通学校应当安排专门从事残疾人教育的教师或者经验丰富的教师承担随班就读或者特殊教育班级的教育教学工作，并适当缩减班级学生数额，为残疾学生入学后的学习、生活提供便利和条件，保障残疾学生平等参与教育教学和学校组织的各项活动。

第二十三条 在普通学校随班就读残疾学生的义务教育，可以适用普通义务教育的课程设置方案、课程标准和教材，但是对其学习要求可以有适度弹性。

第二十四条 残疾儿童、少年特殊教育学校（班）应当坚持思想教育、文化教育、劳动技能教育与身心补偿相结合，并根据学生残疾状况和补偿程度，实施分类教学；必要时，应当听取残疾学生父母或者其他监护人的意见，制定符合残疾学生身心特性和需要的个别化教育计划，实施个别教学。

第二十五条 残疾儿童、少年特殊教育学校（班）的课程设置方案、课程标准和教材，应当适合残疾儿童、少年的身心特性和需要。

残疾儿童、少年特殊教育学校（班）的课程设置方案、课程标准由国务院教育行政部门制订；教材由省级以上人民政府教育行政部门按照国家有关规定审定。

第二十六条 县级人民政府教育行政部门应当加强对本行政区域内的残疾儿童、少年实施义务教育工作的指导。

县级以上地方人民政府教育行政部门应当统筹安排支持特殊教育学校建立特殊教育资源中心，在一定区域内提供特殊教育指导和支持服务。特殊教育资源中心可以受教育行政部门的委托承担以下工作：

（一）指导、评价区域内的随班就读工作；

（二）为区域内承担随班就读教育教学任务的教师提供培训；

（三）派出教师和相关专业服务人员支持随班就读，为接受送教上门和远程教育的残疾儿童、少年提供辅导和支持；

（四）为残疾学生父母或者其他监护人提供咨询；

（五）其他特殊教育相关工作。

第三章　职业教育

第二十七条　残疾人职业教育应当大力发展中等职业教育，加快发展高等职业教育，积极开展以实用技术为主的中期、短期培训，以提高就业能力为主，培养技术技能人才，并加强对残疾学生的就业指导。

第二十八条　残疾人职业教育由普通职业教育机构和特殊职业教育机构实施，以普通职业教育机构为主。

县级以上地方人民政府应当根据需要，合理设置特殊职业教育机构，改善办学条件，扩大残疾人中等职业学校招生规模。

第二十九条　普通职业学校不得拒绝招收符合国家规定的录取标准的残疾人入学，普通职业培训机构应当积极招收残疾人入学。

县级以上地方人民政府应当采取措施，鼓励和支持普通职业教育机构积极招收残疾学生。

第三十条　实施残疾人职业教育的学校和培训机构，应当根据社会需要和残疾人的身心特性合理设置专业，并与企业合作设立实习实训基地，或者根据教学需要和条件办好实习基地。

第四章　学前教育

第三十一条　各级人民政府应当积极采取措施，逐步提高残疾幼儿接受学前教育的比例。

县级人民政府及其教育行政部门、民政部门等有关部门应当支持普通幼儿园创造条件招收残疾幼儿；支持特殊教育学校和具备办学条件的残疾儿童福利机构、残疾儿童康复机构等实施学前教育。

第三十二条　残疾幼儿的教育应当与保育、康复结合实施。

招收残疾幼儿的学前教育机构应当根据自身条件配备必要的康复设施、设备和专业康复人员，或者与其他具有康复设施、设备和专业康复人员的特殊教育机构、康复机构合作对残疾幼儿实施康复训练。

第三十三条 卫生保健机构、残疾幼儿的学前教育机构、儿童福利机构和家庭，应当注重对残疾幼儿的早期发现、早期康复和早期教育。

卫生保健机构、残疾幼儿的学前教育机构、残疾儿童康复机构应当就残疾幼儿的早期发现、早期康复和早期教育为残疾幼儿家庭提供咨询、指导。

第五章 普通高级中等以上教育及继续教育

第三十四条 普通高级中等学校、高等学校、继续教育机构应当招收符合国家规定的录取标准的残疾考生入学，不得因其残疾而拒绝招收。

第三十五条 设区的市级以上地方人民政府可以根据实际情况举办实施高级中等以上教育的特殊教育学校，支持高等学校设置特殊教育学院或者相关专业，提高残疾人的受教育水平。

第三十六条 县级以上人民政府教育行政部门以及其他有关部门、学校应当充分利用现代信息技术，以远程教育等方式为残疾人接受成人高等教育、高等教育自学考试等提供便利和帮助，根据实际情况开设适合残疾人学习的专业、课程，采取灵活开放的教学和管理模式，支持残疾人顺利完成学业。

第三十七条 残疾人所在单位应当对本单位的残疾人开展文化知识教育和技术培训。

第三十八条 扫除文盲教育应当包括对年满 15 周岁以上的未丧失学习能力的文盲、半文盲残疾人实施的扫盲教育。

第三十九条 国家、社会鼓励和帮助残疾人自学成才。

第六章 教 师

第四十条 县级以上人民政府应当重视从事残疾人教育的教师培养、培训工作，并采取措施逐步提高他们的地位和待遇，改善他们的工作环境和条件，鼓励教师终身从事残疾人教育事业。

县级以上人民政府可以采取免费教育、学费减免、助学贷款代偿等措施，鼓励具备条件的高等学校毕业生到特殊教育学校或者其他特殊教育机构任教。

第四十一条 从事残疾人教育的教师，应当热爱残疾人教育事业，具有社会主义的人道主义精神，尊重和关爱残疾学生，并掌握残疾人教育的专业知识和技能。

第四十二条 专门从事残疾人教育工作的教师（以下称特殊教育教师）应当符合下列条件：

（一）依照《中华人民共和国教师法》的规定取得教师资格；

（二）特殊教育专业毕业或者经省、自治区、直辖市人民政府教育行政部门组织的特殊教育专业培训并考核合格。

从事听力残疾人教育的特殊教育教师应当达到国家规定的手语等级标准，从事视力残疾人教育的特殊教育教师应当达到国家规定的盲文等级标准。

第四十三条 省、自治区、直辖市人民政府可以根据残疾人教育发展的需求，结合当地实际为特殊教育学校和指定招收残疾学生的普通学校制定教职工编制标准。

县级以上地方人民政府教育行政部门应当会同其他有关部门，在核定的编制总额内，为特殊教育学校配备承担教学、康复等工作的特殊教育教师和相关专业人员；在指定招收残疾学生的普通学校设置特殊教育教师等专职岗位。

第四十四条 国务院教育行政部门和省、自治区、直辖市人民政府应当根据残疾人教育发展的需要有计划地举办特殊教育师范院校，支持普通师范院校和综合性院校设置相关院系或者专业，培养特殊教育教师。

普通师范院校和综合性院校的师范专业应当设置特殊教育课程，使学生掌握必要的特殊教育的基本知识和技能，以适应对随班就读的残疾学生的教育教学需要。

第四十五条 县级以上地方人民政府教育行政部门应当将特殊教育教师的培训纳入教师培训计划，以多种形式组织在职特殊教育教师进修提高专业水平；在普通教师培训中增加一定比例的特殊教育内容和相关知识，提高普通教师的特殊教育能力。

第四十六条 特殊教育教师和其他从事特殊教育的相关专业人员根

据国家有关规定享受特殊岗位补助津贴及其他待遇；普通学校的教师承担残疾学生随班就读教学、管理工作的，应当将其承担的残疾学生教学、管理工作纳入其绩效考核内容，并作为核定工资待遇和职务评聘的重要依据。

县级以上人民政府教育行政部门、人力资源社会保障部门在职务评聘、培训进修、表彰奖励等方面，应当为特殊教育教师制定优惠政策、提供专门机会。

第七章 条件保障

第四十七条 省、自治区、直辖市人民政府应当根据残疾人教育的特殊情况，依据国务院有关行政主管部门的指导性标准，制定本行政区域内特殊教育学校的建设标准、经费开支标准、教学仪器设备配备标准等。

义务教育阶段普通学校招收残疾学生，县级人民政府财政部门及教育行政部门应当按照特殊教育学校生均预算内公用经费标准足额拨付费用。

第四十八条 各级人民政府应当按照有关规定安排残疾人教育经费，并将所需经费纳入本级政府预算。

县级以上人民政府根据需要可以设立专项补助款，用于发展残疾人教育。

地方各级人民政府用于义务教育的财政拨款和征收的教育费附加，应当有一定比例用于发展残疾儿童、少年义务教育。

地方各级人民政府可以按照有关规定将依法征收的残疾人就业保障金用于特殊教育学校开展各种残疾人职业教育。

第四十九条 县级以上地方人民政府应当根据残疾人教育发展的需要统筹规划、合理布局，设置特殊教育学校，并按照国家有关规定配备必要的残疾人教育教学、康复评估和康复训练等仪器设备。

特殊教育学校的设置，由教育行政部门按照国家有关规定审批。

第五十条 新建、改建、扩建各级各类学校应当符合《无障碍环境建设条例》的要求。

县级以上地方人民政府及其教育行政部门应当逐步推进各级各类学校无障碍校园环境建设。

第五十一条 招收残疾学生的学校对经济困难的残疾学生，应当按照国家有关规定减免学费和其他费用，并按照国家资助政策优先给予补助。

国家鼓励有条件的地方优先为经济困难的残疾学生提供免费的学前教育和高中教育，逐步实施残疾学生高中阶段免费教育。

第五十二条 残疾人参加国家教育考试，需要提供必要支持条件和合理便利的，可以提出申请。教育考试机构、学校应当按照国家有关规定予以提供。

第五十三条 国家鼓励社会力量举办特殊教育机构或者捐资助学；鼓励和支持民办学校或者其他教育机构招收残疾学生。

县级以上地方人民政府及其有关部门对民办特殊教育机构、招收残疾学生的民办学校，应当按照国家有关规定予以支持。

第五十四条 国家鼓励开展残疾人教育的科学研究，组织和扶持盲文、手语的研究和应用，支持特殊教育教材的编写和出版。

第五十五条 县级以上人民政府及其有关部门应当采取优惠政策和措施，支持研究、生产残疾人教育教学专用仪器设备、教具、学具、软件及其他辅助用品，扶持特殊教育机构兴办和发展福利企业和辅助性就业机构。

第八章 法律责任

第五十六条 地方各级人民政府及其有关部门违反本条例规定，未履行残疾人教育相关职责的，由上一级人民政府或者其有关部门责令限期改正；情节严重的，予以通报批评，并对直接负责的主管人员和其他直接责任人员依法给予处分。

第五十七条 学前教育机构、学校、其他教育机构及其工作人员违反本条例规定，有下列情形之一的，由其主管行政部门责令改正，对直接负责的主管人员和其他直接责任人员依法给予处分；构成违反治安管理行为的，由公安机关依法给予治安管理处罚；构成犯罪的，依法追究刑事责任：

（一）拒绝招收符合法律、法规规定条件的残疾学生入学的；

（二）歧视、侮辱、体罚残疾学生，或者放任对残疾学生的歧视言行，对残疾学生造成身心伤害的；

（三）未按照国家有关规定对经济困难的残疾学生减免学费或者其他费用的。

第九章　附　　则

第五十八条　本条例下列用语的含义：

融合教育是指将对残疾学生的教育最大程度地融入普通教育。

特殊教育资源教室是指在普通学校设置的装备有特殊教育和康复训练设施设备的专用教室。

第五十九条　本条例自2017年5月1日起施行。

第二十二条　教育方针

残疾人教育，实行普及与提高相结合、以普及为重点的方针，保障义务教育，着重发展职业教育，积极开展学前教育，逐步发展高级中等以上教育。

关联规定

《义务教育法》（2018年12月29日）

第三条　义务教育必须贯彻国家的教育方针，实施素质教育，提高教育质量，使适龄儿童、少年在品德、智力、体质等方面全面发展，为培养有理想、有道德、有文化、有纪律的社会主义建设者和接班人奠定基础。

第四条　凡具有中华人民共和国国籍的适龄儿童、少年，不分性别、民族、种族、家庭财产状况、宗教信仰等，依法享有平等接受义务教育的权利，并履行接受义务教育的义务。

第二十三条 教育要求

残疾人教育应当根据残疾人的身心特性和需要，按照下列要求实施：

（一）在进行思想教育、文化教育的同时，加强身心补偿和职业教育；

（二）依据残疾类别和接受能力，采取普通教育方式或者特殊教育方式；

（三）特殊教育的课程设置、教材、教学方法、入学和在校年龄，可以有适度弹性。

要点提示

之所以要依据残疾类别和接受能力，采取普通教育方式或者特殊教育方式，是因为有些残疾人，如肢体残疾者、稳定期的精神残疾者和轻度视力、听力障碍的人，有能力和健全人一样，接受社会上普通中小学、中专技校这样通常的教育方式，而听障人士接受这样的普通教育常常受到自身条件的限制，在这种情况下，为他们安排特殊教育是非常必要的。

第二十四条 教育机构

县级以上人民政府应当根据残疾人的数量、分布状况和残疾类别等因素，合理设置残疾人教育机构，并鼓励社会力量办学、捐资助学。

第二十五条 普通教育机构的责任

普通教育机构对具有接受普通教育能力的残疾人实施教育，并为其学习提供便利和帮助。

普通小学、初级中等学校，必须招收能适应其学习生活的残疾儿童、少年入学；普通高级中等学校、中等职业学校和高等学校，必须招收符合国家规定的录取要求的残疾考生入学，不得因其残疾而拒绝招收；拒绝招收的，当事人或者其亲属、监护人可以要求有关部门处理，有关部门应当责令该学校招收。

普通幼儿教育机构应当接收能适应其生活的残疾幼儿。

关联规定

《残疾人中等职业学校设置标准》（2022年11月15日）

第一条 为保障残疾人受教育权利，促进残疾人中等职业教育发展，规范学校建设，保证教育质量，提高办学效益，根据《中华人民共和国职业教育法》、《残疾人教育条例》、《国家职业教育改革实施方案》、《中等职业学校设置标准》、《关于加快发展残疾人职业教育的若干意见》和残疾人职业教育特点，特制定本标准。

第二条 本标准所称残疾人中等职业学校是指依法经国家主管部门批准设立，以初中毕业或同等学力的残疾人为主要招生对象，实施全日制学历教育及职业培训的中等职业学校。

第三条 设置残疾人中等职业学校，要遵循需要和可行相结合的原则，纳入当地教育发展规划，在地方教育行政部门统筹和指导下进行。

第四条 新建或改扩建残疾人中等职业学校，校址一般要选在交通便利、公共设施较完善的地方。学校环境要符合残疾人教育教学、校园安全和身心健康要求。

第五条 设置残疾人中等职业学校，须有学校章程和必须的管理制度，要依法办学。学校章程包括：名称、校址、办学宗旨、治理机构和运行机制以及教职工管理、学生管理、教育教学管理、校产和财务管理制度、学校章程修订程序等内容。

第六条 设置残疾人中等职业学校，须配备思想政治素质高和管理能力强，热爱残疾人事业，熟悉残疾人职业教育规律的学校领导。公办中等职业学校实行中国共产党基层组织领导下的校长负责制。校长应具有从事五年以上教育教学工作的经历，校长及教学副校长须具有高级专业技术职务，校级领导应具有大学本科及以上学历。

第七条 设置残疾人中等职业学校，须根据残疾人和职业教育特点，建立必要的教育教学和管理等工作机构。

第八条 设置残疾人中等职业学校，要有基本的办学规模。根据社会需要和残疾人的身心特点合理设置专业，常设专业一般不少于4个，学历教育在校生规模一般不少于300人，班额原则上为8—20人。

第九条 设置残疾人中等职业学校，须有与学校办学规模相适应、结构合理的专兼职教师队伍。专任教师要符合《残疾人教育条例》规定的基本条件，相关辅助专业人员应具备由职能部门认可的相应从业资质。教职工与在校生比例不低于1∶5，其中，每15名学生配备1名相关辅助专业人员（如生活辅导、就业指导、心理健康、康复训练、辅助科技和转衔服务等）。专任教师数不低于本校教职工总数的60%，专业课教师数不低于本校专任教师数的60%，“双师型”教师不低于本校专业课教师数的50%。专任教师中，具有高级专业技术职务人数不低于20%、具有专业背景的硕博士学位教师占比不低于10%。每个专业至少应配备具有相关专业中级以上专业技术职务的专任教师2人。学校聘请有实践经验的兼职教师应占本校专任教师总数的20%左右。

第十条 设置残疾人中等职业学校，须有与办学规模、专业设置和残疾人特点相适应的个性化校园、校舍和设施，且符合《无障碍环境建设条例》及《建筑与市政工程无障碍通用规范》等标准规范要求。

校园占地面积（不含教职工宿舍和相对独立的附属机构）：不少于30000平方米，一般生均占地面积不少于70平方米。

校舍建筑面积（不含教职工宿舍和相对独立的附属机构）：不少于16000平方米，一般生均建筑面积不少于35平方米。

体育用地：须有200米以上环型跑道的田径场，有满足残疾人教学和体育活动需要的其他设施和场地。

图书馆和阅览室：要适应办学规模，满足教学需要。适用印刷图书生均不少于30册，电子图书生均不少于30册，有盲文图书、有声读物和盲、聋生电子阅览室，报刊种类50种以上。教师阅览（资料）室和学生阅览室的座位数应分别按不低于教职工总数和学生总数的20%设置。

资源中心（教室）：要根据办学规模和本地区残疾人职业教育的需求建立适度大小的资源中心，根据残疾学生类别配备必要的教育教学、康复训练设施设备和资源教师、巡回指导教师及专业人员，为本校学生提供职业能力评估、个别化教学指导、考试辅助和转衔教育服务；同时为本地区的有关学校和机构提供残疾人职业教育指导、咨询和相关服务。

设施、设备与实训基地：必须具有与专业设置相匹配、满足教学要求的实训、实习设施和仪器设备，设施和仪器设备要规范、实用；每个专业要有相对应的校内实训基地和稳定的校外实训基地。要根据残疾学生的实际需要设置医疗服务、心理辅导、康复训练、专用检测等学习及生活所需专用场所和特殊器具设备。

信息化：要具备能够应用现代教育技术手段，实施教育教学与管理信息化所需的软、硬件设施、设备及适合各类残疾人学习的教育教学资源，并参照同类普通中等职业学校标准建设数字校园。

第十一条 设置残疾人中等职业学校，须具有符合国家和地方教育行政部门要求的教育教学基本制度。落实好立德树人根本任务，建立德技并修、工学结合、产教融合、校企合作的育人机制，根据职业教育国家教学标准，结合残疾人身心特点和就业市场需求，科学制订人才培养方案、设置课程，并根据国家政策推行1+X证书制度。

第十二条 学校办学经费应依据《中华人民共和国职业教育法》、《中华人民共和国残疾人保障法》、《残疾人教育条例》和有关法律法规，以举办者投入为主，企业、社会等多渠道筹措落实。地方应充分考虑残疾人职业学校班额小、教育教学成本高、无障碍建设维护支出多等实际情况，制定残疾人中等职业学校生均拨款标准（综合定额标准或公用经费定额标准），按时、足额拨付经费，不断改善学校办学条件。

第十三条 学校应落实学历教育与职业培训并举的法定职责，加强残疾人的职业培训，按照育训结合、内外兼顾的要求，面向在校残疾学生和社会残疾人开展职业培训，并积极承担当地特殊教育学校和融合教育机构的残疾人职业教育指导工作。

第十四条 本标准为独立设置的残疾人中等职业学校的基本标准，适用于各级政府部门、行业、企业举办的各类残疾人中等职业学校，民办和非独立设置的残疾人中等职业教育机构及融合教育机构可参照执行。新建的残疾人中等职业学校可根据需要设置不超过3年的建设期。省级有关部门可根据本地实际情况制定高于本标准的残疾人中等职业学校设置办法。

第十五条 本标准的主要指标应作为各地残疾人中等职业学校审批、检查、评估、督导的基本依据，有关内容纳入地方政府履行教育职责的督导范围。

第十六条 本标准自颁发之日起施行。2007年中国残联、教育部制定的《残疾人中等职业学校设置标准（试行）》同时废止。

典型案例

重庆市綦江区人民检察院督促保护残疾未成年人受教育权行政公益诉讼案①

◎ 关键词：行政公益诉讼诉前程序；残疾未成年人受教育权；义务教育；控辍保学

◎ 要旨

针对残疾儿童少年入学难、休学到期未复学、送教上门不规范等问题，检察机关制发诉前检察建议督促教育部门依法全面履行控辍保学职责，通过开展专项整治行动，建立长效机制，充分保障残疾未成年人平等接受义务教育的权利。

◎ 基本案情

重庆市綦江区存在部分残疾未成年人失学辍学，如重庆市綦江区的未成年人罗某某原就读于綦江区某小学，2017年因意外事故致使下肢瘫痪申

---

① 《残疾人权益保障检察公益诉讼典型案例》，载最高人民检察院网，https：//www.spp.gov.cn/spp/xwfbh/wsfbt/202205/t20220513_ 556792.shtml#2，最后访问时间：2023年5月1日。

请休学治疗，至2019年休学期满罗某某病情已稳定在家疗养，其家长未向学校申请延长休学，原就读学校也未积极组织劝返复学，亦未根据实际情况开展送教上门，致使罗某某长期未接受义务教育。

◎ 调查和督促履职

2021年4月，重庆市綦江区人民检察院（以下简称綦江区院）在开展残疾人权益保护专项行动过程中发现本案线索，遂统筹公益诉讼检察部门、未成年人检察部门成立联合办案组立案调查。检察机关从綦江区残疾人联合会（以下简称区残联）调取基础数据，通过分工协作对全区600余名适龄残疾未成年人入学情况逐一核实摸底，再对筛选对比出的10余名疑似受教育权被侵害的重点对象开展入户调查，同时走访残联、民政、特殊学校等多家单位听取意见。通过全面调查，綦江区院查明辖区内存在多名适龄残疾未成年人未入学或未按期复学接受义务教育的情况，部分学校未按要求对不宜到学校随班就读的残疾学生提供送教上门。根据《中华人民共和国义务教育法》《中华人民共和国残疾人教育条例》等规定，教育行政部门应当组织和督促适龄儿童、少年入学，因残疾不适宜到校入读的，对其提供送教上门或远程教育等方式实施义务教育，并纳入学籍管理。

2021年5月21日，重庆市人民检察院和重庆市人民检察院第五分院（以下简称五分院）在听取綦江区院对该案的汇报请示时，对监督方向、调查措施、司法救助等重点问题介入指导。据此，綦江区院进一步与綦江区教育委员会（以下简称区教委）磋商沟通，明确教育行政主管部门具有保障残疾未成年人接受义务教育的法定职责，并在此基础上进一步研究解决辖区内相关特殊教育问题。

2021年7月5日，依据《中华人民共和国未成年人保护法》等相关规定，綦江区院向区教委发出残疾人受教育权保护行政公益诉讼诉前检察建议，针对调查发现的部分适龄残疾未成年人纳入学籍管理、送教上门不规范以及盲人儿童就近入学难等问题，建议区教委依法全面履职，保障相关残疾未成年人受教育的权利，完善特殊教育保障体系，以点带面推动辖区内残疾未成年人受教育权相关问题的全面整治。检察建议发出后，区教委高度重视，成立以区教委主任为组长的整改领导小组，详细制定整改方案，在全区范围内开展控辍保学工作专项督查整治行动，以未实际入学、休学到期未复学、区外就读返綦治疗等为分类，建立工作台账、摸清情况底数。整改过程中，綦江区院全程动态跟进监督，对教育部门收集掌握残疾人信息不全面等困难，主动协调公安机关、残联部门支持配合。

2021年8月30日，区教委书面回复检察建议，在秋季开学时已对清理出未入学的79名适龄残疾儿童全部完成安置，以“全覆盖、零拒绝”要求，多方协调解决4名返綦康复治疗的学生和2名盲人儿童就近入学难问题，率先在全市探索因地制宜、因人施策解决送教上门质效问题。

2021年11月18日，五分院、綦江区院和区残联一同对本案开展“回头看”，并对家庭经济困难对象启动帮扶救助，对行动不便的开展“莎姐送法上门”等活动。2021年12月，在綦江区院、区教委和区残联共同推动下，綦江区未成年人保护工作领导小组出台关于加强残疾儿童少年送教上门、随班就读工作机制，进一步压实教委、民政、团委等相关部门及村社、学校等单位的责任，推动残疾未成年人接受义务教育问题长效治理。2022年1月，綦江区院联合区妇联对部分监护职责履行不到位的家庭，进行家庭教育指导；联合民政部门引入社工帮扶和慈善资金，形成多方社会力量协同关爱残疾人的工作局面。

◎ 典型意义

党的十九大报告明确指出“办好特殊教育，努力让每个孩子都能享有公平而有质量的教育”。国家保障残疾人享有平等接受教育的权利，检察机关以残疾未成年人受教育权问题为切入点，及时提出针对性检察建议，督促职能部门依法履职，推动建立“动态预测、齐抓共管、精准帮扶”的控辍保学监管体系，制度化解决适龄残疾未成年人受教育权问题，坚持监督与救助同步推进，实现司法救助和社会救助无缝衔接、相互补充，积极维护残疾人合法权益，进一步营造了平等保护残疾人权益的良好社会环境。

第二十六条　特殊教育机构、特殊教育班的责任

残疾幼儿教育机构、普通幼儿教育机构附设的残疾儿童班、特殊教育机构的学前班、残疾儿童福利机构、残疾儿童家庭，对残疾儿童实施学前教育。

初级中等以下特殊教育机构和普通教育机构附设的特殊教育班，对不具有接受普通教育能力的残疾儿童、少年实施义务教育。

高级中等以上特殊教育机构、普通教育机构附设的特殊教育班和残疾人职业教育机构，对符合条件的残疾人实施高级中等以上文化教育、职业教育。

提供特殊教育的机构应当具备适合残疾人学习、康复、生活特点的场所和设施。

要点提示

特殊教育是使用一般或特别设计的课程、教材、教法、组织形式和设备对特殊儿童、少年所进行的达到一般的和特殊的培养目标的教育。

第二十七条　职业教育和培训

政府有关部门、残疾人所在单位和有关社会组织应当对残疾人开展扫除文盲、职业培训、创业培训和其他成人教育，鼓励残疾人自学成才。

第二十八条　特殊教育师资的培养

国家有计划地举办各级各类特殊教育师范院校、专业，在普通师范院校附设特殊教育班，培养、培训特殊教育师资。普通师范院校开设特殊教育课程或者讲授有关内容，使普通教师掌握必

要的特殊教育知识。

特殊教育教师和手语翻译，享受特殊教育津贴。

第二十九条 特殊教育辅助手段的规定

政府有关部门应当组织和扶持盲文、手语的研究和应用，特殊教育教材的编写和出版，特殊教育教学用具及其他辅助用品的研制、生产和供应。

要点提示

特殊教育教材、学具、教具和其他辅助用品，是发展特殊教育的必备手段，也是特殊教育区别于普通教育的重要标志。因此，有关部门应根据社会需要和残疾人的特点，组织编写、修改、审定特殊教育教材并会同有关部门作出出版、发行工作，同时也要积极组织好特殊教育教学用具及其他辅助用品的研制、生产和服务供应工作。

关联规定

1.《国家通用手语推广方案》（2018 年 6 月 18 日）

一、任务目标

到 2020 年，国家通用手语的社会认知度提高，在国家公务活动、学校教育、电视和网络媒体、图书出版、公共服务、信息处理中使用国家通用手语的氛围初步形成；基本完成特殊教育学校相关人员、各级残联和聋人协会组织中重点人员的国家通用手语培训，熟练掌握和运用国家通用手语的骨干队伍初具规模；国家通用手语体系更加完善，信息化服务能力进一步提高；建立国家通用手语水平等级考核机制。

二、主要措施

（一）培训先行，努力打造一支熟练掌握国家通用手语的骨干队伍。

1. 依托国家手语和盲文研究中心、中国盲文手语推广服务中心、中国聋人协会和部分专业机构，举办特殊教育院校、高等院校特殊教育专业教师、地市级以上电视台手语栏目主持人、中国残疾人艺术团演职人员国家通用手语骨干培训班。

2. 特殊教育院校将国家通用手语作为教师在职培训内容和岗位要求，列入继续教育学分和年度考核，力争到2020年实现全员轮训一遍。特殊教育院校专任教师应熟练掌握不少于5000个通用手语词，直接服务听力残疾学生的管理人员应掌握不少于3000个通用手语词汇，并了解手语自身特点，注意根据其特点进行表达。

3. 各级聋人协会负责对社会上以手语为主要沟通方式的听力残疾人开展国家通用手语培训。2018年全国主要城市基本使用国家通用手语，2019年覆盖到地级市，2020年全国县级城镇以上基本使用国家通用手语。

4. 县级及以上残联要开展国家通用手语培训，鼓励残联工作人员了解、学习和使用国家通用手语，直接服务听力残疾人的工作人员应正确掌握不少于3000个国家通用手语词，并了解手语自身特点，注意根据其特点进行表达。到2020年，力争各级残联配备至少1名持证兼职手语翻译。

5. 鼓励和支持各地特殊教育院校、聋人协会，面向司法、医疗、交通、银行、商业、旅游、城市管理等公共服务领域的从业人员开展国家通用手语培训。

（二）突出重点，强化关键领域关键人员使用国家通用手语的能力。

1. 招收听力残疾学生的特殊教育学校和有条件的普通学校（含幼儿园、普通中小学、中等职业学校）要在教育教学活动中使用国家通用手语。2018年起，新编义务教育阶段聋校教材使用国家通用手语。在班团队、校会等活动中结合教育教学内容使用国家通用手语，鼓励开设手语校本课程，教授国家通用手语。到2020年，各年级听力残疾学生能正确理解和熟练使用500—2000个国家通用手语词。

2. 2019年起，在中央电视台、省级电视台手语栏目、党和国家重大活动的手语同声传译、出版物中逐步使用国家通用手语。2020年起，在地市级电视台手语栏目和地方公务活动的手语同声传译中逐步使用国家通用手语。

3. 逐步建立手语翻译培训、认证等制度。完成国家通用手语水平等级标准（试行）和手语翻译等级标准（试行）、测试大纲、题库等规范的研制；依托专业机构和中国聋协成立国家通用手语考试委员会，选取2—3个省份开展国家通用手语考试的试点，为实现国家通用手语考试和资格认证统一的行业管理进行探索。

（三）广泛宣传，提高国家通用手语的社会关注度。

1. 在国家有关部门、中国残联及其地方组织、中国聋人协会、国家手语和盲文研究中心、中国盲文手语推广服务中心、华夏出版社等官方和机构网站发布国家通用手语相关消息，通过专家解读、媒体深度报道等多种形式，广泛宣传国家通用手语，引起社会关注。

2. 2018年，在《国家通用手语常用词表》基础上出版《国家通用手语辞典》，陆续翻译出版部分少数民族文字版《国家通用手语辞典》及其它词典、教材、学习等系列丛书。

3. 在中国教育电视台筹办国家通用手语专栏节目。编印出版国家通用手语宣传画、教学挂图。利用“全国助残日”“国际手语日”“国际聋人节”“国际残疾人日”等重要时间节点，举办形式多样、喜闻乐见的国家通用手语推广活动。适时组织国家通用手语技能大赛。

4. 鼓励建立公益性国家通用手语学习平台，研发国家通用手语信息化产品。鼓励利用人工智能、语音识别、手语识别等先进技术研究各类国家通用手语信息化产品。

三、保障条件

（一）加强组织领导。各省（区、市）建立由残联牵头，教育、语委、新闻出版、广播电视等部门参加的国家通用手语推广工作领导小组，明确分工，密切配合，加强协调，制定本省（区、市）国家通用手语推广实施方案，定期研究解决重大问题，确保推广工作有序开展。特别要注意发挥聋人协会的作用，主动吸收他们参与培训、推广活动。曾经开展过国家通用手语试点的省份，要发挥试点单位的龙头作用，总结推广试点经验，引领全省推广工作，提高推广质量。

（二）统筹安排经费。各级残联要按照《国家手语和盲文规范化行动计划（2015—2020年）》要求，主动协调财政部门，将推广国家通用手语所需经费纳入预算，保障投入。国家教材出版经费、国家出版基金、电视台业务经费等应将国家通用手语推广纳入其中，并给予倾斜。各地要重点对贫困听力残疾人购买国家通用手语学习用品予以补贴。有条件的地方可建立和实施国家通用手语翻译服务补贴制度。

（三）纳入督导范围。各地要将国家通用手语推广使用情况纳入各级政府教育督导、语言文字工作督导评估、无障碍环境建设督导检查中，必要时开展专项督导。要通报督导检查结果，总结成功经验，及时发现并解决问题。

2.《国家通用盲文推广方案》（2018 年 6 月 18 日）

一、任务目标

到 2020 年，国家通用盲文的社会认知度提高，熟练掌握和运用国家通用盲文的骨干队伍初具规模，信息化服务能力提高，国家通用盲文水平等级考核机制建立，国家考试中所用盲文试卷使用国家通用盲文印制，在国家公务活动、学校教育、图书出版、公共服务、信息处理中形成使用国家通用盲文的氛围。

二、实施步骤

（一）在校使用盲文的视力残疾学生。

1. 2018 年秋季学期起，小学一年级新生开始使用国家通用盲文印制的教材（字字标调版），小学二年级学生开始使用国家通用盲文印制的各科教材及配套课外读物（含省写和简写版）。三至六年级和初中各年级配合盲校新课标教材同步更换国家通用盲文版。其他年级学生继续使用原教材。

2. 2019 年春季学期起，每学年的春季学期，对初中、高中（含普通高中、成人高中和中等职业学校，下同）和高校应届毕业视力残疾学生，进行不少于 8 课时的国家通用盲文培训，直至在校学生过渡完毕。

3. 2019 年秋季学期起，中等职业学校中医康复保健专业一年级新生开始使用国家通用盲文印制的教材及配套课外读物（含省写和简写版），其他专业、其他年级学生继续使用原教材。

4. 2020 年秋季学期起，普通高中、高校（含研究生）一年级新生开始使用国家通用盲文印制的教材及配套课外读物（含省写和简写版）。其他年级学生继续使用原教材。

已经使用国家通用盲文教材的学生，升入高年级，同步更换使用国家通用盲文教材。

（二）社会上使用盲文的视力残疾人。

从 2018 年起，以 50 岁以下的青壮年为重点，对社会上视力残疾人开展国家通用盲文培训。到 2020 年各地完成省、市、县三级社会视力残疾人骨干培训，并开展一定范围的普及性培训。

（三）特殊教育师范生。

2018 年秋季学期起，特殊教育师范类盲文课程逐步转换为国家通用盲文，2020 年完成。2019 年春季学期开始，毕业生离校前进行不少于 16 课时的国家通用盲文培训，直至在校学生过渡完。

（四）教辅、课外读物及社会读物出版。

从 2018 年下半年起，逐步出版国家通用盲文读物。2018 年的新书出版比例为 10%，2019 年的新书出版比例为 30%，2020 年新书出版比例达到 60%。

（五）公务活动及考试。

2019 年起，在党和国家、地方重大活动中有视力残疾人员参加时，提供国家通用盲文书面资料。

2020 年起，在具备条件的国家考试中逐步使用国家通用盲文制卷（不含简写），考生答卷暂不做要求。

三、主要措施

（一）建设骨干队伍。由中国盲人协会、中国盲文出版社、中国盲文图书馆、北京联合大学特殊教育学院等专业机构，面向特殊教育院校、视力残疾学生随班就读的普通学校、盲文出版单位、盲人协会和视力残疾人集中就业的单位，举办国家通用盲文骨干培训班。骨干队伍数量不少于 800 人。

（二）加强特教教师培训。招收视力残疾学生的特殊教育院校要将国家通用盲文作为教师在职培训内容和岗位要求，列入继续教育学分和年度考核。从2018年起，要对使用国家通用盲文版教材的年级和学科教师进行培训，2020年实现全员轮训一遍。

（三）畅通学习渠道，丰富学习形式。编印国家通用盲文宣传画、教学图册，录制《国家通用盲文方案》培训授课音视频等。在《盲人月刊》《盲童文学》等盲文刊物上举办国家通用盲文培训讲座，并选择有关栏目逐步改用国家通用盲文。2020年，举办国家通用盲文知识技能竞赛。

（四）搭建网络学习平台。广泛动员社会力量，研发国家通用盲文信息化产品，纳入盲人数字阅读推广工程。到2020年，逐步实现国家通用盲文网络服务平台和多种电子信息化产品为广大视力残疾人服务。

（五）建立国家通用盲文水平等级考核机制。2019年，完成国家通用盲文水平等级标准（试行）、测试大纲和测试题库的研制，依托专业机构和中国盲人协会成立国家通用盲文考试委员会，2020年选择部分省份开展国家通用盲文水平等级考试试点工作。

四、保障条件

（一）加强组织领导。各省（区、市）建立由残联牵头，教育、语委、新闻出版、广播电视等部门参加的国家通用盲文推广工作领导小组，明确分工，密切配合，加强协调，制定本省（区、市）国家通用盲文推广实施方案，定期研究解决重大问题，确保推广工作有序开展。特别要注意发挥盲人协会的作用，主动吸收他们参与培训、推广活动。曾经开展过国家通用盲文试点的省份，要发挥试点单位的龙头作用，总结推广试点经验，引领全省推广工作，提高推广质量。

（二）统筹安排经费。各级残联要按照《国家手语和盲文规范化行动计划（2015—2020年）》要求，主动协调财政部门，将推广国家通用盲文所需经费纳入预算，保障投入。国家教材出版经费、国家出版基金等应将国家通用盲文读物出版和推广纳入其中，并给予倾斜。各地要重点对贫困视力残疾人购买国家通用盲文学习用品予以补贴。

（三）及时提供盲文教材与读物。上海博爱盲文印刷有限公司负责印制义务教育阶段盲文教材。中国盲文出版社负责出版课外读物、高中（含中专）和高校教材及社会读物。

（四）纳入督导范围。各地要将国家通用盲文推广使用情况纳入各级政府教育督导、语言文字工作督导评估、无障碍环境建设督导检查中，必要时开展专项督导。要通报督导检查结果，总结成功经验，及时发现并解决问题。

第四章　劳动就业

第三十条　劳动的权利

国家保障残疾人劳动的权利。

各级人民政府应当对残疾人劳动就业统筹规划，为残疾人创造劳动就业条件。

要点提示

本条包括两款内容，第一款规定明确指出国家具有保障残疾人劳动权利的责任。劳动是公民的基本权利。劳动就业对改善残疾人生活状况，提高其社会地位，使其平等充分地参与社会生活，共享社会物质文化成果具有重要意义。第二款是关于政府促进对残疾人劳动就业职责的规定，即各级人民政府应当对残疾人就业统筹规划，为残疾人劳动就业积极地创造条件。政府在促进残疾人就业工作中具有主导作用，各级人民政府应当采取具体措施，创造条件，促进残疾人就业，保障残疾人的劳动权利。

第三十一条　就业方针

残疾人劳动就业，实行集中与分散相结合的方针，采取优惠政策和扶持保护措施，通过多渠道、多层次、多种形式，使残疾人劳动就业逐步普及、稳定、合理。

第三十二条 集中安排残疾人就业

政府和社会举办残疾人福利企业、盲人按摩机构和其他福利性单位，集中安排残疾人就业。

第三十三条 按比例安排残疾人就业

国家实行按比例安排残疾人就业制度。

国家机关、社会团体、企业事业单位、民办非企业单位应当按照规定的比例安排残疾人就业，并为其选择适当的工种和岗位。达不到规定比例的，按照国家有关规定履行保障残疾人就业义务。国家鼓励用人单位超过规定比例安排残疾人就业。

残疾人就业的具体办法由国务院规定。

关联规定

1.《残疾人就业条例》（2007年2月25日）

第一章 总 则

第一条 为了促进残疾人就业，保障残疾人的劳动权利，根据《中华人民共和国残疾人保障法》和其他有关法律，制定本条例。

第二条 国家对残疾人就业实行集中就业与分散就业相结合的方针，促进残疾人就业。

县级以上人民政府应当将残疾人就业纳入国民经济和社会发展规划，并制定优惠政策和具体扶持保护措施，为残疾人就业创造条件。

第三条 机关、团体、企业、事业单位和民办非企业单位（以下统称用人单位）应当依照有关法律、本条例和其他有关行政法规的规定，履行扶持残疾人就业的责任和义务。

第四条 国家鼓励社会组织和个人通过多种渠道、多种形式，帮助、支持残疾人就业，鼓励残疾人通过应聘等多种形式就业。禁止在就业中歧视残疾人。

残疾人应当提高自身素质，增强就业能力。

第五条 各级人民政府应当加强对残疾人就业工作的统筹规划，综合协调。县级以上人民政府负责残疾人工作的机构，负责组织、协调、指导、督促有关部门做好残疾人就业工作。

县级以上人民政府劳动保障、民政等有关部门在各自的职责范围内，做好残疾人就业工作。

第六条 中国残疾人联合会及其地方组织依照法律、法规或者接受政府委托，负责残疾人就业工作的具体组织实施与监督。

工会、共产主义青年团、妇女联合会，应当在各自的工作范围内，做好残疾人就业工作。

第七条 各级人民政府对在残疾人就业工作中做出显著成绩的单位和个人，给予表彰和奖励。

第二章 用人单位的责任

第八条 用人单位应当按照一定比例安排残疾人就业，并为其提供适当的工种、岗位。

用人单位安排残疾人就业的比例不得低于本单位在职职工总数的1.5%。具体比例由省、自治区、直辖市人民政府根据本地区的实际情况规定。

用人单位跨地区招用残疾人的，应当计入所安排的残疾人职工人数之内。

第九条 用人单位安排残疾人就业达不到其所在地省、自治区、直辖市人民政府规定比例的，应当缴纳残疾人就业保障金。

第十条 政府和社会依法兴办的残疾人福利企业、盲人按摩机构和其他福利性单位（以下统称集中使用残疾人的用人单位），应当集中安排残疾人就业。

集中使用残疾人的用人单位的资格认定，按照国家有关规定执行。

第十一条 集中使用残疾人的用人单位中从事全日制工作的残疾人职工，应当占本单位在职职工总数的25%以上。

第十二条 用人单位招用残疾人职工，应当依法与其签订劳动合同或者服务协议。

第十三条 用人单位应当为残疾人职工提供适合其身体状况的劳动条件和劳动保护，不得在晋职、晋级、评定职称、报酬、社会保险、生活福利等方面歧视残疾人职工。

第十四条 用人单位应当根据本单位残疾人职工的实际情况，对残疾人职工进行上岗、在岗、转岗等培训。

第三章 保障措施

第十五条 县级以上人民政府应当采取措施，拓宽残疾人就业渠道，开发适合残疾人就业的公益性岗位，保障残疾人就业。

县级以上地方人民政府发展社区服务事业，应当优先考虑残疾人就业。

第十六条 依法征收的残疾人就业保障金应当纳入财政预算，专项用于残疾人职业培训以及为残疾人提供就业服务和就业援助，任何组织或者个人不得贪污、挪用、截留或者私分。残疾人就业保障金征收、使用、管理的具体办法，由国务院财政部门会同国务院有关部门规定。

财政部门和审计机关应当依法加强对残疾人就业保障金使用情况的监督检查。

第十七条 国家对集中使用残疾人的用人单位依法给予税收优惠，并在生产、经营、技术、资金、物资、场地使用等方面给予扶持。

第十八条 县级以上地方人民政府及其有关部门应当确定适合残疾人生产、经营的产品、项目，优先安排集中使用残疾人的用人单位生产或者经营，并根据集中使用残疾人的用人单位的生产特点确定某些产品由其专产。

政府采购，在同等条件下，应当优先购买集中使用残疾人的用人单位的产品或者服务。

第十九条 国家鼓励扶持残疾人自主择业、自主创业。对残疾人从事个体经营的，应当依法给予税收优惠，有关部门应当在经营场地等方面给予照顾，并按照规定免收管理类、登记类和证照类的行政事业性收费。

国家对自主择业、自主创业的残疾人在一定期限内给予小额信贷等扶持。

第二十条 地方各级人民政府应当多方面筹集资金，组织和扶持农村残疾人从事种植业、养殖业、手工业和其他形式的生产劳动。

有关部门对从事农业生产劳动的农村残疾人，应当在生产服务、技术指导、农用物资供应、农副产品收购和信贷等方面给予帮助。

第四章 就业服务

第二十一条 各级人民政府和有关部门应当为就业困难的残疾人提供有针对性的就业援助服务，鼓励和扶持职业培训机构为残疾人提供职业培训，并组织残疾人定期开展职业技能竞赛。

第二十二条 中国残疾人联合会及其地方组织所属的残疾人就业服务机构应当免费为残疾人就业提供下列服务：

（一）发布残疾人就业信息；

（二）组织开展残疾人职业培训；

（三）为残疾人提供职业心理咨询、职业适应评估、职业康复训练、求职定向指导、职业介绍等服务；

（四）为残疾人自主择业提供必要的帮助；

（五）为用人单位安排残疾人就业提供必要的支持。

国家鼓励其他就业服务机构为残疾人就业提供免费服务。

第二十三条 受劳动保障部门的委托，残疾人就业服务机构可以进行残疾人失业登记、残疾人就业与失业统计；经所在地劳动保障部门批准，残疾人就业服务机构还可以进行残疾人职业技能鉴定。

第二十四条 残疾人职工与用人单位发生争议的，当地法律援助机构应当依法为其提供法律援助，各级残疾人联合会应当给予支持和帮助。

第五章 法律责任

第二十五条 违反本条例规定，有关行政主管部门及其工作人员滥用职权、玩忽职守、徇私舞弊，构成犯罪的，依法追究刑事责任；尚不构成犯罪的，依法给予处分。

第二十六条 违反本条例规定，贪污、挪用、截留、私分残疾人就业保障金，构成犯罪的，依法追究刑事责任；尚不构成犯罪的，对有关责任单位、直接负责的主管人员和其他直接责任人员依法给予处分或者处罚。

第二十七条 违反本条例规定，用人单位未按照规定缴纳残疾人就业保障金的，由财政部门给予警告，责令限期缴纳；逾期仍不缴纳的，除补缴欠缴数额外，还应当自欠缴之日起，按日加收5‰的滞纳金。

第二十八条 违反本条例规定，用人单位弄虚作假，虚报安排残疾人就业人数，骗取集中使用残疾人的用人单位享受的税收优惠待遇的，由税务机关依法处理。

第六章 附 则

第二十九条 本条例所称残疾人就业，是指符合法定就业年龄有就业要求的残疾人从事有报酬的劳动。

第三十条 本条例自2007年5月1日起施行。

2.《机关、事业单位、国有企业带头安排残疾人就业办法》（2021年10月27日）

第一章 总 则

第一条 【依据】为促进机关、事业单位、国有企业带头安排残疾人就业，根据《中华人民共和国公务员法》、《中华人民共和国残疾人保障法》、《事业单位人事管理条例》、《残疾人就业条例》、《无障碍环境建设条例》以及国家相关规定，制定本办法。

第二条 【适用范围】本办法适用于机关、事业单位、国有企业通过公开录用、遴选、选调、公开招聘等方法安排残疾人担任公务员、工作人员或职工。

第三条 【对用人单位的要求】机关、事业单位、国有企业应当积极采取措施，按比例安排残疾人就业，依法办理入职手续或签订劳动（聘用）合同；安排残疾人就业未达到规定比例的，应当依法采取缴纳残疾人就业保障金等其他方式履行法定义务。

第四条 【合理便利】国家或招录（聘）机关（单位）举办的各类录用、遴选、选调、招聘、职业资格考试（包括笔试、面试等），有残疾人参加的，应当采取适当措施，为残疾人提供必要支持条件与合理便利。

机关、事业单位、国有企业应当对就业场所进行无障碍环境改造，为残疾人就业创造必要的劳动保障条件。

第五条 【“十四五”规划目标】 到2025年，安排残疾人就业未达到规定比例的省级、地市级编制50人（含）以上的党政机关至少安排1名残疾人，编制67人（含）以上的事业单位（中小学、幼儿园除外）至少安排1名残疾人就业。县级及以上残联机关干部队伍中要有15%以上的残疾人。

安排残疾人就业未达到规定比例的国有企业应当根据行业特点，积极开发适合残疾人就业的岗位，安排残疾人就业。

第六条 【原则性要求】 在坚持具有正常履行职责的身体条件的前提下，对残疾人能够胜任的职位、岗位，在同等条件下优先录（聘）用残疾人。

第二章 安排计划与招考（聘）公告

第七条 【招录公告】 机关、事业单位、国有企业制定的招录（聘）计划，公务员主管部门、事业单位及其主管部门、事业单位人事综合管理部门制定、发布的招考招聘公告，除特殊职位、岗位外，不得设置限制残疾人报考的资格条件。

限制残疾人报考的特殊职位、岗位，公务员主管部门、事业单位人事综合管理部门、国有资产监督管理部门应会同同级残联予以充分论证后发布。

第八条 【安排计划的拟定】 符合本办法第五条规定的机关、事业单位未安排残疾人就业的，应当拟定一定期限内达到招录（聘）残疾人规定的具体计划，采取专设职位、岗位面向残疾人招录（聘）等措施，多渠道、多形式安排残疾人，确保按时完成规定目标。

国有企业安排残疾人就业未达到规定比例的，在有适合岗位的情况下，应当在招聘计划中单列一定数量的岗位，根据规定的原则和程序定向招聘符合要求的残疾人。

第九条 【定向招录】 机关、事业单位、国有企业专设残疾人职位、岗位招录（聘）时，公务员主管部门、事业单位人事综合管理部门、国有资产监督管理部门可以给予适当放宽开考比例、年龄、户籍等倾斜政策。

第十条　【安排计划的落实】机关、事业单位招录（聘）残疾人就业的计划按有关规定报送主管部门。未能按招录（聘）计划及时安排残疾人就业的，应当及时提出新的招录（聘）计划。

第三章　考　　试

第十一条　【合理便利申请】残疾人参加招录（聘）、职业资格考试（包括笔试、面试等），确需安排无障碍考场，提供特殊辅助工具，采用大字试卷、盲文试卷、电子试卷或由专门工作人员予以协助等合理便利的，经残疾人本人申请，由考试主管或组织单位会同同级残联审核确认，各级残联应当协助考试组织单位提供技术和人员支持。

第十二条　【能力测评的特殊规定】机关、事业单位、国有企业专设职位、岗位招录（聘）残疾人的，可以采取适合的考试方法进行测评。

第四章　体检与考察

第十三条　【体检标准的制定】省级及以下机关、事业单位面向残疾人招录（聘）的职位、岗位体检条件由省级公务员主管部门、事业单位人事综合管理部门会同同级有关部门确定。残疾人进入机关、事业单位、国有企业就业，需要职业资格证书的，不得额外增加与职位、岗位要求无关的身体条件要求。

第十四条　【体检信息填报】残疾人有权保护个人隐私，机关、事业单位、国有企业在审核报考人信息时，不得以残疾本身作为是否健康的依据。除明确要求外，不得以残疾人未主动说明残疾状况作为拒绝录（聘）用的理由。

第十五条　【考察】招录（聘）机关（单位）按照有关规定对专项职位、岗位招录（聘）的残疾人报考资格进行复审时，分别由同级残联、退役军人事务部门协助核验残疾人证、残疾军人证信息是否真实、准确。

第五章　公示与监督

第十六条　【招录公示与录用】机关、事业单位、国有企业面向残疾人招录（聘）的，按有关规定进行公示后，除规定不得录（聘）用的情形和发现有其他影响录（聘）用问题外，不得拒绝录（聘）用。

第十七条　【按比例就业公示】公务员主管部门、事业单位人事综合管理部门、国有资产监督管理部门应当按照有关规定协助开展机关、事业单位、国有企业安排残疾人就业情况定期公示工作。

第十八条　【按比例就业年审提供情况】公务员主管部门、事业单位主管部门每年应当向同级政府残工委办公室提供当年录（聘）用残疾人情况，按照残疾人按比例就业年审工作相关要求，协助开展相关数据查询、比对、核实等工作。

第十九条　【残联责任】各级残联应当为机关、事业单位、国有企业招录（聘）残疾人在面试、体检、岗前培训、无障碍沟通等方面提供帮助和服务，向国有企业介绍和推荐适合人选，帮助其开发适合残疾人的岗位。

第二十条　【用人单位责任】机关、事业单位、国有企业未按比例安排残疾人就业，且未采取缴纳残疾人就业保障金等其它方式履行法定义务的，不能参评先进单位，其主要负责同志不能参评先进个人。

第二十一条　【国有企业责任】国有企业应当将安排残疾人就业情况纳入企业社会责任报告予以披露。

第二十二条　【个人责任】面向残疾人招录（聘）的职位、岗位，报考或申请人在报名时提供虚假残疾信息或证件（证明）的，一经查实，取消其报考及录（聘）用资格。

第二十三条　【救济】机关、事业单位、国有企业以不具备正常履职身体条件为由，拒绝招录（聘）进入体检环节的残疾人的，应当向主管部门、人事综合管理部门进行充分说明，并将有关情况通报同级残联。经核实残疾人合法权益受到侵犯的，依据有关规定和程序处理。

第六章　附　　则

第二十四条　本办法所称机关，是指各级党的机关、人大机关、行政机关、政协机关、监察机关、审判机关、检察机关和各民主党派机关、群团机关；事业单位，是指国家为了社会公益目的，由国家机关举办或者其他组织利用国有资产举办的，从事教育、科技、文化、卫生等活动的社会服务组织；国有企业，是指国有、国有控股和国有资本占主导地位的企业。

第二十五条 本办法由中国残疾人联合会商中共中央组织部、中央机构编制委员会办公室、人力资源和社会保障部、国务院国有资产监督管理委员会等负责解释。

第二十六条 本办法自发布之日起施行。

典型案例

1. 孔某与北京某物业管理公司劳动争议纠纷案[①]

◎ 典型意义：依法切实保障残疾人劳动的权利

《中华人民共和国残疾人保障法》第三十条规定，国家保障残疾人劳动的权利。第三十八条规定，在职工的招用、转正、晋级、职称评定、劳动报酬、生活福利、休息休假、社会保险等方面，不得歧视残疾人。残疾人群体自强不息、自尊自立，参加适合其自身能力的劳动，应当予以支持。本案判决表明，司法审判必须依法切实保障残疾人劳动的权利，让其能通过自身劳动创造幸福生活，切实维护残疾人合法权益。

◎ 基本案情

孔某系一级智力残疾人，2011 年 12 月孔某与北京某物业管理公司签订劳动合同，合同期限为 2 年，至 2013 年 11 月 30 日终止。2013 年 7 月，孔某个人在不理解签署的文件性质的情况下签署了离职申请。孔某起诉至人民法院要求北京某物业管理公司支付解除劳动合同经济补偿金。人民法院认为，因孔某不具备对签订劳动合同、签署离职申请等涉及个人重大利益的行为的判断能力和理解能力，且不能预见其行为后果，重大民事行为应由其法定代理人代理或者征得法定代理人的同意。孔某代理人对孔某签署离职申请的行为不予认可，孔某签署离职申请的行为应属无效，双方的劳动合同应继续履行至合同期限终止。北京某物业管理公司应当依照劳动合同法对孔某支付终止劳动合同经济补偿金。

---

① 《最高人民法院公布 10 起残疾人权益保障典型案例》，载最高人民法院网，https：//www.court.gov.cn/zixun/xiangqing/20871.html，最后访问时间：2023 年 5 月 1 日。

2. 牛某某诉某物流公司劳动合同纠纷案①

◎ 基本案情

牛某某为左手大拇指缺失残疾。其2019年10月10日到某物流公司工作，担任叉车工。入职时提交了在有效期内的叉车证，入职体检合格。公司要求填写员工登记表，登记表上列明有无大病病史、家族病史、工伤史、传染病史，并列了“其他”栏。牛某某均勾选“无”。2020年7月4日，某物流公司以牛某某隐瞒持有残疾人证，不接受公司安排的工作为由解除劳动合同。2020年7月10日，牛某某申请仲裁，要求某物流公司支付违法解除劳动合同赔偿金30000元。2020年10月13日，劳动人事争议仲裁委员会裁决某物流公司支付牛某某违法解除劳动合同赔偿金5860元。牛某某起诉请求某物流公司支付其违法解除劳动合同赔偿金30000元。

◎ 裁判结果

上海市浦东新区人民法院经审理认为，某物流公司招聘的系叉车工，牛某某已提供有效期内的叉车证，入职时体检合格，从工作情况来看，牛某某是否持有残疾人证并不影响其从事叉车工的工作。故某物流公司以牛某某隐瞒残疾人证为由解除合同，理由不能成立，其解除劳动合同违法。遂判决某物流公司支付牛某某违法解除劳动合同赔偿金5860元。上海市第一中级人民法院维持一审判决。

◎ 典型意义

用人单位可以对劳动者进行管理，有权了解劳动者的基本情况，但该知情权应当是基于劳动合同能否履行的考量，与此无关的事项，用人单位不应享有过于宽泛的知情权。而且，劳动者身体残疾的原因不一而足，对工作的影响也不可一概而论。随着社会越来越重视对个人隐私的保护，在残疾不影响工作的情况下，劳动者可以不主动向用人单位披露其身有残疾的事实，而是作为一名普通人付出劳动，获得劳动报酬，这是现代社会应有的价值理念。用人单位本身承担着吸纳就业的社会责任，对残疾劳动者

---

① 《最高人民法院 中国残疾人联合会残疾人权益保护十大典型案例》，载最高人民法院网，https：//www. court. gov. cn/zixun/xiangqing/334501. html，最后访问时间：2023年5月1日。

应当有必要的包容而不是歧视，更不能以此为由解除劳动合同。本案判决对维护残疾人劳动权益，保障残疾人平等参与社会生活起到了重要示范引领作用。

第三十四条 残疾人自主择业、自主创业

国家鼓励和扶持残疾人自主择业、自主创业。

关联规定

《关于扶持残疾人自主就业创业的意见》（2018年1月12日）

一、扶持范围

（一）本意见所称残疾人自主就业创业包括残疾人自主创业和残疾人灵活就业。

（二）残疾人自主创业，是指残疾人通过创办经济实体、社会组织等形式实现就业。包括在工商行政管理部门依法登记成立个体工商户、各类企业、农民专业合作社等生产经营主体；在民政部门登记成立各类社会团体、民办非企业单位等社会组织；经人力资源社会保障部门认定的其他自主创业。

（三）残疾人灵活就业，是指从事非全日制、临时性和弹性工作等实现就业。包括从事家庭副业、家政服务、修理装配、便民理发、绿化保洁等；经人力资源社会保障部门认定的其他灵活就业。

二、提供合理便利和优先照顾

（四）残疾人在登记个体工商户、各类企业、农民专业合作社等经济实体，或登记各类社会团体、民办非企业单位等社会组织时，相关部门应提供合理便利，优先办理登记注册手续。

（五）政府和街道兴办贸易市场，设立商铺、摊位，以及新增建设彩票投注站、新增建设邮政报刊零售亭等便民服务网点时，应预留不低于10%给残疾人，并适当减免摊位费、租赁费，有条件的地方应免费提供店面。

三、落实税收优惠和收费减免

（六）残疾人本人为社会提供的服务，按照《财政部 国家税务总局关于全面推开营业税改征增值税试点的通知》（财税〔2016〕36号）有关规定免征增值税；残疾人个人提供的加工、修理修配劳务，按照《财政部 国家税务总局关于促进残疾人就业增值税优惠政策的通知》（财税〔2016〕52号）有关规定免征增值税。残疾人个体就业或创办的企业，可按规定享受增值税优惠政策。

（七）残疾人创办的企业，年应纳税所得额低于50万元（含50万元）并符合小型微利企业条件的，按照《财政部 国家税务总局关于扩大小型微利企业所得税优惠政策范围的通知》（财税〔2017〕43号）有关规定，其所得减按50%计入应纳税所得额，按20%的税率缴纳企业所得税。

（八）对残疾人个人取得的劳动所得，根据《中华人民共和国个人所得税法》和《中华人民共和国个人所得税法实施条例》有关规定，按照省、自治区、直辖市人民政府规定的减征幅度和期限减征个人所得税。

（九）对残疾人自主就业创业的，按照有关规定免收管理类、登记类和证照类等有关行政事业性收费和具有强制垄断性的经营性收费；征得行业协会商会同意，适当减免或降低会费及其它服务收费。生产经营困难的，可依法申请降低住房公积金缴存比例或缓缴，待效益好转后再提高缴存比例或补缴。

（十）残疾人创办具有公益性、福利性且在民政部门登记为民办非企业单位的经营场所用电、用水、用气、用热按照民用标准收取。

四、提供金融扶持和资金补贴

（十一）残疾人个人申请创业担保贷款、康复扶贫贴息贷款，贴息部分按照《财政部关于印发〈普惠金融发展专项资金管理办法〉的通知》（财金〔2016〕85号）等规定进行贴息。残疾人自主创业、灵活就业的经营场所租赁、启动资金、设施设备购置符合规定条件的，可由各地给予补贴和小额贷款贴息。建档立卡贫困残疾人可申请扶贫小额信贷，具体贴息标准参考各地贴息管理办法执行。政府支持的融资性担保机构和再担保机构应加大对残疾人自主就业创业的融资服务力度。有条件的地区可多渠道筹资设立残疾人小额贷款风险补偿基金。对信用良好的残疾人创业者经综合评估后可取消反担保。

（十二）残疾人首次创办小微企业或从事个体经营，且所创办企业或个体工商户自工商登记注册之日起正常运营1年以上的，鼓励地方开展一次性补贴试点。

（十三）符合就业困难人员条件的残疾人实现灵活就业的，按规定给予社会保险补贴，由就业补助资金支出。

（十四）享受城乡低保的残疾人首次自主就业创业的，在核算其家庭收入时，扣减必要的就业成本，鼓励残疾人通过自身努力就业增收，摆脱贫困。

（十五）特殊教育院校教育类毕业生、残疾人高校（含技师学院）毕业生、贫困残疾人家庭高校（含技师学院）毕业生按规定享受求职创业补贴。

（十六）用人单位雇用就业年龄段残疾人，并为残疾人职工实际缴纳社会保险的，可按规定申请吸纳就业困难人员社保补贴。

五、支持重点对象和互联网+创业

（十七）重点扶持残疾人自主就业创业致富带头人和非遗继承人。残疾人自主创业并带动其他残疾人稳定就业的、获得有关部门认定的残疾人非遗继承人自主创业的，给予贴息贷款扶持。获得有关部门认定的残疾人非遗继承人，优先推荐“全国五一劳动奖章”、“中国五四青年奖章”、“全国三八红旗手”等荣誉称号。

（十八）完善残疾人大中专毕业生自主就业创业扶持政策，鼓励支持残疾人大中专毕业生入驻各类创业园。在“千校万岗”等大学生就业精准帮扶行动中，落实残疾人毕业生人岗对接工作。对国际残疾人职业技能竞赛和全国残疾人职业技能竞赛获奖选手自主就业创业的，优先保障贷款贴息，按规定给予一次性补贴。

（十九）残疾人利用网络就业创业的，给予设施设备和网络资费补助。网络商户残疾人同等享受残疾人自主创业扶持政策或享受残疾人灵活就业扶持政策。其中，在网络平台实名注册、稳定经营且信誉良好的网络商户残疾人创业者，可按规定享受创业担保贷款政策。

六、提供支持保障和就业服务

（二十）各地应根据扶持残疾人自主就业创业工作需要，根据《残疾人就业保障金征收使用管理办法》（财税〔2015〕72号）等文件规定，合理安排用于残疾人自主就业创业经营场所租赁、启动资金、设施设备购置补贴（或一次性补贴）、小额贷款贴息、社会保险缴费补贴、用人单位岗位补贴等方面的支出。设立的各类就业创业基金应加大对残疾人自主就业创业的扶持。

（二十一）通过政府购买服务，加大各类孵化基地、众创空间、创新工场、创业园等对残疾人创业培训、开业指导、项目推介、融资咨询、法律援助等孵化服务力度。鼓励建立残疾人就业创业孵化基地，2018年底前各省、自治区、直辖市和计划单列市至少建有一个残疾人创业孵化基地。

（二十二）鼓励支持企业与自主就业创业的残疾人签订委托加工合同或产品购销合同，把适于残疾人加工的产品、工序委托残疾人加工制作。

（二十三）促进城乡残疾人平等就业创业，逐步完善城乡残疾人平等就业创业政策。发挥中心城市、新兴产业带动效应，吸纳更多残疾人劳动力跨地区、跨行业、跨所有制流动就业，逐步使外来残疾人劳动者与当地户籍残疾人享有同等的就业创业扶持政策。

（二十四）各级公共就业服务机构、残疾人就业服务机构要积极为残疾人自主就业创业提供政策咨询、职业介绍、信息发布、职业指导、创业指导、人力资源社会保障事务代理等服务。支持和鼓励社会创投机构、服务中介机构和社会组织，搭建用人单位与残疾人的劳务对接平台，提供相关服务。

第三十五条 组织、扶持农村残疾人的生产劳动

地方各级人民政府和农村基层组织，应当组织和扶持农村残疾人从事种植业、养殖业、手工业和其他形式的生产劳动。

第三十六条 扶持残疾人就业的优惠措施

国家对安排残疾人就业达到、超过规定比例或者集中安排残疾人就业的用人单位和从事个体经营的残疾人，依法给予税收优惠，并在生产、经营、技术、资金、物资、场地等方面给予扶持。国家对从事个体经营的残疾人，免除行政事业性收费。

县级以上地方人民政府及其有关部门应当确定适合残疾人生产、经营的产品、项目，优先安排残疾人福利性单位生产或者经营，并根据残疾人福利性单位的生产特点确定某些产品由其专产。

政府采购，在同等条件下应当优先购买残疾人福利性单位的产品或者服务。

地方各级人民政府应当开发适合残疾人就业的公益性岗位。

对申请从事个体经营的残疾人，有关部门应当优先核发营业执照。

对从事各类生产劳动的农村残疾人，有关部门应当在生产服务、技术指导、农用物资供应、农副产品购销和信贷等方面，给予帮助。

关联规定

《关于延续实施残疾人就业保障金优惠政策的公告》（2023 年 3 月 26 日）

一、延续实施残疾人就业保障金分档减缴政策。其中：用人单位安排残疾人就业比例达到 1%（含）以上，但未达到所在地省、自治区、直辖市人民政府规定比例的，按规定应缴费额的 50%缴纳残疾人就业保障金；用人单位安排残疾人就业比例在 1%以下的，按规定应缴费额的 90%缴纳残疾人就业保障金。

二、在职职工人数在 30 人（含）以下的企业，继续免征残疾人就业保障金。

三、本公告执行期限自2023年1月1日起至2027年12月31日。对符合本公告规定减免条件但缴费人已缴费的，可按规定办理退费。

第三十七条 就业服务机构

政府有关部门设立的公共就业服务机构，应当为残疾人免费提供就业服务。

残疾人联合会举办的残疾人就业服务机构，应当组织开展免费的职业指导、职业介绍和职业培训，为残疾人就业和用人单位招用残疾人提供服务和帮助。

第三十八条 劳动保护权

国家保护残疾人福利性单位的财产所有权和经营自主权，其合法权益不受侵犯。

在职工的招用、转正、晋级、职称评定、劳动报酬、生活福利、休息休假、社会保险等方面，不得歧视残疾人。

残疾职工所在单位应当根据残疾职工的特点，提供适当的劳动条件和劳动保护，并根据实际需要对劳动场所、劳动设备和生活设施进行改造。

国家采取措施，保障盲人保健和医疗按摩人员从业的合法权益。

要点提示

残疾人的劳动保护权就是法律关于保护残疾人在劳动就业方面的合法权益的规定，包括国家对福利性单位的合法权益，残疾人的劳动就业以及残疾职工的劳动条件，提供必要的优惠和保护。概括地说，残疾人的劳动保护权主要包括：(一) 对残疾人福利性单位合法权益的保护。福利性单位是以集中安排残疾人就业为目的具有社会福利性质的特殊单位。包括残疾人福利企业、盲人按摩机构和其他福利性单位。（二）对残疾职工平等就业权的保护。劳动是公民的基本权利，残疾人与健全人一样，享有法律赋予的平等就业和选择职业、取得劳动报酬或收入、休息休假、享受社会保险等基本权利，对残疾人进行直接或间接的歧视都是违法行为。（三）适应残疾人特点的劳动条件和特殊保护。我国劳动法和劳动合同法规定劳动条件和劳动保护是劳动合同的必备条款。用人单位为劳动者提供相应的劳动保护是对劳动者基本利益的维护，同时也是用人单位的基本责任和义务。（四）保障盲人保健和医疗按摩人员从业的合法权益。

关联规定

1.《劳动法》（2018 年 12 月 29 日）

第三条 劳动者享有平等就业和选择职业的权利、取得劳动报酬的权利、休息休假的权利、获得劳动安全卫生保护的权利、接受职业技能培训的权利、享受社会保险和福利的权利、提请劳动争议处理的权利以及法律规定的其他劳动权利。

劳动者应当完成劳动任务，提高职业技能，执行劳动安全卫生规程，遵守劳动纪律和职业道德。

第四十条 用人单位在下列节日期间应当依法安排劳动者休假：

（一）元旦；

（二）春节；

（三）国际劳动节；

（四）国庆节；

（五）法律、法规规定的其他休假节日。

第五十二条 用人单位必须建立、健全劳动安全卫生制度，严格执行国家劳动安全卫生规程和标准，对劳动者进行劳动安全卫生教育，防止劳动过程中的事故，减少职业危害。

第五十四条 用人单位必须为劳动者提供符合国家规定的劳动安全卫生条件和必要的劳动防护用品，对从事有职业危害作业的劳动者应当定期进行健康检查。

2.《劳动合同法》(2012 年 12 月 28 日)

第四十六条 有下列情形之一的，用人单位应当向劳动者支付经济补偿：

(一)劳动者依照本法第三十八条规定解除劳动合同的；

(二)用人单位依照本法第三十六条规定向劳动者提出解除劳动合同并与劳动者协商一致解除劳动合同的；

(三)用人单位依照本法第四十条规定解除劳动合同的；

(四)用人单位依照本法第四十一条第一款规定解除劳动合同的；

(五)除用人单位维持或者提高劳动合同约定条件续订劳动合同，劳动者不同意续订的情形外，依照本法第四十四条第一项规定终止固定期限劳动合同的；

(六)依照本法第四十四条第四项、第五项规定终止劳动合同的；

(七)法律、行政法规规定的其他情形。

典型案例

1. 杜某某诉张某某、何某某财产损害赔偿案①

◎ 典型意义：依法切实保障残疾人生产经营权利

让残疾人平等参与社会生活、共享改革发展成果，是具体检验支持残疾人事业发展的重要标志。本案原告杜某某系双眼全盲残疾人，其作为民事主体租赁门面用于经营盲人按摩，是残疾人平等参与社会生活的积极体现，其合法经营权利更应受法律保护。而本案出租方违约侵害残疾人正常生产经营，理应承担相应的责任。本案原告作为残疾人，由于其身体残疾、法律知识薄弱、经济条件有限等原因，在依法保护其权益时处于明显弱势地位。针对本案，法院的审理工作立足保护残疾人生产经营权益，加大案件调解力度，最终通过调解方式结案，使本案残疾人能够平等参与社

---

① 《最高人民法院公布10起残疾人权益保障典型案例》，载最高人民法院网，https：//www.court.gov.cn/zixun/xiangqing/20871.html，最后访问时间：2023 年 5 月 1 日。

会生活、共享改革发展成果。

◎ 基本案情

原告杜某某为双眼全盲残疾人，其租赁壹某公司门面一间用于经营盲人按摩。在杜某某经营过程中，壹某公司不履行出租设施修理义务，且其员工破坏杜某某经营设施，阻碍杜某某对外经营，导致杜某某无法开展正常经营。为此，原告杜某某起诉到法院，要求张某某、何某某恢复其店内设施并赔偿相应的损失。法院在审理本案过程中查明，原告杜某某作为残疾人，法律意识淡薄，不能举示相关证据，且其起诉的被告不适格。为切实依法保护残疾人弱势群体的合法经营权益，减轻残疾人的诉讼负担，人民法院加大案件协调力度，最终促成原告杜某某与案外人壹某公司签订调解协议，切实保护了原告杜某某的合法经营权益。原告杜某某亦撤回了针对被告张某某、何某某的起诉。

---

2. 福建省晋江市人民检察院督促保障残疾人就业行政公益诉讼案[①]

◎ **关键词**：行政公益诉讼诉前程序；促进残疾人就业；盲人医疗按摩；亲清护企

◎ 要旨

盲人医疗按摩是残疾人就业创业的典范之一。检察机关以保障盲人医疗按摩人员的合法权益、规范盲人医疗按摩活动作为积极稳妥开展残疾人权益保障领域公益诉讼的切入点和着力点，依法能动履职，督促协同相关职能部门主动作为，调动社会各界扶残助残积极性，多渠道、多形式促进残疾人就业创业。

◎ 基本案情

近年来，晋江市盲人医疗按摩行业蓬勃发展，但存在假借盲人名义进行虚假宣传、违规开展诊疗活动、盲人按摩师劳动权益保障不到位、部分盲人按摩机构未登记注册、经营场所存在安全隐患等情况，侵犯了合规从

---

① 《残疾人权益保障检察公益诉讼典型案例》，载最高人民检察院网，https：//www. spp. gov. cn/spp/xwfbh/wsfbt/202205/t20220513_ 556792. shtml#2，最后访问时间：2023 年 5 月 1 日。

业盲人的正当权益，损害盲人医疗按摩行业的健康有序发展，侵害社会公共利益。

◎ 调查和督促履职

福建省晋江市人民检察院（以下简称晋江市院）在开展无障碍环境建设公益诉讼“回头看”中发现上述线索，遂于2022年4月6日启动行政公益诉讼立案程序。经调查核实，辖区内盲人按摩行业存在以下问题：一是假借盲人名义开办按摩机构问题突出，78家挂“盲人按摩”招牌的机构中，有16家机构没有盲人按摩师，九成以上的盲人非医疗按摩机构违规开展诊疗活动；二是盲人按摩师劳动权益保障缺失，部分机构未与盲人按摩师签订劳动合同，未办理养老保险、医疗保险，未组织进行职业技能培训；三是盲人按摩就业经营场所存在卫生、消防等安全隐患。根据《中华人民共和国劳动法》《盲人医疗按摩管理办法》《医疗机构管理条例实施细则》等相关规定，相关职能部门在就业保障、卫生消防安全、注册登记等方面存在监管缺位。为此，晋江市院向市场监管、卫生健康等部门发出诉前检察建议，督促规范盲人医疗按摩行业，维护从业盲人合法权益。

为了以“我管”促进“都管”，晋江市院联合市残疾人工作委员会，召集相关行政机关、人大代表、政协委员、人民监督员、盲人代表召开诉前圆桌会议，共同研究盲人医疗按摩行业规范化建设方案。会后，相关部门积极履职尽责，残疾人联合会、人力资源社会保障部门为盲人按摩师培训共60人次，新颁盲人按摩师证件19人次，签订或补签劳动合同31份；市场监管、民政部门为20家符合条件的盲人医疗按摩机构进行登记注册；卫生健康、消防部门监督15家营业场所改造设施，消除安全隐患。在检察机关的推动下，晋江市正在积极发挥区域示范作用，带动影响周边地区规范建设盲人医疗按摩机构，为泉州市乃至福建省推进相关医疗、康复、培训等基础设施建设，组建相应医疗管理团队，规范开展培训和继续教育，加快行业标准建设，多渠道开发盲人就业新形态，探索和积累经验。晋江市院还结合监督办案，主动向市人大提出完善盲人医疗按摩管理地方立法的建议，促进盲人医疗按摩行业规范化、品牌化、法治化发展。

在此基础上，晋江市院深化全国检察机关“亲清护企”十佳文化品牌，将盲人按摩就业促进行动拓展为“就业帮扶·平等共享”公益诉讼专项活动。目前已促成“爱心企业”开发504个公益性岗位定向招聘残疾人；搭建晋江市疗养院为辅助性就业平台，已吸纳8名精神残疾人就地就业，12名提交就业意向；助力税务部门年征收残疾人就业保障金7000余万元；与全国首批本科职业学校泉州职业技术大学等职业院校共建，计划每年组织特教学生、残疾人群体学习非遗技艺200人次，免费培训残疾人300名，促进非遗传承、就业创业同步发展，以共商共建共享之举取得双赢多赢共赢之效。

◎ 典型意义

就业是最大的民生。促进残疾人就业，是残疾人保障和发展的重中之重。检察机关坚持“小切口，大作为”，通过依法扶持和规范盲人医疗按摩行业发展，进而激活政府、企业、社会等各方力量，增设公益性岗位，加大资金投入和保障，为残疾人参加职业技能培训、就业创业提供无障碍支持服务，拓宽残疾人文化艺术、心理卫生等领域就业渠道，促进残疾人就近就便参加生产劳动、进行职业康复、实现社会融合，为残疾人依法享有广泛充分、真实具体、有效管用的人权，让残疾人的获得感、幸福感、安全感更加充实、更有保障、更可持续，贡献了检察力量。

3. 广东省广州市黄埔区人民检察院督促消除残疾人就业歧视行政公益诉讼案[①]

◎ 关键词： 行政公益诉讼诉前程序；残疾人就业歧视；互联网招聘广告

◎ 要旨

用人单位通过互联网招聘平台发布存在歧视残疾人的招聘广告，损害了残疾人享受平等参与社会生活的合法权益。检察机关充分发挥公益诉讼检察职能，借助与残联组织建立的协作机制，精准督促相关职能部门及时纠正用人单位违法招聘行为，共同维护残疾人群体的平等就业权。

① 《残疾人权益保障检察公益诉讼典型案例》，载最高人民检察院网，https：//www.spp.gov.cn/spp/xwfbh/wsfbt/202205/t20220513_ 556792.shtml#2，最后访问时间：2023年5月1日。

◎ 基本案情

广州市多家用人单位通过互联网招聘平台发布注明“不录用残疾人”的招聘广告，侵犯了残疾人平等参与社会生活的基本权利，相关职能部门未依法履职，损害了社会公共利益。

◎ 调查和督促履职

2021年12月2日，广州市黄埔区人民检察院（以下简称黄埔区院）与区残疾人联合会会签《关于残疾人权益保护公益诉讼检察的实施意见（试行）》，协同推进辖区残疾人权益保障工作。2022年以来，双方结合当地作为工业发展大区、用工需求量大的实际，联合开展残疾人就业专项调查，经检索各类人才市场招聘信息，发现多家用人单位侵犯残疾人平等就业权的线索。2022年4月19日，黄埔区院立案调查。经调查查明，注册地在黄埔区的广州盈某人力资源服务有限公司等用人单位在某大型互联网招聘网站上发布关于黄埔区内用工的招聘广告，招聘要求中明确注明“无残疾”；注册地不在黄埔区，但发布包括在黄埔区内用工的招聘广告的广州某某斯电子科技有限公司、广州某兴人力资源有限公司、广州某信人力资源有限公司、广州市团某人力资源有限公司、佳某（广州）电子科技有限公司、广州晨某网络科技有限公司、广东迈某企业管理有限公司等用人单位，在某大型互联网招聘网站上发布的招聘要求中亦明确注明“无残疾”。而上述招聘岗位多为维修、装配、包装等普通工种，且为无学历限制、无经验要求。

黄埔区院审查认为，国家法律明确保障残疾人劳动权利，为残疾人创造就业条件。根据《就业服务与就业管理规定》第二十条关于“用人单位发布的招用人员简章或招聘广告，不得包含歧视性内容”和《广东省残疾人就业办法》第二条关于“残疾人依法享有平等就业、自主择业和平等获得劳动报酬的权利。禁止在就业中歧视残疾人”等规定，上述招聘广告中所招用的均为一般简单工种，并没有要求掌握特殊技能或者是对身体协调性较强的岗位，应当被认定为就业歧视，损害了残疾人平等就业的合法权益。作为监管部门，黄埔区劳动保障行政部门应当将残疾人就业纳入公共就业服务范围，依法维护残疾人劳动就业权利。2022年4月21日，黄埔区院及时与区劳动保障行政部门进行磋商，督促其积极依法履行法定职责，并采取开展专项整治行动、加大普法宣传力度、推动形成保护合力等措施推进整改。目前，相关用人单位已删除平台广告中含有残疾人歧视的相关内容。区残疾人联合会还联合相关部门对150名余残疾人开展就业培训，为90余名残疾人提供就业帮扶服务。同时，黄埔区院还主动将注册地在同市其他区的用人单位发布招聘广告中存在歧视残疾人的8条案件线索移送5个基层检察院跟进调查。

◎ 典型意义

残疾人就业相对困难，就业歧视使得残疾人就业难上加难，影响和制约残疾人融入社会、全面发展、共同富裕。检察机关立足公益保护能动履职，为贯彻落实《“十四五”就业促进规划》《促进残疾人就业三年行动方案（2022—2024年）》保驾护航，督促协同相关职能部门增强残疾人就业法律保障的刚性，努力消除就业歧视，有利于促进残疾人实现较为充分、较高质量的就业，共建共享经济社会发展成果。

第三十九条 岗位技术培训

残疾职工所在单位应当对残疾职工进行岗位技术培训，提高其劳动技能和技术水平。

第四十条 不得强迫残疾人劳动

任何单位和个人不得以暴力、威胁或者非法限制人身自由的手段强迫残疾人劳动。

关联规定

1.《刑法》（2020年12月26日）

第二百三十八条 非法拘禁他人或者以其他方法非法剥夺他人人身自由的，处三年以下有期徒刑、拘役、管制或者剥夺政治权利。具有殴打、侮辱情节的，从重处罚。

犯前款罪，致人重伤的，处三年以上十年以下有期徒刑；致人死亡的，处十年以上有期徒刑。使用暴力致人伤残、死亡的，依照本法第二百三十四条、第二百三十二条的规定定罪处罚。

为索取债务非法扣押、拘禁他人的，依照前两款的规定处罚。

国家机关工作人员利用职权犯前三款罪的，依照前三款的规定从重处罚。

2.《劳动合同法》（2012年12月28日）

第八十八条 用人单位有下列情形之一的，依法给予行政处罚；构成犯罪的，依法追究刑事责任；给劳动者造成损害的，应当承担赔偿责任：

（一）以暴力、威胁或者非法限制人身自由的手段强迫劳动的；

（二）违章指挥或者强令冒险作业危及劳动者人身安全的；

（三）侮辱、体罚、殴打、非法搜查或者拘禁劳动者的；

（四）劳动条件恶劣、环境污染严重，给劳动者身心健康造成严重损害的。

第五章　文化生活

第四十一条　参与文化生活的权利

国家保障残疾人享有平等参与文化生活的权利。

各级人民政府和有关部门鼓励、帮助残疾人参加各种文化、体育、娱乐活动，积极创造条件，丰富残疾人精神文化生活。

第四十二条　开展文体活动的原则

残疾人文化、体育、娱乐活动应当面向基层，融于社会公共文化生活，适应各类残疾人的不同特点和需要，使残疾人广泛参与。

第四十三条　丰富残疾人精神文化生活的措施

政府和社会采取下列措施，丰富残疾人的精神文化生活：

（一）通过广播、电影、电视、报刊、图书、网络等形式，及时宣传报道残疾人的工作、生活等情况，为残疾人服务；

（二）组织和扶持盲文读物、盲人有声读物及其他残疾人读物的编写和出版，根据盲人的实际需要，在公共图书馆设立盲文读物、盲人有声读物图书室；

（三）开办电视手语节目，开办残疾人专题广播栏目，推进电视栏目、影视作品加配字幕、解说；

（四）组织和扶持残疾人开展群众性文化、体育、娱乐活动，举办特殊艺术演出和残疾人体育运动会，参加国际性比赛和交流；

（五）文化、体育、娱乐和其他公共活动场所，为残疾人提供方便和照顾。有计划地兴办残疾人活动场所。

关联规定

1.《公共图书馆法》（2018 年 10 月 26 日）

第三十四条　政府设立的公共图书馆应当设置少年儿童阅览区域，根据少年儿童的特点配备相应的专业人员，开展面向少年儿童的阅读指导和社会教育活动，并为学校开展有关课外活动提供支持。有条件的地区可以单独设立少年儿童图书馆。

政府设立的公共图书馆应当考虑老年人、残疾人等群体的特点，积极创造条件，提供适合其需要的文献信息、无障碍设施设备和服务等。

2.《博物馆条例》（2015 年 2 月 9 日）

第三十三条　国家鼓励博物馆向公众免费开放。县级以上人民政府应当对向公众免费开放的博物馆给予必要的经费支持。

博物馆未实行免费开放的，其门票、收费的项目和标准按照国家有关规定执行，并在收费地点的醒目位置予以公布。

博物馆未实行免费开放的，应当对未成年人、成年学生、教师、老年人、残疾人和军人等实行免费或者其他优惠。博物馆实行优惠的项目和标准应当向公众公告。

3.《国务院办公厅关于进一步加强残疾人体育工作的意见》（2007年5月6日）

一、充分认识残疾人体育工作的重要意义

（一）残疾人体育是残疾人事业和全民体育的组成部分。参加体育活动是残疾人的重要权利，是残疾人康复健身、平等参与社会、实现自身价值的重要途径。

（二）发展残疾人体育有利于促进残疾人事业发展。残疾人体育对于展示残疾人体育才华，激励残疾人自尊、自信、自强、自立，倡导社会理解、尊重、关心、帮助残疾人具有重要作用。

（三）发展残疾人体育有利于弘扬爱国主义、集体主义和革命英雄主义思想，激励自强不息的民族精神。

（四）残疾人体育是我国向世界展示经济社会发展成就，彰显人权保障和社会文明进步成果的重要舞台。

二、广泛开展残疾人群众性体育活动

（五）按照《全民健身计划纲要》总体要求，根据残疾人特点，组织残疾人广泛开展自强健身活动。建立健全残疾人体育组织，利用各种社会资源为残疾人参加体育活动提供场地和设施。开发、推广适合残疾人特点的健身康复体育项目，经常举办残疾人体育活动。

（六）指导、支持各类企事业单位组织残疾人开展体育活动。充分利用各种文化体育设施，积极探索适合残疾人特点的基层残疾人体育的组织方式和活动内容，开展形式多样的基层残疾人体育活动。

（七）各级各类学校要组织残疾学生开展适合其特点的日常体育活动。学校体育测试要充分考虑残疾学生的特殊情况，体现人文关怀。

（八）高度重视农村残疾人体育工作。因地制宜，创造条件，开发适合农村残疾人特点的群众性体育项目，引导农村残疾人参加自强健身体育活动。

（九）发挥残疾人体育赛事对残疾人群众体育活动的推动作用。改革完善残疾人体育竞赛制度，定期举办各级、各类残疾人体育比赛，积极参与和举办国际残疾人体育赛事。

三、加强残疾人体育队伍建设

（十）建立一支优秀的残疾人运动员队伍和残疾人体育管理人员队伍，促进残疾人体育事业可持续发展。

（十一）加强残疾人体育管理人员、技术人员培养工作，建立健全裁判员、分级员等人员管理制度，制订残疾人体育教练员职称评定办法。

（十二）体育、残联、民政等部门（单位）要研究制订残疾人运动员等级评定办法。人事、教育、财政、民政、劳动保障、体育、残联等部门（单位）要采取措施，切实解决残疾人运动员就学、就业、奖励和社会保障问题，保障进入中高等学校学习的贫困残疾人运动员助学金所需经费。

（十三）加强残疾人体育教育和科研工作。把残疾人体育纳入特殊教育和师范、体育教学计划，认真实施。开展残疾人体育科研工作，提高残疾人体育科技水平。

（十四）加强残疾人体育训练基地建设，发挥国家残疾人体育综合训练基地的示范作用，保证残疾人运动员管理、训练、参赛和有关科研工作需要。各地要根据实际情况设立专门为残疾人体育锻炼和残疾人运动员训练服务的体育设施。

四、营造有利于残疾人体育事业发展的社会环境

（十五）加强残疾人体育事业宣传工作。采取多种形式普及残疾人体育知识，宣传残疾人自强不息、顽强拼搏的精神，倡导扶残助残的社会风尚，动员社会各界关心残疾人体育事业。

（十六）动员社会力量，发挥各自优势，为残疾人体育事业发展提供志愿服务。教育部门要动员和组织学生关心、支持残疾人体育活动，在广大学生中培养助残为荣的良好风尚。

（十七）新建、改造公共体育设施要严格执行国家无障碍标准，全民健身设施、器材要考虑残疾人特殊需求。各类体育赛事要为残疾人观众提供方便。公共体育设施要向残疾人开放并提供优惠服务。

（十八）鼓励社会力量举办、赞助、支持残疾人体育事业。加强对赞助活动和捐赠资金物品使用的监督管理。

五、加强对残疾人体育工作的组织领导

（十九）地方各级人民政府要加强对残疾人体育工作的领导，把发展残疾人体育事业纳入经济社会发展规划，积极动员社会力量，多渠道筹集资金，促进残疾人体育事业发展。各级体育主管部门和残联要切实履行职责，制订实施残疾人体育事业发展规划，引导各类社会团体关心、支持、帮助和组织残疾人参加体育活动。

（二十）加强残疾人体育道德作风建设。反对使用违禁药物和训练、比赛中的违规行为，保证残疾人运动员身心安全和健康，维护残疾人体育比赛的公平、公正。引导残疾人体育工作者发扬人道、廉洁、服务、奉献的职业道德，全心全意为残疾人服务。

（二十一）认真实施残疾人保障法、体育法和其他相关法律法规，保障残疾人参加体育活动的权益。

（二十二）积极表彰和奖励为残疾人体育事业发展做出突出贡献的单位和个人。

第四十四条 鼓励、帮助残疾人从事创造性劳动

政府和社会鼓励、帮助残疾人从事文学、艺术、教育、科学、技术和其他有益于人民的创造性劳动。

第四十五条 营造助残的社会风尚

政府和社会促进残疾人与其他公民之间的相互理解和交流，宣传残疾人事业和扶助残疾人的事迹，弘扬残疾人自强不息的精神，倡导团结、友爱、互助的社会风尚。

第六章　社会保障

第四十六条　社会保障权

国家保障残疾人享有各项社会保障的权利。

政府和社会采取措施，完善对残疾人的社会保障，保障和改善残疾人的生活。

第四十七条　参加社会保险

残疾人及其所在单位应当按照国家有关规定参加社会保险。

残疾人所在城乡基层群众性自治组织、残疾人家庭，应当鼓励、帮助残疾人参加社会保险。

对生活确有困难的残疾人，按照国家有关规定给予社会保险补贴。

要点提示

社会保险对残疾人的养老、医疗等发挥着极大的保障作用，同时社会保险制度作为国家的强制性规定，无论是用人单位还是劳动者都有义务依法参加。

关联规定

1.《国务院关于全面建立困难残疾人生活补贴和重度残疾人护理补贴制度的意见》（2015年9月25日）

一、总体要求

（一）指导思想。深入贯彻党的十八大和十八届二中、三中、四中全会精神，按照党中央、国务院决策部署，以协调推进“四个全面”战略布局为统领，以加快推进残疾人小康进程为目标，以残疾人需求为导向，加强顶层制度设计，制定残疾人专项福利政策，逐步完善残疾人社会保障体系。

（二）基本原则。

坚持需求导向，待遇适度。从残疾人最直接最现实最迫切的需求入手，着力解决残疾人因残疾产生的额外生活支出和长期照护支出困难。立足经济社会发展状况，科学合理确定保障标准，逐步提高保障水平。

坚持制度衔接，全面覆盖。注重与社会救助、社会保险、公益慈善有效衔接，努力形成残疾人社会保障合力。做到应补尽补，确保残疾人两项补贴制度覆盖所有符合条件的残疾人。

坚持公开公正，规范有序。建立和完善标准统一、便民利民的申请、审核、补贴发放机制，做到阳光透明、客观公正。加强政策评估和绩效考核，不断提高制度运行效率。

坚持资源统筹，责任共担。积极发挥家庭、社会、政府作用，形成家庭善尽义务、社会积极扶助、政府兜底保障的责任共担格局。

二、主要内容

（一）补贴对象。困难残疾人生活补贴主要补助残疾人因残疾产生的额外生活支出，对象为低保家庭中的残疾人，有条件的地方可逐步扩大到低收入残疾人及其他困难残疾人。低收入残疾人及其他困难残疾人的认定标准由县级以上地方人民政府参照相关规定、结合实际情况制定。重度残疾人护理补贴主要补助残疾人因残疾产生的额外长期照护支出，对象为残疾等级被评定为一级、二级且需要长期照护的重度残疾人，有条件的地方可扩大到非重度智力、精神残疾人或其他残疾人，逐步推动形成面向所有需要长期照护残疾人的护理补贴制度。长期照护是指因残疾产生的特殊护理消费品和照护服务支出持续6个月以上时间。

（二）补贴标准。残疾人两项补贴标准由省级人民政府根据经济社会发展水平和残疾人生活保障需求、长期照护需求统筹确定，并适时调整。有条件的地方可以按照残疾人的不同困难程度制定分档补贴标准，提高制度精准性，加大补贴力度。

（三）补贴形式。残疾人两项补贴采取现金形式按月发放。有条件的地方可根据实际情况详细划分补贴类别和标准，采取凭据报销或政府购买服务形式发放重度残疾人护理补贴。

（四）政策衔接。符合条件的残疾人，可同时申领困难残疾人生活补贴和重度残疾人护理补贴。既符合残疾人两项补贴条件，又符合老年、因公致残、离休等福利性生活补贴（津贴）、护理补贴（津贴）条件的残疾人，可择高申领其中一类生活补贴（津贴）、护理补贴（津贴）。享受孤儿基本生活保障政策的残疾儿童不享受困难残疾人生活补贴，可享受重度残疾人护理补贴。残疾人两项补贴不计入城乡最低生活保障家庭的收入。领取工伤保险生活护理费、纳入特困人员供养保障的残疾人不享受残疾人两项补贴。

三、申领程序和管理办法

（一）自愿申请。残疾人两项补贴由残疾人向户籍所在地街道办事处或乡镇政府受理窗口提交书面申请。残疾人的法定监护人，法定赡养、抚养、扶养义务人，所在村民（居民）委员会或其他委托人可以代为办理申请事宜。申请残疾人两项补贴应持有第二代中华人民共和国残疾人证，并提交相关证明材料。

（二）逐级审核。街道办事处或乡镇政府依托社会救助、社会服务“一门受理、协同办理”机制，受理残疾人两项补贴申请并进行初审。初审合格材料报送县级残联进行相关审核。审核合格材料转送县级人民政府民政部门审定，残疾人家庭经济状况依托居民家庭经济状况核对机制审核。审定合格材料由县级人民政府民政部门会同县级残联报同级财政部门申请拨付资金。

（三）补贴发放。补贴资格审定合格的残疾人自递交申请当月计发补贴。残疾人两项补贴采取社会化形式发放，通过金融机构转账存入残疾人账户。特殊情况下需要直接发放现金的，要制定专门的监管办法，防止和杜绝冒领、重复领取、克扣现象。

（四）定期复核。采取残疾人主动申报和发放部门定期抽查相结合的方式，建立残疾人两项补贴定期复核制度，实行残疾人两项补贴应补尽补、应退则退的动态管理。定期复核内容包括申请人资格条件是否发生变化、补贴是否及时足额发放到位等。

四、保障措施

（一）加强组织领导。各地区、各部门要充分认识全面建立残疾人两项补贴制度的重要性，将其作为保障和改善民生的重要任务，完善政府领导、民政牵头、残联配合、部门协作、社会参与的工作机制。民政部门要履行主管部门职责，做好补贴资格审定、补贴发放、监督管理等工作，推进残疾人两项补贴制度与相关社会福利、社会救助、社会保险制度有机衔接。财政部门要加强资金保障，及时足额安排补贴资金及工作经费，确保残疾人两项补贴制度顺利实施。中央财政通过增加一般性转移支付予以支持。残联组织要发挥“代表、服务、管理”职能作用，及时掌握残疾人需求，严格残疾人证发放管理，做好残疾人两项补贴相关审核工作。

（二）加强制度落实。地方已经实施的残疾人两项补贴制度补贴对象范围小于本意见要求的，要严格按本意见执行，有条件的地方可适当扩大补贴范围。要通过政府购买服务、引导市场服务、鼓励慈善志愿服务等方式，健全补贴与服务相结合的残疾人社会福利体系，促进残疾人服务业发展。

（三）加强监督管理。地方各级人民政府要将残疾人两项补贴工作纳入年度考核内容，重点督查落实情况。残疾人两项补贴资金发放使用情况要定期向社会公示，接受社会监督，财政、审计、监察部门要加强监督检查，防止出现挤占、挪用、套取等违法违规现象。民政部门要会同残联组织定期开展残疾人两项补贴工作绩效评估，及时处理残疾人及其他群众的投诉建议，不断完善相关政策措施，切实维护残疾人合法权益。要统筹建立统一的残疾人两项补贴工作网络信息平台，加强对基本信息的实时监测、比对、归纳分析和动态管理，不断提高工作效率。

（四）加强政策宣传。各地要及时组织学习培训，全面掌握残疾人两项补贴制度精神和内容，正确组织实施残疾人两项补贴工作。要充分利用多种媒介宣传残疾人两项补贴制度，营造良好舆论氛围，引导全社会更加关心、关爱残疾人。要充分考虑残疾人获取信息的特殊要求和实际困难，采用灵活多样形式进行宣传解读，确保残疾人及其家属知晓残疾人两项补贴制度内容，了解基本申领程序和要求。要及时做好残疾人两项补贴政策解释工作，协助残疾人便捷办理相关手续。

残疾人两项补贴制度自2016年1月1日起全面实施。各地要结合实际制定贯彻实施办法，推进落实相关工作。民政部、财政部、中国残联要根据职责，抓紧制定具体政策措施。国务院将适时组织专项督查。

2.《民政部、财政部、中国残联关于加强残疾人两项补贴精准管理的意见》（2022年11月8日）

一、进一步加强补贴政策宣传。各地要加强残疾人两项补贴政策宣传讲解，帮助残疾人及监护人知晓政策并自愿申领补贴，推动残疾人两项补贴应补尽补。重视并运用全国残疾人两项补贴信息系统的主动服务功能，为新纳入低保、新办证残疾人及时发送提醒信息，政策宣传和主动提醒记录应留存备查。对新纳入低保、新办证残疾人，3个月内采取任何形式主动提醒告知的，视为已开展政策宣传。要坚持需求导向、自愿申请原则，对已通过发放政策告知书、入户走访、电话等形式开展宣传，但残疾人或监护人并未提出补贴申请的，视为自愿放弃，不得强制纳入残疾人两项补贴对象范围。残疾人自愿放弃后再次提出补贴申请的，应当及时予以受理，补贴资金从申请当月计发，不予补发。

二、进一步落实政策衔接规定。各地要严格落实国发〔2015〕52号和民发〔2021〕70号文件中关于残疾人两项补贴的政策衔接规定，原则上不得新增尚未明确的政策衔接要求。对各地已细化的政策衔接要求，如与国务院有关规定不一致，应及时、稳妥、有序进行纠正。对既符合重度残疾人护理补贴条件，又符合老年人护理补贴条件的残疾老年人，可择高申领其中一类护理补贴。既符合残疾人两项补贴条件，又符合养老服务补贴、高龄津贴条件的残疾老年人可以叠加享受。享受孤儿基本生活保障政策的残疾儿童，不享受困难残疾人生活补贴，可享受重度残疾人护理补贴，机构集中养育享受孤儿基本生活保障政策的残疾儿童的护理补贴发放形式和使用办法由省级民政部门会同相关部门确定。残疾人证有效期满后，重新办理残疾人证并提出补贴申请的，应于申请之月计发补贴，同时可视情按照新发残疾人证登记的类别和等级对应的补贴标准补发最多不超过3个月的补贴。县级人民政府民政部门、残联及乡镇（街道）可根据工作需要向申请人发放告知承诺书（模板见附件），使申请人或监护人知晓应主动告知的领取工伤保险生活护理费、在监服刑、残疾等级变更、低保或低保边缘政策享受状况变更、死亡等相关情形。

三、强化数据比对与动态复核。县级人民政府民政部门、残联和乡镇（街道）应每月开展一次补贴数据比对，县级人民政府民政部门负责比对残疾人退出低保或低保边缘家庭范围等经济状况变化情况；县级残联负责比对残疾人证迁出、过期、冻结、注销等残疾人证状态变化情况；县级人民政府民政部门、残联应会同相关部门，定期开展与殡葬火化、卫生健康死亡人口、公安人口库、监狱服刑等数据比对，并通过入户走访、视频查看、人脸识别等方式进行生存验证，每年至少一次对残疾人死亡、被宣告死亡、失踪、在监服刑、户籍迁移等情况进行全员集中复核。集中复核时以及两次集中复核之间出现上述情况的，须及时作出停发处理。省、市级人民政府民政部门、残联应会同相关部门定期开展数据比对与动态复核工作。民政部、中国残联加快推动与相关部门建立常态化数据共享机制，定期与国家人口库死亡数据、工伤保险生活护理费等相关数据开展批量数据比对，并将比对结果上传至全国残疾人两项补贴信息系统，供各地下载核实。各地相关部门在开展数据共享比对过程中，应同步做好数据安全防护，确保数据安全。

四、加强补贴资金发放监管。按照"全国一盘棋"要求，加强全国残疾人两项补贴信息系统使用，充分发挥全国系统在残疾人人口基础数据库对接、部级多数据源比对提醒、防范跨省重复领取补贴、工作监管等方面的精准管理作用，推动自建系统省份全面使用全国系统办理业务。每月申请拨付残疾人两项补贴资金的请示、财政资金支付审批表、财政预算拨付凭证等有关资金拨付材料应当留存，并及时上传至全国残疾人两项补贴信息系统备查，推动残疾人两项补贴线上线下发放一致。实现"一卡通"等无纸化管理的地方，可通过上传月度发放统计表形式备查。县级人民政府民政部门会同县级残联要加强对补贴数据动态复核结果的研判，作出残疾人是否继续享受补贴的决定，保证系统数据与实际情况一致，落实监管责任。

五、推动补贴档案规范化管理。各地要将补贴申请审核、主动发现、主动服务、错发追回、补发续发等过程性材料及时归档备查。申请审核归档材料应包括申请审批表、身份证、户口本、残疾人证、低保证明、银行卡复印件、政策宣传和主动提醒记录及其他所需证明材料，能够通过系统数据共享获取的证明材料，可以不要求申请人提供纸质材料。省级民政部门、残联应定期组织抽查残疾人两项补贴档案材料，保证归档材料真实、准确、完整。各地要增强节约意识和生态环保意识，积极推进电子档案建设，制定电子档案管理办法，推进无纸化管理。电子档案健全、实现无纸化管理的地方，可不再保留纸质材料。

六、提升精准管理的保障能力。各地要按照国务院和相关部门要求，将实施残疾人两项补贴制度所需工作经费，纳入地方各级财政预算。要加强补贴资金发放和使用监管，确保补贴资金及时足额发放到位，防止截留、挪用、骗取补贴资金。要统筹考虑工作需要，为乡镇（街道）等基层工作人员提供必要的工作保障条件，针对基层经办服务能力薄弱问题，可通过政府购买服务方式加强经办能力建设，确保残疾人需求得到及时发现，不断推动补贴精准发放。

七、推动建立容错纠错机制。各地应加大对申请人采取虚报、隐瞒、伪造等手段骗取补贴资金的发现和追回力度。建立容错纠错机制，鼓励根据实际情况改革创新，激励基层干部担当作为，落实“三个区分开来”要求，对秉持公心、履职尽责但因客观原因出现失误偏差且能够及时纠正的经办人员，依法依规免于问责。

此前发布的民政部文件有关规定与本通知不一致的，以本通知为准。《民政部 中国残联关于贯彻落实残疾人两项补贴制度有关政策衔接问题的通知》（民发〔2016〕99号）同时废止。

附件

残疾人两项补贴政策告知承诺书

（样本）

一、本次申请审核依据《国务院关于全面建立困难残疾人生活补贴和重度残疾人护理补贴制度的意见》（国发〔2015〕52号）和《民政部 财政部 中国残联关于进一步完善困难残疾人生活补贴和重度残疾人护理补贴制度的意见》（民发〔2021〕70号）等规定办理，在申请困难残疾人生活补贴和重度残疾人护理补贴（以下统称残疾人两项补贴）资格认定前，申请人应当详细了解相关申请审核规定。

二、残疾人两项补贴遵循自愿申请原则，残疾人及监护人有权提出或放弃补贴资格申请。

三、申请人应当对提交的残疾人两项补贴申请材料真实性、合法性负责。

四、申请人在发生以下情形时，申请人或其监护人（或赡养、抚养、扶养义务人，其他被委托人）应向户籍所在地县级民政部门、残联、乡镇（街道）等任意机关主动告知。1. 户籍地变更；2. 残疾等级变更、低保或低保边缘政策享受状况变更；3. 享受补贴期间被人民法院判处有期徒刑以上刑罚且需在监狱服刑；4. 领取工伤保险生活护理费；5. 领取补贴的残疾人死亡；6. 其他应当告知的情形。

五、申请人可采取以下方式告知变更事项。1. 电话告知：××县民政局电话：×××-××××××××，××残联，××街道（乡镇）；2. 在线告知：登录民政一体化政务服务平台，通过“全程网办”功能告知；3. 实地告知：×××。

六、本政策告知书一式四份，由县级民政部门、县级残联、乡镇（街道）和申请人分别留存。

承　诺　书

××民政局：

兹声明，本申请人已明确知悉上述告知事项，并将严格遵守上述规定，履行相关义务。本申请人承诺，本次申请残疾人两项补贴的提交材料真实有效。如有虚假，本申请人愿承担相应的责任并退回多领取的补贴资金。

申请人签字：

×年×月×日

3.《民政部、财政部、中国残联关于进一步完善困难残疾人生活补贴和重度残疾人护理补贴制度的意见》（2021年8月24日）

二、重点任务

（一）健全完善残疾人两项补贴制度内容。

1. 合理确定补贴对象覆盖范围。在自愿申请基础上，确保符合条件的残疾人应享尽享残疾人两项补贴。按照不同残疾类别、残疾等级、困难程度逐步完善补贴办法。有条件的地方可合理扩大残疾人两项补贴对象范围，生活补贴覆盖范围可向低保边缘家庭残疾人及其他困难残疾人延伸，护理补贴覆盖范围可向三、四级智力、精神残疾人或其他残疾人延伸。

2. 细化完善补贴政策衔接规定。各地要按照《国务院关于全面建立困难残疾人生活补贴和重度残疾人护理补贴制度的意见》（国发〔2015〕52号）及《民政部 中国残联关于贯彻落实残疾人两项补贴制度有关政策衔接问题的通知》（民发〔2016〕99号）文件要求，细化和明确残疾人两项补贴与社会福利、社会救助、社会保险等政策的具体衔接办法。纳入伤残抚恤对象范围且已经享受补贴的，可按照相应层级的地方性文件继续发放补贴，但应按择高原则逐步进行归类整合。到户籍地以外接受学历教育的残疾学生，应视为原户籍家庭成员，原则上向原户籍地申领补贴。详细划分补贴类别和标准的地方，应当明确与低保、低保边缘家庭等社会救助政策以及长期护理保险等社会保险政策的衔接办法。按照凭据报销或者政府购买服务形式发放重度残疾人护理补贴的地方，要明确与其他服务补贴的衔接办法。

3. 建立完善补贴标准动态调整机制。在充分评估残疾人生活困难程度和长期照护需求的基础上，健全残疾人两项补贴标准动态调整机制，使补贴标准与当地经济社会发展水平、财政承受能力相适应，并能兼顾残疾人生活保障需求和长期照护需求。生活补贴标准应参照当地残疾人的基本生活费支出以及因残疾额外增加的衣食住行等费用支出的一定比例予以确定；护理补贴标准应参照当地残疾人购买护理产品和护理服务等基本照护支出成本的一定比例确定。补贴标准调整情况应当通过政务公开栏、信息平台、网络媒体等方式及时向社会公示。

4. 加强改进补贴退出工作。建立残疾人两项补贴申请、调整和退出的动态管理机制。残疾人退出低保、低保边缘家庭范围，残疾人死亡、户籍迁出、残疾人证过期、残疾人证冻结、残疾人证注销等不再符合补贴条件的，应于次月停止发放补贴。对享受补贴期间被人民法院判处有期徒刑以上刑罚，且需在监狱服刑的残疾人，自判决生效后次月起停发补贴，服刑期满后符合条件的可重新按照程序申请补贴。

（二）改革完善补贴申领程序和管理办法。

5. 细化补贴自愿申请规定。进一步细化完善残疾人自愿提出补贴申请和代为办理申请的程序。增加全国残疾人两项补贴信息系统功能，使残疾人可异地申请补贴资格，不受户籍地限制，补贴仍由原户籍地审核发放。有条件的地区可以简化程序，在残疾人新纳入低保、低保边缘家庭范围后由乡镇（街道）主动服务，征求申请人意见后直接进行补贴资格初审。其他符合享受困难残疾人生活补贴、重度残疾人护理补贴条件的，仍按原程序办理。民政部门对新纳入低保或低保边缘家庭范围的残疾人，残联组织对新领取残疾人证的残疾人，应通过发放残疾人两项补贴政策告知书等形式一次性告知。残疾人知晓政策但并未提出补贴申请的，视为自愿放弃，再次提出申请的，乡镇（街道）应当及时受理。

6. 优化补贴逐级审核流程。按照深化“放管服”改革要求，有条件的地方在人员、机构以及数据核对处理能力具备的前提下，可以将残疾人两项补贴审核审定权限下放到乡镇（街道）。县级人民政府民政部门负责汇总乡镇（街道）审核审定的补贴资格合格材料，会同县级残联报同级财政部门申请拨付资金，同时加强对补贴审核、发放过程的监督管理，对发现的违法违规问题和线索要及时移送纪检监察等部门，由相关部门依法依规严肃问责。县级残联负责残疾人证动态管理和残疾人口数据库的数据维护，及时更新推送残疾人证信息，并协助做好补贴监管工作。县级人民政府民政部门和县级残联要建立信息数据共享机制，每季度至少定期比对一次补贴申请和残疾人证信息，加强对数据的分析研判，保证系统数据与实际情况一致。

7. 实现补贴申请受理“跨省通办”。依托社会救助、社会服务“一门受理、协同办理”机制，受理残疾人两项补贴“跨省通办”业务，简化补贴申请受理环节，实现“马上办、就近办、一地办”，进一步提升残疾人获得感。按照“全程网办”要求，依托全国残疾人两项补贴信息系统统一受理补贴资格认定“跨省通办”申请，受理窗口要将申请信息录入信息系统，上传相关资料附件，并在3个工作日内推送至业务属地；业务属地为申请人远程办理，并在10个工作日内作出是否符合补贴条件的认定。自建系统省份要在全国残疾人两项补贴信息系统中及时接收申请、办理“跨省通办”事项。开展窗口人员“跨省通办”业务培训，提高服务能力，确保2021年底前全面完成补贴资格认定申请“跨省通办”的任务要求。

8. 强化补贴定期复核机制。各地要按照省市统筹、县级抽查、乡镇（街道）实施的原则，建立健全补贴对象定期复核机制，定期复核可采取数据比对、入户走访、调研座谈等方式进行。省级人民政府民政部门会同省级残联每年对补贴对象及补贴发放情况至少复核一次，并协调推动复核结果整改落实。乡镇（街道）应当依托村（社区）并结合残疾人、残疾人的法定监护人或法定赡养、抚养、扶养义务人等主动申报的方式，建立残疾人死亡、被宣告死亡、失踪满6个月、户籍迁出所在区（县）、残疾人证失效等情况变化的定期复核制度。县级人民政府民政部门会同县级残联可以依据定期复核的情况，作出相关残疾人是否继续享受补贴的决定。

9. 严格补贴发放方式管理。残疾人两项补贴须按月及时、准确、足额发放，不能按月发放的地区要在每年12月底前向省级人民政府民政部门书面报告，并明确整改措施。省级人民政府民政部门要会同省级残联加强发放方式指导，逐步推动实现按月发放。强化补贴社会化发放管理，积极做好与惠民惠农资金“一卡通”等发放渠道的对接，有条件的地方可以将补贴信息系统与银行对接，直接审核并发放到卡。完善补贴发放使用情况公开办法，细化补贴公开内容、方法和期限等规定，并注意保护残疾人隐私。经资格审定合格后，自残疾人递交申请当月计发补贴。

（三）加快推动补贴管理服务机制转型升级。

10. 优化补贴信息系统功能。加强全国残疾人两项补贴信息系统的建设和使用管理工作，自建系统省份要做好与全国系统的对接和数据交换工作。依托全国残疾人两项补贴信息系统改进补贴申请审核流程，及时录入补贴发放信息，逐步实现依托系统统一审核发放补贴，完善与残疾人口数据库、低保数据库、低保边缘家庭数据库的数据共享共用机制，确保线上、线下补贴发放数据一致。民政部门、残联组织等有关部门要及时将低保、低保边缘家庭、残疾人证等数据更新情况录入相应的信息系统，当发现实际情况与系统数据不一致时，各地应根据实际情况进行补贴资格认定，同时记录在案备查并及时更新相关系统数据。

11. 健全便民利民的运行工作机制。有条件的地方可运用现代化信息技术，助力残疾人实现足不出户“掌上办”、“指尖办”，为残疾人和各级工作人员提供方便快捷的申请、办理、查询、统计服务。建立完善主动发现机制，通过入户走访、大数据监测等方式主动发现自愿申领且符合补贴条件的残疾人并提供服务，实现“政策找人”。有条件的地方可依托全国残疾人两项补贴信息系统，通过上传证明材料、电子签章等方式实现补贴档案无纸化。及时研究解决残疾人可能因无法使用智能技术获取线上服务的困难。

12. 提升补贴发放动态监管水平。探索建立残疾人两项补贴智慧监管服务体系，运用数据比对、生存验证等动态监测技术，建立补贴监测预警机制，确保不漏一户、不落一人，实现补贴应享尽享、应退则退。加强与殡葬火化、卫生健康死亡人口、户籍迁移、养老保险、工伤保险、特困人员救助供养、伤残抚恤、监狱服刑、养老、孤儿、离休等相关数据的比对，逐步解决数据更新、共享不及时影响补贴精准发放的问题。有条件的地区可以在信息系统中开设基于人脸识别技术的生存验证等功能，提高补贴发放精准性。

13. 完善相关残疾人证件管理。加强残疾人证换发与补贴发放的工作衔接。因残疾类别或等级变更而进行残疾人证重新换发、核发期间，按照原标准发放补贴。残疾人证到期前，残联组织应当提前6个月提醒残疾人重新换领残疾人证，以免影响申领补贴。残疾人证有效期满后，应于次月停发补贴；重新办理残疾人证并提出补贴申请的，应于新残疾人证发证当月计发补贴，同时可视情按照新发残疾人证登记的类别和等级对应的补贴标准补发最多不超过3个月的补贴。突发公共卫生事件、自然灾害等不可抗力导致无法及时换证的，可设立一定的过渡期，过渡期内按原标准发放补贴。

三、保障措施

（一）加强组织领导。各地要将完善残疾人两项补贴制度列为重点优先民生保障工作，健全党委领导、政府负责、民政牵头、残联配合、部门协作、社会参与的工作机制。民政部门要履行牵头统筹职责，做好补贴发放监管、政策衔接及制度建设工作。财政部门要加强资金保障，及时足额安排补贴资金及工作经费。残联组织要加强残疾人证核发及管理工作，及时掌握反映残疾人需求，定期与民政部门、乡镇（街道）共享残疾人证办理及变更等情况，做好补贴相关审核工作。

（二）强化政策宣传。各地要定期组织贯彻落实残疾人两项补贴制度、加强全国残疾人两项补贴信息系统使用的培训，加强残疾人两项补贴组织实施工作。充分考虑残疾人获取信息的特殊要求和实际困难，灵活运用多种媒介、采取多样化形式加强残疾人两项补贴政策宣传，特别是加强对已办理残疾人证残疾人的政策宣传，使符合条件的残疾人及其家属知晓残疾人两项补贴政策。地方各级民政部门、残联以及乡镇（街道）要加强补贴政策解释工作，并及时协助有需求的残疾人办理补贴申请。

（三）提高保障能力。各地要统筹考虑落实残疾人两项补贴制度需要，为乡镇（街道）等基层工作人员提供必要的工作保障条件。实施残疾人两项补贴制度所需工作经费，纳入地方各级财政预算。补贴资金应按规定及时足额发放到位，不得随意截留、挪用。地方可统筹中央财政一般性转移支付和地方自有财力加强经费保障，向财政困难地区适度倾斜，保障残疾人两项补贴发放。完善残疾人两项补贴统计制度，提升全国残疾人两项补贴信息系统的信息监测和动态管理能力。

（四）加强监督检查。各地要将残疾人两项补贴政策落实情况纳入政府绩效评价和年度考核内容。做好补贴信息公示，接受社会监督。各级民政部门要严格补贴资格认定、规范补贴审核发放，杜绝弄虚作假、违规办理和发放补贴等情况发生。各级残联组织要严把残疾人证评定发放关，杜绝违规办理残疾人证、泄露残疾人个人信息等行为。民政部门要会同残联组织定期开展补贴工作绩效评价，及时吸收残疾人和其他群众的合理建议，不断改进完善残疾人两项补贴工作。各地要加强补贴资金发放和使用的监督管理，坚决防止截留、挪用、骗取补贴资金等行为。对申请人采取虚报、隐瞒、伪造等手段骗取残疾人两项补贴资金的，原批准机关应当依法依规停止发放补贴，并加大对非法获取补贴资金的追回力度，视情将其违法违规行为线索移送有关部门依法依规查处。探索建立容错机制，对秉持公心、履职尽责但因客观原因出现失误偏差且能够及时纠正的经办人员免于问责。

4.《人力资源社会保障部、国家卫生计生委、民政部、财政部、中国残联关于新增部分医疗康复项目纳入基本医疗保障支付范围的通知》（2016年3月9日）

一、将康复综合评定等20项医疗康复项目（见附件）纳入基本医疗保险支付范围。对20项医疗康复项目的限定支付范围，各省（区、市）可根据当地实际，组织专家论证，进行适当调整。各省（区、市）原已纳入基本医疗保险支付范围的其他医疗康复项目应当继续保留，按规定予以支付。

二、本通知所列20项医疗康复项目，其名称、项目内涵、计价单位等参照《全国医疗服务价格项目规范（2012年版）》确定。各省（区、市）要按照“准入法”对这部分医疗康复项目进行管理，结合本地区医疗服务价格项目规范，做好项目调整和对应、信息系统数据库更新、医疗费用审核结算等工作。

三、各统筹地区要加强基金预算管理，结合付费方式改革，探索适应医疗康复的医保支付方式，鼓励医疗机构控制服务成本，提高服务质量。要加强对医疗康复项目的监管和费用审核管理，医保基金支付费用的医疗康复项目均应在具备相应资质的定点康复医疗机构或定点医疗机构康复科室、由取得康复医学专业技术资格的医师或康复医学治疗技术人员提供，并严格按照项目内涵、限定支付范围进行费用审核和支付，防止基金浪费和服务过度利用。

四、各级人力资源社会保障和卫生计生部门要积极协调相关部门，共同健全完善多层次医疗保障体系，保障参保人员权益。各级卫生计生部门要进一步加大医疗康复服务质量监管力度，规范医疗康复服务行为。各级民政部门要对符合救助条件的对象按照规定进行医疗救助，做好城乡医疗救助与基本医疗保险的衔接。各级财政部门对已经纳入基本医疗保障范围的医疗康复项目，可相应或逐步调整财政专项资助。各级残联要充分发挥保障残疾人权益的作用，协助政府有关部门贯彻落实医疗康复保障政策，了解、反映残疾人的医疗康复需求，加强并积极争取社会力量对残疾人实施康复救助。

各省（区、市）应在2016年6月30日前完成相关项目的调整对应以及信息系统更新等工作，及时支付费用，并在9月30日前将本通知落实情况分别报人力资源社会保障部医疗保险司和国家卫生计生委基层卫生司。

在文件落实过程中，各地要注重做好政策解释和宣传，遇有重大事项应及时向人力资源社会保障部、国家卫生计生委等部门报告。

附件：纳入基本医疗保障支付范围的医疗康复项目（略）

第四十八条 社会救助

各级人民政府对生活确有困难的残疾人，通过多种渠道给予生活、教育、住房和其他社会救助。

县级以上地方人民政府对享受最低生活保障待遇后生活仍有特别困难的残疾人家庭，应当采取其他措施保障其基本生活。

各级人民政府对贫困残疾人的基本医疗、康复服务、必要的辅助器具的配置和更换，应当按照规定给予救助。

对生活不能自理的残疾人，地方各级人民政府应当根据情况给予护理补贴。

关联规定

1.《乡村振兴促进法》（2021年4月29日）

第五十四条第三款 国家推进城乡最低生活保障制度统筹发展，提高农村特困人员供养等社会救助水平，加强对农村留守儿童、妇女和老年人以及残疾人、困境儿童的关爱服务，支持发展农村普惠型养老服务和互助性养老。

2.《民政部、中央农村工作领导小组办公室、财政部、国家乡村振兴局关于进一步做好最低生活保障等社会救助兜底保障工作的通知》（2022年10月20日）

一、加大低保扩围增效工作力度

（一）规范完善低保准入条件……依靠兄弟姐妹或者60周岁及以上老年人供养的成年无业重度残疾人，在评估认定其家庭经济状况时，兄弟姐妹或者60周岁及以上老年人给付的供养费用，可以视情适当豁免，符合条件的，纳入低保范围。

典型案例

1. 某公租房公司诉马某某房屋租赁合同纠纷案①

◎ 基本案情

某公租房公司与马某某于2014年签订公租房租赁合同，约定某公租房公司将一套公租房租赁给马某某，租期12个月，每6个月交纳一次租金，逾期2个月不交租金的，某公租房公司可解除合同。合同签订后，马某某拖欠9个月租金。某公租房公司起诉请求解除双方之间签订的《房屋租赁合同》，马某某给付自2020年8月4日至实际退还房屋之日的租金，并腾退其租住的房屋。

---

① 《最高人民法院 中国残疾人联合会残疾人权益保护十大典型案例》，载最高人民法院网，https://www.court.gov.cn/zixun/xiangqing/334501.html，最后访问时间：2023年5月1日。

◎ 裁判结果

青海省西宁市城东区人民法院在案件审理过程中，了解到马某某系行动不便残疾人，主要生活来源是政府低保，年近花甲，没有子女，长期一人独居生活。因其外出未按政策规定按时提交低保申请信息，低保被暂时取消，导致未能按时交纳房租。考虑到马某某的实际情况，经主持调解，双方自愿达成调解协议。

◎ 典型意义

公共租赁住房是党和政府为困难群众提供的生活保障，本案如单纯判决解除租赁合同，将难以避免地造成不可逆的影响，导致残疾老人无房可住。人民法院充分释法，耐心说理，劝说某公租房公司充分考量马某某的困境，给予8个月的宽限期，劝告马某某再次申请低保，同时调解暂时不解除租赁合同，避免马某某面临无房可住的困境。既保障了政府公租房政策通过合同的形式得到落实，同时又切实保障了残疾人的居住权，在具体案例中落实了司法为民的宗旨。

2. 高某琴等诉高某明共有物分割纠纷案①

◎ 基本案情

高某琴与高某明系同胞兄妹，高某航、高某雪系高某琴的子女，上述4人均与案外人高某宝（高某琴之父）属同一户籍，被识别为贫困户。高某明肢体贰级残疾，其妻视力壹级残疾。2017年5月，户主高某宝与镇政府签订了《易地扶贫搬迁协议》和《易地扶贫搬迁旧宅基地腾退协议》，享受易地扶贫搬迁安置政策人均补助25000元，共计125000元；享受旧房宅基地腾退补助政策人均补助10000元，共计50000元，上述款项均汇入高某明指定的账户。2016年10月，高某明购买房屋一套，支付购房款140000元，契税、印花税合计1860元，该房屋系该户唯一住房。高某琴等起诉请求高某明支付贫困户移民搬迁款75000元、旧宅基地腾退款

① 《最高人民法院 中国残疾人联合会残疾人权益保护十大典型案例》，载最高人民法院网，https://www.court.gov.cn/zixun/xiangqing/334501.html，最后访问时间：2023年5月1日。

30000 元，合计 105000 元。

◎ **裁判结果**

陕西省安康市白河县人民法院经审理认为，易地扶贫搬迁政策和旧房宅基地腾退政策，其目的均为保障当事人的基本居住权利。高某明按照上述政策购买住房，该住房现为其唯一住房，高某琴等与高某明、案外人高某宝均享有该房屋的居住权，在该房屋未被处置的情况下不能主张已享受政策资金的返还，遂判决驳回高某琴等人的诉讼请求。

陕西省安康市中级人民法院经审理认为，案涉款项是政府为解决贫困户基本住房问题的特定款项，具有专款专用的性质，高某琴分割款项用于生活开支的主张，与政府发放该款项的特定用途相悖，维持一审判决。

◎ **典型意义**

本案既涉及残疾人的居住权又涉及扶贫安置政策的具体落实。扶贫安置政策是政府为改善贫困户的生活质量、从自然条件恶劣地区搬迁到生存与发展条件较好的地方、解决农民基本住房的惠民政策，应当用好，以真正解决当事人住房需求。高某明等四人均在高某宝户内，与高某琴系同胞兄妹，高某明夫妻均为重度残疾人，虽高某琴等三人对案涉款项享有权利，但案涉款项购买房屋为当事人唯一住房，判决驳回高某琴等人的诉请对保障残疾人的居住权益、落实国家扶贫政策的目标具有积极意义。

第四十九条 对残疾人的供养、托养

地方各级人民政府对无劳动能力、无扶养人或者扶养人不具有扶养能力、无生活来源的残疾人，按照规定予以供养。

国家鼓励和扶持社会力量举办残疾人供养、托养机构。

残疾人供养、托养机构及其工作人员不得侮辱、虐待、遗弃残疾人。

第五十条 社会扶助

县级以上人民政府对残疾人搭乘公共交通工具，应当根据实际情况给予便利和优惠。残疾人可以免费携带随身必备的辅助器具。

盲人持有效证件免费乘坐市内公共汽车、电车、地铁、渡船等公共交通工具。盲人读物邮件免费寄递。

国家鼓励和支持提供电信、广播电视服务的单位对盲人、听力残疾人、言语残疾人给予优惠。

各级人民政府应当逐步增加对残疾人的其他照顾和扶助。

典型案例

1. 于某某诉某公交客运公司侵权责任纠纷案[①]

◎ 基本案情

于某某为肢体肆级残疾人，户籍甲市。2014 年 7 月，于某某在乙市乘坐某公交客运公司公交车时，出示其持有的《中华人民共和国残疾人证》，要求免费乘车，遭该车驾驶员拒绝，双方发生纠纷。于某某向人民法院起诉，请求判令某公交客运公司赔礼道歉、承认错误；赔偿其交通费用、住宿费、餐饮费、误工费、精神损害赔偿金等各项损失共计 45254. 6 元。

◎ 裁判结果

江苏省南京市玄武区人民法院经审理认为，残疾人享有乘车优惠的权利受法律保护。《中华人民共和国残疾人保障法》第四十六条规定，国家保障残疾人享有各项社会保障的权利。第五十条规定，县级以上人民政府对残疾人搭乘公共交通工具，应当根据实际情况给予便利和优惠。某公交客运公司作为公共交通运营企业，应当本着保障残疾人享有各项社会福利的原则，给予外地残疾人更为简便、灵活的免费乘车手续。某公交客运公

① 《最高人民法院 中国残疾人联合会残疾人权益保护十大典型案例》，载最高人民法院网，https：//www. court. gov. cn/zixun/xiangqing/334501. html，最后访问时间：2023 年 5 月 1 日。

司拒绝于某某免费乘坐，侵害了残疾人的免费乘车权，应承担相应的法律责任。遂判决某公交客运公司赔偿于某某2528元。

◎ 典型意义

残疾人在政治、经济、社会、文化和家庭生活方面享有的合法权益受法律保护。但实践中，一些地方性文件仍未能有效落实相关法律规定。本案中，在地方性文件未规定非本市户籍残疾人享受乘车优惠的情况下，人民法院依据《中华人民共和国残疾人保障法》和《江苏省残疾人保障条例》的规定依法作出裁判，充分保障了残疾人参与社会生活、共享社会物质文化成果的权益，将法律法规赋予残疾人的合法权益落到实处。同时，在本案审结后，玄武区法院还向乙市公交总公司发出司法建议，建议相关职能部门根据法律规定，在兼顾公交企业经济利益的同时，牵头制定更加便利残疾人免费乘车的相关制度及政策，通过司法建议进一步延伸对残疾人的司法服务。

---

2. 浙江省杭州市人民检察院督促落实残疾人驾照体检服务行政公益诉讼系列案①

◎ 关键词：行政公益诉讼诉前程序；残疾人驾照体检；道路交通安全；益心为公检察云

◎ 要旨

残疾人通过体检获得医疗机构出具有关身体条件的证明，是依法申请或者更换机动车驾驶证的法定条件。检察机关可以依托道路交通安全领域拓展残疾人权益保障公益诉讼，督促卫生健康行政部门落实定点医疗机构为残疾人办理驾照提供体检服务，既保障残疾人参与社会生活和就业的平等权利，也促进防控残疾人无证驾驶等道路交通安全隐患，平衡保护公共利益。

◎ 基本案情

近年来，为保障残疾人驾车权益，国家相关部委相继印发关于做好残

---

① 《残疾人权益保障检察公益诉讼典型案例》，载最高人民检察院网，https://www.spp.gov.cn/spp/xwfbh/wsfbt/202205/t20220513_556792.shtml#2，最后访问时间：2023年5月1日。

疾人驾驶汽车工作的部门规章，规定右下肢残疾人、双下肢残疾人、单眼视力障碍人士、上肢残疾人驾驶汽车的身体条件，并明确由卫生健康行政部门认定的专门医疗机构为残疾人办理驾照进行体检、出具证明。部分医疗机构未依法依规开展残疾人驾照体检服务，相关职能部门未严格依法履职，致使残疾人难以进行驾照体检，侵害残疾人合法权益，损害社会公共利益。

◎ **调查和督促履职**

2022 年 2 月，“益心为公检察云”平台志愿者、杭州市肢残人汽车专业委员会负责人向浙江省杭州市人民检察院（以下简称杭州市院）反映杭州市某家残疾人驾照体检定点医疗机构长期未开展相关服务。经查，为贯彻执行《机动车驾驶证申领和使用规定》和《右下肢、双下肢残疾人驾驶机动车身体条件规定》《单眼视力障碍、部分上肢残疾人驾驶机动车身体条件规定》，浙江省相关职能部门发布全省残疾人驾照体检定点医疗机构名单，杭州辖区内共计 9 家医疗机构被确定为定点体检医院，负责对残疾人的视力、坐立能力、徒手握力、手指功能等基本驾车能力进行重点评估并出具身体条件证明。杭州市院充分发挥一体化办案优势，组织全市各区、县（市）检察机关对辖区定点体检医疗机构进行调查核实，并邀请部分公益志愿者参与现场勘查。针对查明的萧山区、临平区、临安区、建德市、桐庐县、淳安县 6 家定点医疗机构或因不知晓政策而从未开展体检业务，或在开设体检业务后因体检人数较少予以取消，导致有需要的残疾人因体检渠道不畅影响后续驾照申领、换证等权利的公益受损情形，杭州检察机关依据属地管辖分别向辖区卫生健康行政部门发出行政公益诉讼诉前检察建议，督促其依法全面履行监管职责，及时整改违法情形，切实保障残疾人合法权益。

相关职能部门在收到检察建议书后第一时间约谈定点驾照体检医疗机构负责人，6 家定点医疗机构及时落实残疾人驾照体检业务，并对外公布通知或通报辖区残疾人联合会。其中，萧山区、临平区、桐庐县、淳安县在医院体验中心增设服务，临安区、建德市定点医疗机构分别在驾驶培训机构和车管所内增设服务，方便残疾人体检。截至 2022 年 4 月，已有 10

余名残疾人在上述定点医疗机构完成驾照体检，依法取得驾驶人身份条件证明。此外，萧山区定点医疗机构还进一步完善体检场所无障碍设施，邀请残疾人现场体验；临安区职能部门组织定点医疗机构开展相关业务培训；淳安县职能部门开通残疾人驾照体检报告网上传递渠道，实现与交警部门办事窗口的实时信息交互，方便残疾人驾照申领、换证。在此基础上，浙江省人民检察院组织全省检察机关开展专项排查，推动残疾人驾照体验工作进一步落实落地。

◎ 典型意义

保障符合法定条件的残疾人通过体验、办理驾照，体现了对残疾人平等权利和尊严的保护，对于促进残疾人社会融合、促进残疾人就业具有重要意义，也是保障社会公众对残疾人驾驶汽车放心的安全阀。检察机关通过“益心为公检察云”平台，从残疾人群体精准获取案件线索，以专项办案推进系统监督，督促相关职能部门依法履行监管职责，打通有关法律政策落地落实“最后一公里”，促进全域范围内残疾人驾照体检服务无障碍、全覆盖，共同营造为残疾人驾驶汽车提供便利的良好社会氛围。

第五十一条 鼓励和发展残疾人慈善事业

政府有关部门和残疾人组织应当建立和完善社会各界为残疾人捐助和服务的渠道，鼓励和支持发展残疾人慈善事业，开展志愿者助残等公益活动。

第七章　无障碍环境

第五十二条 创造无障碍环境

国家和社会应当采取措施，逐步完善无障碍设施，推进信息交流无障碍，为残疾人平等参与社会生活创造无障碍环境。

各级人民政府应当对无障碍环境建设进行统筹规划，综合协调，加强监督管理。

关联规定

《无障碍环境建设法》（2023年6月28日）

第二条 国家采取措施推进无障碍环境建设，为残疾人、老年人自主安全地通行道路、出入建筑物以及使用其附属设施、搭乘公共交通运输工具，获取、使用和交流信息，获得社会服务等提供便利。

残疾人、老年人之外的其他人有无障碍需求的，可以享受无障碍环境便利。

第七条 县级以上人民政府应当统筹协调和督促指导有关部门在各自职责范围内做好无障碍环境建设工作。

县级以上人民政府住房和城乡建设、民政、工业和信息化、交通运输、自然资源、文化和旅游、教育、卫生健康等部门应当在各自职责范围内，开展无障碍环境建设工作。

乡镇人民政府、街道办事处应当协助有关部门做好无障碍环境建设工作。

第五十三条 无障碍设施的建设和改造

无障碍设施的建设和改造，应当符合残疾人的实际需要。

新建、改建和扩建建筑物、道路、交通设施等，应当符合国家有关无障碍设施工程建设标准。

各级人民政府和有关部门应当按照国家无障碍设施工程建设规定，逐步推进已建成设施的改造，优先推进与残疾人日常工作、生活密切相关的公共服务设施的改造。

对无障碍设施应当及时维修和保护。

关联规定

1.《民法典》（2020 年 5 月 28 日）

第二百八十一条 建筑物及其附属设施的维修资金，属于业主共有。经业主共同决定，可以用于电梯、屋顶、外墙、无障碍设施等共有部分的维修、更新和改造。建筑物及其附属设施的维修资金的筹集、使用情况应当定期公布。

紧急情况下需要维修建筑物及其附属设施的，业主大会或者业主委员会可以依法申请使用建筑物及其附属设施的维修资金。

2.《无障碍环境建设法》（2023 年 6 月 28 日）

第十二条 新建、改建、扩建的居住建筑、居住区、公共建筑、公共场所、交通运输设施、城乡道路等，应当符合无障碍设施工程建设标准。

无障碍设施应当与主体工程同步规划、同步设计、同步施工、同步验收、同步交付使用，并与周边的无障碍设施有效衔接、实现贯通。

无障碍设施应当设置符合标准的无障碍标识，并纳入周边环境或者建筑物内部的引导标识系统。

第十三条 国家鼓励工程建设、设计、施工等单位采用先进的理念和技术，建设人性化、系统化、智能化并与周边环境相协调的无障碍设施。

第十四条 工程建设单位应当将无障碍设施建设经费纳入工程建设项目概预算。

工程建设单位不得明示或者暗示设计、施工单位违反无障碍设施工程建设标准；不得擅自将未经验收或者验收不合格的无障碍设施交付使用。

第十五条 工程设计单位应当按照无障碍设施工程建设标准进行设计。

依法需要进行施工图设计文件审查的，施工图审查机构应当按照法律、法规和无障碍设施工程建设标准，对无障碍设施设计内容进行审查；不符合有关规定的，不予审查通过。

第十六条 工程施工、监理单位应当按照施工图设计文件以及相关标准进行无障碍设施施工和监理。

住房和城乡建设等主管部门对未按照法律、法规和无障碍设施工程建设标准开展无障碍设施验收或者验收不合格的，不予办理竣工验收备案手续。

第十七条 国家鼓励工程建设单位在新建、改建、扩建建设项目的规划、设计和竣工验收等环节，邀请残疾人、老年人代表以及残疾人联合会、老龄协会等组织，参加意见征询和体验试用等活动。

第十八条 对既有的不符合无障碍设施工程建设标准的居住建筑、居住区、公共建筑、公共场所、交通运输设施、城乡道路等，县级以上人民政府应当根据实际情况，制定有针对性的无障碍设施改造计划并组织实施。

无障碍设施改造由所有权人或者管理人负责。所有权人、管理人和使用人之间约定改造责任的，由约定的责任人负责。

不具备无障碍设施改造条件的，责任人应当采取必要的替代性措施。

第五十四条 信息交流无障碍

国家采取措施，为残疾人信息交流无障碍创造条件。

各级人民政府和有关部门应当采取措施，为残疾人获取公共信息提供便利。

国家和社会研制、开发适合残疾人使用的信息交流技术和产品。

国家举办的各类升学考试、职业资格考试和任职考试，有盲人参加的，应当为盲人提供盲文试卷、电子试卷或者由专门的工作人员予以协助。

关联规定

1.《无障碍环境建设法》（2023年6月28日）

第二十九条 各级人民政府及其有关部门应当为残疾人、老年人获取公共信息提供便利；发布涉及自然灾害、事故灾难、公共卫生事件、社会安全事件等突发事件信息时，条件具备的同步采取语音、大字、盲文、手语等无障碍信息交流方式。

第三十八条 国家推广和使用国家通用手语、国家通用盲文。

基本公共服务使用手语、盲文以及各类学校开展手语、盲文教育教学时，应当采用国家通用手语、国家通用盲文。

2.《数据安全法》（2021年6月10日）

第十五条 国家支持开发利用数据提升公共服务的智能化水平。提供智能化公共服务，应当充分考虑老年人、残疾人的需求，避免对老年人、残疾人的日常生活造成障碍。

3.《人民法院在线诉讼规则》（2021年6月16日）

第二条 人民法院开展在线诉讼应当遵循以下原则：

……

（四）便民利民原则。优化在线诉讼服务，完善诉讼平台功能，加强信息技术应用，降低当事人诉讼成本，提升纠纷解决效率。统筹兼顾不同群体司法需求，对未成年人、老年人、残障人士等特殊群体加强诉讼引导，提供相应司法便利。

……

第五十五条 无障碍服务

公共服务机构和公共场所应当创造条件，为残疾人提供语音和文字提示、手语、盲文等信息交流服务，并提供优先服务和辅助性服务。

公共交通工具应当逐步达到无障碍设施的要求。有条件的公共停车场应当为残疾人设置专用停车位。

关联规定

《无障碍环境建设法》（2023年6月28日）

第四章　无障碍社会服务

第三十九条　公共服务场所应当配备必要的无障碍设备和辅助器具，标注指引无障碍设施，为残疾人、老年人提供无障碍服务。

公共服务场所涉及医疗健康、社会保障、金融业务、生活缴费等服务事项的，应当保留现场指导、人工办理等传统服务方式。

第四十条　行政服务机构、社区服务机构以及供水、供电、供气、供热等公共服务机构，应当设置低位服务台或者无障碍服务窗口，配备电子信息显示屏、手写板、语音提示等设备，为残疾人、老年人提供无障碍服务。

第四十一条　司法机关、仲裁机构、法律援助机构应当依法为残疾人、老年人参加诉讼、仲裁活动和获得法律援助提供无障碍服务。

国家鼓励律师事务所、公证机构、司法鉴定机构、基层法律服务所等法律服务机构，结合所提供的服务内容提供无障碍服务。

第四十二条　交通运输设施和公共交通运输工具的运营单位应当根据各类运输方式的服务特点，结合设施设备条件和所提供的服务内容，为残疾人、老年人设置无障碍服务窗口、专用等候区域、绿色通道和优先坐席，提供辅助器具、咨询引导、字幕报站、语音提示、预约定制等无障碍服务。

第四十三条　教育行政部门和教育机构应当加强教育场所的无障碍环境建设，为有残疾的师生、员工提供无障碍服务。

国家举办的教育考试、职业资格考试、技术技能考试、招录招聘考试以及各类学校组织的统一考试，应当为有残疾的考生提供便利服务。

第四十四条　医疗卫生机构应当结合所提供的服务内容，为残疾人、老年人就医提供便利。

与残疾人、老年人相关的服务机构应当配备无障碍设备，在生活照料、康复护理等方面提供无障碍服务。

第四十五条 国家鼓励文化、旅游、体育、金融、邮政、电信、交通、商业、餐饮、住宿、物业管理等服务场所结合所提供的服务内容，为残疾人、老年人提供辅助器具、咨询引导等无障碍服务。

国家鼓励邮政、快递企业为行动不便的残疾人、老年人提供上门收寄服务。

第四十六条 公共场所经营管理单位、交通运输设施和公共交通运输工具的运营单位应当为残疾人携带导盲犬、导听犬、辅助犬等服务犬提供便利。

残疾人携带服务犬出入公共场所、使用交通运输设施和公共交通运输工具的，应当遵守国家有关规定，为服务犬佩戴明显识别装备，并采取必要的防护措施。

第四十七条 应急避难场所的管理人在制定以及实施工作预案时，应当考虑残疾人、老年人的无障碍需求，视情况设置语音、大字、闪光等提示装置，完善无障碍服务功能。

第四十八条 组织选举的部门和单位应当采取措施，为残疾人、老年人选民参加投票提供便利和必要协助。

第四十九条 国家鼓励和支持无障碍信息服务平台建设，为残疾人、老年人提供远程实时无障碍信息服务。

第五十六条 为残疾人选举提供便利

组织选举的部门应当为残疾人参加选举提供便利；有条件的，应当为盲人提供盲文选票。

关联规定

《中华人民共和国全国人民代表大会和地方各级人民代表大会选举法》
(2020 年 10 月 17 日)

第三条 全国人民代表大会的代表，省、自治区、直辖市、设区的市、自治州的人民代表大会的代表，由下一级人民代表大会选举。

不设区的市、市辖区、县、自治县、乡、民族乡、镇的人民代表大会的代表，由选民直接选举。

第五十七条　无障碍辅助设备、交通工具的研发

国家鼓励和扶持无障碍辅助设备、无障碍交通工具的研制和开发。

第五十八条　导盲犬出入公共场所的规定

盲人携带导盲犬出入公共场所，应当遵守国家有关规定。

第八章　法律责任

第五十九条　残疾人组织的维权职责

残疾人的合法权益受到侵害的，可以向残疾人组织投诉，残疾人组织应当维护残疾人的合法权益，有权要求有关部门或者单位查处。有关部门或者单位应当依法查处，并予以答复。

残疾人组织对残疾人通过诉讼维护其合法权益需要帮助的，应当给予支持。

残疾人组织对侵害特定残疾人群体利益的行为，有权要求有关部门依法查处。

第六十条　权益受侵害的救济渠道

残疾人的合法权益受到侵害的，有权要求有关部门依法处理，或者依法向仲裁机构申请仲裁，或者依法向人民法院提起诉讼。

对有经济困难或者其他原因确需法律援助或者司法救助的残疾人，当地法律援助机构或者人民法院应当给予帮助，依法为其提供法律援助或者司法救助。

关联规定

1.《法律援助法》（2021年8月20日）

第四十五条 法律援助机构为老年人、残疾人提供法律援助服务的，应当根据实际情况提供无障碍设施设备和服务。

法律法规对向特定群体提供法律援助有其他特别规定的，依照其规定。

2.《最高人民法院关于对经济确有困难的当事人提供司法救助的规定》（2005年4月5日）

第三条 当事人符合本规定第二条并具有下列情形之一的，可以向人民法院申请司法救助：

（一）追索赡养费、扶养费、抚育费、抚恤金的；

（二）孤寡老人、孤儿和农村“五保户”；

（三）没有固定生活来源的残疾人、患有严重疾病的人；

……

3.《最高人民法院、中国残疾人联合会关于在审判执行工作中切实维护残疾人合法权益的意见》（2018年7月13日）

1. 基本要求。人民法院应当按照诉讼两便原则和国家保障残疾人的法律、政策，坚持问题导向，因案施策，积极回应残疾人的司法需求，保障残疾人平等、充分、方便地参与诉讼活动，不断提升为残疾人提供司法服务和保障工作的能力和水平。残疾人联合会应当依法履责，积极为残疾人参加诉讼活动提供支持和帮助。

2. 加强沟通协作。办理涉残疾人案件，应加强同残疾人联合会等人民团体、政府有关部门以及残疾人所在单位、社区、居民委员会、村民委员会等的沟通联系，全面了解情况，充分沟通协调，推动解决残疾当事人的实际困难，合力做好维护残疾人合法权益工作。

3. 方便残疾人立案。对交通不便的涉残疾人案件，可由人民法庭直接立案；积极采用网上立案、上门立案、电话立案等绿色通道快速立案。残疾人书写起诉状确有困难的，可以口头起诉，由人民法院记入笔录；提交的起诉状内容有欠缺或者错误的，应当一次性告知需要补正的内容，并予以指导。

4. 加强诉讼引导。对残疾当事人要加强诉讼程序的引导和释明，保障其依法行使诉讼权利。对确有困难无法自行收集证据的残疾当事人，依法放宽职权调查取证的条件。对残疾当事人申请保全的，根据案件具体情况和残疾当事人的实际，依法合理确定保全担保的方式。

5. 依法适用监护制度。无民事行为能力、限制民事行为能力的残疾人参加诉讼的，应由其监护人作为法定代理人代为诉讼。事先没有确定监护人的，可以由有监护资格的人协商确定。协商不成的，按照最有利于被监护人的原则，尊重被监护人的真实意愿，在依法具有监护资格的人中指定监护人。没有依法具有监护资格的人的，可以依照民法总则第三十二条规定指定有关组织担任诉讼代理人。

6. 方便参与诉讼。采用相对灵活的审判工作机制，方便残疾人参加诉讼。大力推广车载法庭、就地审理、上门调解等巡回审判模式，力促当庭结案，就地化解矛盾。充分运用信息化手段，通过网上开庭、网上调解等远程视频形式方便残疾当事人诉讼。

7. 加快审理流程。对涉残疾当事人的案件，依法繁简分流，提高诉讼效率。及早开庭、及时判决、尽快结案，缩短办案周期。充分运用小额诉讼程序，发挥一审终审优势，尽快实现残疾当事人的合法权益。对事实清楚、债权债务关系明确的金钱给付案件，依法引导残疾当事人申请适用督促程序，以支付令方式快速结案。对追索赡养费、扶养费、抚育费、抚恤金、医疗费用、劳动报酬以及需要立即返还社会保险金、社会救助资金的，依法先予执行。

8. 加大执行力度。残疾当事人胜诉案件，当事人不自动履行的，要直接移送执行，尽快进入执行程序，加大执行力度，依法从快执结，及时实现残疾人合法权益。

9. 加强法律援助。自受理刑事案件之日起三日内，依法告知残疾被告人有权委托辩护人；对于因经济困难或者其他原因没有委托辩护人的，告知其向当地法律援助机构申请法律援助或者向当地残疾人联合会申请法律救助。刑事案件的残疾被害人、残疾自诉人以及民事、行政案件的残疾当事人，因经济困难没有委托诉讼代理人的，应当告知其可以向当地法律援助机构或者向当地残疾人联合会申请法律救助。接到残疾当事人提出法律援助申请的，应当依法及时转交法律援助机构。

10. 加强司法救助。对经济确有困难、符合相应条件的残疾当事人，应当依法为其缓、减、免诉讼费用。对符合司法救助条件的残疾人，应当告知其有权提出救助申请。对已经提供法律援助的残疾当事人，应当进行司法救助。

11. 及时指定辩护人。刑事被告人是未成年残疾人，或者是盲、聋、哑、不能完全辨认或控制自己行为的成年残疾人，或者是可能被判处无期徒刑、死刑的残疾人，没有委托辩护人的，应当依法通知法律援助机构指派律师提供辩护。

12. 严厉惩处侵害残疾人的犯罪。对侵害残疾人权益的犯罪，特别是以暴力、威胁或者限制人身自由的方法强迫残疾人劳动，以暴力、胁迫手段组织残疾人乞讨以及组织未成年残疾人进行盗窃、诈骗、抢夺、敲诈勒索等违反治安管理活动的犯罪，依法严厉惩处，切实保护残疾人的人身财产安全。

13. 依法对残疾被告人从宽量刑。刑事案件中的残疾被告人，犯罪情节轻微依法不需要判处刑罚的，可以免予刑事处罚；尚未完全丧失辨认或者控制自己行为能力的精神病人犯罪的，可以从轻或者减轻处罚；又聋又哑的人或者盲人犯罪的，可以从轻、减轻或者免除处罚。

14. 办理好残疾人申请国家赔偿案件。对于残疾人申请国家赔偿的案件，认真对待残疾人提出的各项权利诉求，符合受理条件的，应当依法尽快受理。充分听取残疾人关于赔偿方式、赔偿项目和赔偿数额意见，依法及时作出赔偿决定。

15. 健全涉残疾人纠纷多元化解机制。对于涉残疾人的民事案件，应当积极开展诉前调解、委托调解、多元调解，大力借助残疾人联合会、人民调解委员会、基层司法所等组织以及公安交通、劳动保障、医疗卫生等有关部门力量，合力化解纠纷。

16. 发挥好司法建议作用。在审判执行工作中发现有关单位存在侵犯残疾人合法权益的行为或者维护残疾人权益工作不到位等情况的，应当及时向有关单位以及当地政府主管部门、残疾人联合会等通报情况，必要时发出司法建议，并跟踪反馈督促落实。

17. 依法妥善处理涉残疾人涉诉信访案件。对于残疾信访当事人，人民法院应当做到特别关照，及时接待，有诉必理。要认真审查信访材料，听取意见，及时记录来访信息。对能够当场解答的问题，应即问即答；不能当场解答的，告知按规定期限等待处理。

18. 完善诉讼无障碍设施及服务。大力推进法院接待场所、审判场所的无障碍设施建设，方便残疾人参加诉讼。积极推进信息交流无障碍环境建设，根据案件情况，允许相关辅助、陪护人员陪同残疾当事人出庭。

19. 支持残疾人联合会依法履责。残疾人联合会应当积极帮助残疾人获得法律服务。残疾人联合会收到法律救助申请的，应当依法依规予以办理。残疾人联合会可以应要求协助残疾人向人民法院提出司法救助申请。

20. 残疾人联合会应当主动担负起为残疾人提供法律救助服务的职责，积极配合和支持人民法院办理涉残疾人案件。残疾人联合会应当积极对残疾当事人做好诉讼引导、答疑解惑、释法说理等工作。

21. 残疾人联合会和残疾人法律救助工作站主动可以支持民事权益受损害的残疾人、残疾人组织、残疾人服务机构依法向人民法院提起诉讼；可以依法参与巡回审判、网上开庭、就地调解、网上调解等诉讼活动，为残疾当事人提供必要的协助和支持。

22. 残疾人联合会应当积极配合人民法院联系、聘请辅助人员为残疾当事人提供手语、盲文等诉讼辅助服务，方便残疾人参加诉讼活动。

第六十一条 国家工作人员的法律责任

违反本法规定，对侵害残疾人权益行为的申诉、控告、检举，推诿、拖延、压制不予查处，或者对提出申诉、控告、检举的人进行打击报复的，由其所在单位、主管部门或者上级机关责令改正，并依法对直接负责的主管人员和其他直接责任人员给予处分。

国家工作人员未依法履行职责，对侵害残疾人权益的行为未及时制止或者未给予受害残疾人必要帮助，造成严重后果的，由其所在单位或者上级机关依法对直接负责的主管人员和其他直接责任人员给予处分。

要点提示

对侵害残疾人权益的申诉、控告、检举，任何机关、组织、企业事业单位都要认真对待，依法予以查处，绝不能推诿、拖延、压制不予查处的，更不能对提出申诉、控告、检举的人进行打击报复，否则要由违法行为人所在单位、主管部门或者上级机关责令改正，并依法对直接负责的主管人员和其他直接责任人员给予处分，情节严重，构成犯罪的，还要依法追究刑事责任，包括渎职罪和打击报复罪。

关联规定

《刑法》（2020年12月26日）

第二百五十四条 国家机关工作人员滥用职权、假公济私，对控告人、申诉人、批评人、举报人实行报复陷害的，处二年以下有期徒刑或者拘役；情节严重的，处二年以上七年以下有期徒刑。

第三百九十七条 国家机关工作人员滥用职权或者玩忽职守，致使公共财产、国家和人民利益遭受重大损失的，处三年以下有期徒刑或者拘役；情节特别严重的，处三年以上七年以下有期徒刑。本法另有规定的，依照规定。

国家机关工作人员徇私舞弊，犯前款罪的，处五年以下有期徒刑或者拘役；情节特别严重的，处五年以上十年以下有期徒刑。本法另有规定的，依照规定。

第六十二条 通过大众传播媒介贬低损害残疾人人格的法律责任

违反本法规定，通过大众传播媒介或者其他方式贬低损害残疾人人格的，由文化、广播电视、电影、新闻出版或者其他有关主管部门依据各自的职权责令改正，并依法给予行政处罚。

关联规定

《行政处罚法》（2021年1月22日）

第二十八条第一款 行政机关实施行政处罚时，应当责令当事人改正或者限期改正违法行为。

第六十三条 有关教育机构的法律责任

违反本法规定，有关教育机构拒不接收残疾学生入学，或者在国家规定的录取要求以外附加条件限制残疾学生就学的，由有关主管部门责令改正，并依法对直接负责的主管人员和其他直接责任人员给予处分。

第六十四条 歧视残疾人劳动者的法律责任

违反本法规定，在职工的招用等方面歧视残疾人的，由有关主管部门责令改正；残疾人劳动者可以依法向人民法院提起诉讼。

关联规定

《就业促进法》（2015 年 4 月 24 日）

第六十二条 违反本法规定，实施就业歧视的，劳动者可以向人民法院提起诉讼。

第六十五条 供养、托养机构及其工作人员的法律责任

违反本法规定，供养、托养机构及其工作人员侮辱、虐待、遗弃残疾人的，对直接负责的主管人员和其他直接责任人员依法给予处分；构成违反治安管理行为的，依法给予行政处罚。

第六十六条 违反无障碍设施管理规定的法律责任

违反本法规定，新建、改建和扩建建筑物、道路、交通设施，不符合国家有关无障碍设施工程建设标准，或者对无障碍设施未进行及时维修和保护造成后果的，由有关主管部门依法处理。

关联规定

1.《建筑法》（2019 年 4 月 23 日）

第七十二条 建设单位违反本法规定，要求建筑设计单位或者建筑施工企业违反建筑工程质量、安全标准，降低工程质量的，责令改正，可以处以罚款；构成犯罪的，依法追究刑事责任。

第七十三条 建筑设计单位不按照建筑工程质量、安全标准进行设计的，责令改正，处以罚款；造成工程质量事故的，责令停业整顿，降低资质等级或者吊销资质证书，没收违法所得，并处罚款；造成损失的，承担赔偿责任；构成犯罪的，依法追究刑事责任。

2.《建设工程质量管理条例》（2019年4月23日）

第六十三条 违反本条例规定，有下列行为之一的，责令改正，处10万元以上30万元以下的罚款：

（一）勘察单位未按照工程建设强制性标准进行勘察的；

（二）设计单位未根据勘察成果文件进行工程设计的；

（三）设计单位指定建筑材料、建筑构配件的生产厂、供应商的；

（四）设计单位未按照工程建设强制性标准进行设计的。

有前款所列行为，造成工程质量事故的，责令停业整顿，降低资质等级；情节严重的，吊销资质证书；造成损失的，依法承担赔偿责任。

第六十四条 违反本条例规定，施工单位在施工中偷工减料的，使用不合格的建筑材料、建筑构配件和设备的，或者有不按照工程设计图纸或者施工技术标准施工的其他行为的，责令改正，处工程合同价款2%以上4%以下的罚款；造成建设工程质量不符合规定的质量标准的，负责返工、修理，并赔偿因此造成的损失；情节严重的，责令停业整顿，降低资质等级或者吊销资质证书。

3.《城市道路管理条例》（2019年3月24日）

第四十一条 承担城市道路养护、维修的单位违反本条例的规定，未定期对城市道路进行养护、维修或者未按照规定的期限修复竣工，并拒绝接受市政工程行政主管部门监督、检查的，由市政工程行政主管部门责令限期改正，给予警告；对负有直接责任的主管人员和其他直接责任人员，依法给予行政处分。

第六十七条 其他法律责任

违反本法规定，侵害残疾人的合法权益，其他法律、法规规定行政处罚的，从其规定；造成财产损失或者其他损害的，依法承担民事责任；构成犯罪的，依法追究刑事责任。

第九章 附　　则

第六十八条 施行日期

本法自 2008 年 7 月 1 日起施行。

中华人民共和国老年人权益保障法

（1996年8月29日第八届全国人民代表大会常务委员会第二十一次会议通过　根据2009年8月27日第十一届全国人民代表大会常务委员会第十次会议《关于修改部分法律的决定》第一次修正　2012年12月28日第十一届全国人民代表大会常务委员会第三十次会议修订　根据2015年4月24日第十二届全国人民代表大会常务委员会第十四次会议《关于修改〈中华人民共和国电力法〉等六部法律的决定》第二次修正　根据2018年12月29日第十三届全国人民代表大会常务委员会第七次会议《关于修改〈中华人民共和国劳动法〉等七部法律的决定》第三次修正）

目　　录

第一章 总 则

第一条 立法宗旨

为了保障老年人合法权益，发展老龄事业，弘扬中华民族敬老、养老、助老的美德，根据宪法，制定本法。

关联规定

《民法典》（2020年5月28日）

第一百二十八条 法律对未成年人、老年人、残疾人、妇女、消费者等的民事权利保护有特别规定的，依照其规定。

第一千零四十一条 婚姻家庭受国家保护。

实行婚姻自由、一夫一妻、男女平等的婚姻制度。

保护妇女、未成年人、老年人、残疾人的合法权益。

第二条 老年人的界定

本法所称老年人是指六十周岁以上的公民。

第三条 国家依法保障老年人的合法权益

国家保障老年人依法享有的权益。

老年人有从国家和社会获得物质帮助的权利，有享受社会服务和社会优待的权利，有参与社会发展和共享发展成果的权利。

禁止歧视、侮辱、虐待或者遗弃老年人。

要点提示

本条第一款强调国家保障老年人依法享有的权益。法律上所称的权益是当事人依据法律规定所享有的权益，即合法权益。依法享有的权益方受法律和国家的保护，反之，没有法律依据，在法律上不称其为权益，不受本法的保护。

关联规定

1. 《宪法》（2018年3月11日）

第四十五条 中华人民共和国公民在年老、疾病或者丧失劳动能力的情况下，有从国家和社会获得物质帮助的权利。国家发展为公民享受这些权利所需要的社会保险、社会救济和医疗卫生事业。

国家和社会保障残废军人的生活，抚恤烈士家属，优待军人家属。

国家和社会帮助安排盲、聋、哑和其他有残疾的公民的劳动、生活和教育。

第四十九条 婚姻、家庭、母亲和儿童受国家的保护。

夫妻双方有实行计划生育的义务。

父母有抚养教育未成年子女的义务，成年子女有赡养扶助父母的义务。

禁止破坏婚姻自由，禁止虐待老人、妇女和儿童。

2. 《民法典》（2020年5月28日）

第一百二十八条 法律对未成年人、老年人、残疾人、妇女、消费者等的民事权利保护有特别规定的，依照其规定。

第一千零四十一条第三款 保护妇女、未成年人、老年人、残疾人的合法权益。

3. 《社会保险法》（2018年12月29日）

第二条 国家建立基本养老保险、基本医疗保险、工伤保险、失业保险、生育保险等社会保险制度，保障公民在年老、疾病、工伤、失业、生育等情况下依法从国家和社会获得物质帮助的权利。

第四条 积极应对人口老龄化

积极应对人口老龄化是国家的一项长期战略任务。

国家和社会应当采取措施，健全保障老年人权益的各项制度，逐步改善保障老年人生活、健康、安全以及参与社会发展的条件，实现老有所养、老有所医、老有所为、老有所学、老有所乐。

第五条 社会保障、社会养老服务体系

国家建立多层次的社会保障体系，逐步提高对老年人的保障水平。

国家建立和完善以居家为基础、社区为依托、机构为支撑的社会养老服务体系。

倡导全社会优待老年人。

关联规定

1.《人口与计划生育法》（2021 年 8 月 20 日）

第二十四条 国家建立、健全基本养老保险、基本医疗保险、生育保险和社会福利等社会保障制度，促进计划生育。

国家鼓励保险公司举办有利于计划生育的保险项目。

第三十一条第四款 在国家提倡一对夫妻生育一个子女期间，按照规定应当享受计划生育家庭老年人奖励扶助的，继续享受相关奖励扶助，并在老年人福利、养老服务等方面给予必要的优先和照顾。

2.《乡村振兴促进法》（2021 年 4 月 29 日）

第五十四条 国家完善城乡统筹的社会保障制度，建立健全保障机制，支持乡村提高社会保障管理服务水平；建立健全城乡居民基本养老保险待遇确定和基础养老金标准正常调整机制，确保城乡居民基本养老保险

待遇随经济社会发展逐步提高。

国家支持农民按照规定参加城乡居民基本养老保险、基本医疗保险，鼓励具备条件的灵活就业人员和农业产业化从业人员参加职工基本养老保险、职工基本医疗保险等社会保险。

国家推进城乡最低生活保障制度统筹发展，提高农村特困人员供养等社会救助水平，加强对农村留守儿童、妇女和老年人以及残疾人、困境儿童的关爱服务，支持发展农村普惠型养老服务和互助性养老。

3.《全国社会保障基金条例》（2016年3月10日）

第三条 全国社会保障基金是国家社会保障储备基金，用于人口老龄化高峰时期的养老保险等社会保障支出的补充、调剂。

第四条 国家根据人口老龄化趋势和经济社会发展状况，确定和调整全国社会保障基金规模。

全国社会保障基金的筹集和使用方案，由国务院确定。

4.《关于推进基本养老服务体系建设的意见》（2023年5月21日）

一、总体要求

……

（二）主要任务。基本养老服务是指由国家直接提供或者通过一定方式支持相关主体向老年人提供的，旨在实现老有所养、老有所依必需的基础性、普惠性、兜底性服务，包括物质帮助、照护服务、关爱服务等内容。基本养老服务的对象、内容、标准等根据经济社会发展动态调整，“十四五”时期重点聚焦老年人面临家庭和个人难以应对的失能、残疾、无人照顾等困难时的基本养老服务需求。

（三）工作原则

——基础性原则。立足我国基本国情，统筹考虑必要性和可能性，着眼保基本、广覆盖、可持续，尽力而为、量力而行，保障老年人的基本生活和照料需要。

——普惠性原则。在提高基本公共服务均等化水平的过程中，逐步拓展基本养老服务的对象和内容，使所有符合条件的老年人能够方便可及、大致均等地获得基本养老服务。

——共担性原则。在赡养人、扶养人切实履行赡养、扶养义务基础上，通过提供基本养老服务、发挥市场作用、引导社会互助共济等方式，帮助困难家庭分担供养、照料方面的负担。

——系统性原则。推动社会保险、社会救助、社会福利、慈善事业、老年优待等制度资源优化整合，强化各相关领域体制改革配套衔接，支持基本养老服务体系发展。

5.《关于切实解决老年人运用智能技术困难的实施方案》（2020年11月15日）

一、总体要求

……

（二）基本原则。

——坚持传统服务与智能创新相结合。在各类日常生活场景中，必须保留老年人熟悉的传统服务方式，充分保障在运用智能技术方面遇到困难的老年人的基本需求；紧贴老年人需求特点，加强技术创新，提供更多智能化适老产品和服务，促进智能技术有效推广应用，让老年人能用、会用、敢用、想用。坚持“两条腿”走路，使智能化管理适应老年人，并不断改进传统服务方式，为老年人提供更周全、更贴心、更直接的便利化服务。

——坚持普遍适用与分类推进相结合。强化问题导向和需求导向，针对老年人在运用智能技术方面遇到的突出共性问题，采取普遍适用的政策措施；对不同年龄段、不同教育背景、不同生活环境和习惯的老年人，分类梳理问题，采取有针对性、差异化的解决方案。

——坚持线上服务与线下渠道相结合。线上服务更加突出人性化，充分考虑老年人习惯，便利老年人使用；线下渠道进一步优化流程、简化手续，不断改善老年人服务体验，与线上服务融合发展、互为补充，有效发挥兜底保障作用。

——坚持解决突出问题与形成长效机制相结合。围绕老年人出行、就医等高频事项和服务场景，抓紧解决目前最突出、最紧迫的问题，切实保障老年人基本服务需要；在此基础上，逐步总结积累经验，不断提升智能化服务水平，完善服务保障措施，建立长效机制，有效解决老年人面临的“数字鸿沟”问题。

（三）工作目标。

在政策引导和全社会的共同努力下，有效解决老年人在运用智能技术方面遇到的困难，让广大老年人更好地适应并融入智慧社会。到2020年底前，集中力量推动各项传统服务兜底保障到位，抓紧出台实施一批解决老年人运用智能技术最迫切问题的有效措施，切实满足老年人基本生活需要。到2021年底前，围绕老年人出行、就医、消费、文娱、办事等高频事项和服务场景，推动老年人享受智能化服务更加普遍，传统服务方式更加完善。到2022年底前，老年人享受智能化服务水平显著提升、便捷性不断提高，线上线下服务更加高效协同，解决老年人面临的“数字鸿沟”问题的长效机制基本建立。

第六条 老龄事业发展规划、老龄工作机构

各级人民政府应当将老龄事业纳入国民经济和社会发展规划，将老龄事业经费列入财政预算，建立稳定的经费保障机制，并鼓励社会各方面投入，使老龄事业与经济、社会协调发展。

国务院制定国家老龄事业发展规划。县级以上地方人民政府根据国家老龄事业发展规划，制定本行政区域的老龄事业发展规划和年度计划。

县级以上人民政府负责老龄工作的机构，负责组织、协调、指导、督促有关部门做好老年人权益保障工作。

关联规定

《“十四五”国家老龄事业发展和养老服务体系规划》（2021年12月30日）

二、总体要求

……

（二）基本原则。

——系统谋划，整体推进。坚持应对人口老龄化和促进经济社会发展相结合，坚持满足老年人需求和解决人口老龄化问题相结合，统筹把握老年群体与全体社会成员、老年期与全生命周期、老龄政策与公共政策的关系，系统整体推进老龄事业发展。

——以人为本，顺应趋势。贯彻以人民为中心的发展思想，聚焦老年人在社会保障、养老、医疗等民生问题上的“急难愁盼”，加快建设符合中国国情、顺应人口老龄化趋势的保障和服务体系，优化服务供给，提升发展质量，确保始终与经济社会发展相适应。

——兜好底线，广泛普惠。推进养老服务体系建设，强化政府保基本兜底线职能，促进资源均衡配置，确保基本养老服务保障到位。大力发展普惠型养老服务，充分调动社会力量积极性，为人民群众提供方便可及、价格可负担、质量有保障的养老服务。

——改革创新，扩大供给。深化放管服改革，优化营商环境，培育新产业、新业态、新模式，推动服务业多业态深度融合发展，打造制造业创新示范高地。大力发展银发经济，推动老龄事业与产业、基本公共服务与多样化服务协调发展，努力满足老年人多层次多样化需求。

——多方参与，共建共享。坚持政府、社会、家庭、个人共同参与、各尽其责，弘扬中华民族孝亲敬老传统美德，巩固家庭养老的基础地位，打造老年友好型社会。引导老年人树立主动健康和终身发展理念，鼓励老年人积极面对老年生活，在经济社会发展中充分发挥作用。

（三）发展目标。

“十四五”时期，积极应对人口老龄化国家战略的制度框架基本建立，老龄事业和产业有效协同、高质量发展，居家社区机构相协调、医养康养相结合的养老服务体系和健康支撑体系加快健全，全社会积极应对人口老龄化格局初步形成，老年人获得感、幸福感、安全感显著提升。

养老服务供给不断扩大。覆盖城乡、惠及全民、均衡合理、优质高效的养老服务供给进一步扩大，家庭养老照护能力有效增强，兜底养老服务更加健全，普惠养老服务资源持续扩大，多层次多样化养老服务优质规范发展。

老年健康支撑体系更加健全。老年健康服务资源供给不断增加，配置更加合理，人才队伍不断扩大。家庭病床、上门巡诊等居家医疗服务积极开展。老年人健康水平不断提升，健康需求得到更好满足。

为老服务多业态创新融合发展。老年人教育培训、文化旅游、健身休闲、金融支持等服务不断丰富，围绕老年人衣食住行、康复护理的老年用品产业不断壮大，科技创新能力明显增强，智能化产品和服务惠及更多老年人。

要素保障能力持续增强。行业营商环境持续优化，规划、土地、住房、财政、投资、融资、人才等支持政策更加有力，从业人员规模和能力不断提升，养老服务综合监管、长期护理保险等制度更加健全。

社会环境更加适老宜居。全国示范性老年友好型社区建设全面推进，敬老爱老助老的社会氛围日益浓厚，老年人社会参与程度不断提高。老年人在运用智能技术方面遇到的困难得到有效解决，广大老年人更好地适应并融入智慧社会。

第七条 全社会的共同责任

保障老年人合法权益是全社会的共同责任。

国家机关、社会团体、企业事业单位和其他组织应当按照各自职责，做好老年人权益保障工作。

基层群众性自治组织和依法设立的老年人组织应当反映老年人的要求，维护老年人合法权益，为老年人服务。

提倡、鼓励义务为老年人服务。

第八条 老龄化宣传教育

国家进行人口老龄化国情教育，增强全社会积极应对人口老龄化意识。

全社会应当广泛开展敬老、养老、助老宣传教育活动，树立尊重、关心、帮助老年人的社会风尚。

青少年组织、学校和幼儿园应当对青少年和儿童进行敬老、养老、助老的道德教育和维护老年人合法权益的法制教育。

广播、电影、电视、报刊、网络等应当反映老年人的生活，开展维护老年人合法权益的宣传，为老年人服务。

关联规定

《“十四五”国家老龄事业发展和养老服务体系规划》（2021年12月30日）

九、营造老年友好型社会环境

……

（二十六）培育敬老爱老助老社会风尚。

营造良好社会氛围。健全老年人权益保障机制，加强老龄法治建设，加大普法宣传教育力度。鼓励各地争创积极应对人口老龄化重点联系城市，开展全国示范性老年友好型社区创建活动，将老年友好型社会建设情况纳入文明城市评选的重要内容。加强老年人优待工作，鼓励各地推广与当地文化风俗、经济社会发展水平相适应的敬老爱老优待服务和活动。

积极发挥多方合力。建立健全为老志愿服务项目库，鼓励机构开发志愿服务项目，支持公益慈善类社会组织参与，引导在校生志愿服务和暑期实践、相关专业学生社会实习、社会爱心人士志愿服务等与老年人生活服务、健康服务、精神慰藉、法律援助等需求有效对接。围绕关爱老年人开展慈善募捐、慈善信托等慈善活动，依法加强对慈善组织和慈善活动的扶持和监管。

第九条 老龄科学研究、统计调查

国家支持老龄科学研究，建立老年人状况统计调查和发布制度。

第十条 表彰和奖励

各级人民政府和有关部门对维护老年人合法权益和敬老、养老、助老成绩显著的组织、家庭或者个人，对参与社会发展做出突出贡献的老年人，按照国家有关规定给予表彰或者奖励。

第十一条 遵纪守法

老年人应当遵纪守法，履行法律规定的义务。

第十二条 老年节

每年农历九月初九为老年节。

第二章　家庭赡养与扶养

第十三条 居家养老

老年人养老以居家为基础，家庭成员应当尊重、关心和照料老年人。

要点提示

居家养老是指老年人居住在家中，由家庭成员和社会来提供相应照料和养老服务的养老方式，它是一种吸收了机构养老专业化服务和传统家庭养老优点的新型养老模式。

“居家养老”相较过去传统的“家庭养老”而言，虽一字之差，却有着全新的理念和内涵，它把社会化的养老服务引入家庭，是对传统家庭养老模式的补充与创新。居家养老服务，是指由政府和社会力量依托社区，帮助家庭成员为在家居住的老年人提供生活照料、家政服务、康复护理、医疗保健、精神慰藉等方面的服务，以上门服务为主要形式。它实际上是支持家庭养老的社会化服务体系，具有服务主体多元化、服务对象公众化、服务方式多样化、服务队伍专业化等特点。

关联规定

1.《民法典》（2020 年 5 月 28 日）

第一千零四十三条 家庭应当树立优良家风，弘扬家庭美德，重视家庭文明建设。

夫妻应当互相忠实，互相尊重，互相关爱；家庭成员应当敬老爱幼，互相帮助，维护平等、和睦、文明的婚姻家庭关系。

第一千零八十八条 夫妻一方因抚育子女、照料老年人、协助另一方工作等负担较多义务的，离婚时有权向另一方请求补偿，另一方应当给予补偿。具体办法由双方协议；协议不成的，由人民法院判决。

2.《国务院办公厅关于制定和实施老年人照顾服务项目的意见》（2017 年 6 月 6 日）

二、重点任务

……

（二）发展居家养老服务，为居家养老服务企业发展提供政策支持。鼓励与老年人日常生活密切相关的各类服务行业为老年人提供优先、便利、优惠服务。大力扶持专业服务机构并鼓励其他组织和个人为居家老年人提供生活照料、医疗护理、精神慰藉等服务。鼓励和支持城乡社区社会组织和相关机构为失能老年人提供临时或短期托养照顾服务。

……

（十七）鼓励制定家庭养老支持政策，引导公民自觉履行赡养义务和承担照料老年人责任……

第十四条 赡养义务

赡养人应当履行对老年人经济上供养、生活上照料和精神上慰藉的义务，照顾老年人的特殊需要。

赡养人是指老年人的子女以及其他依法负有赡养义务的人。

赡养人的配偶应当协助赡养人履行赡养义务。

关联规定

1.《宪法》（2018 年 3 月 11 日）

第四十九条 婚姻、家庭、母亲和儿童受国家的保护。

夫妻双方有实行计划生育的义务。

父母有抚养教育未成年子女的义务，成年子女有赡养扶助父母的义务。

禁止破坏婚姻自由，禁止虐待老人、妇女和儿童。

2.《民法典》（2020 年 5 月 28 日）

第二十六条第二款 成年子女对父母负有赡养、扶助和保护的义务。

第三十七条 依法负担被监护人抚养费、赡养费、扶养费的父母、子女、配偶等，被人民法院撤销监护人资格后，应当继续履行负担的义务。

第一百九十六条 下列请求权不适用诉讼时效的规定：

……

（三）请求支付抚养费、赡养费或者扶养费；

（四）依法不适用诉讼时效的其他请求权。

第一千零六十七条第二款 成年子女不履行赡养义务的，缺乏劳动能力或者生活困难的父母，有要求成年子女给付赡养费的权利。

第一千零六十九条 子女应当尊重父母的婚姻权利，不得干涉父母离婚、再婚以及婚后的生活。子女对父母的赡养义务，不因父母的婚姻关系变化而终止。

第一千零七十二条 继父母与继子女间，不得虐待或者歧视。

继父或者继母和受其抚养教育的继子女间的权利义务关系，适用本法关于父母子女关系的规定。

第一千零七十四条第二款 有负担能力的孙子女、外孙子女，对于子女已经死亡或者子女无力赡养的祖父母、外祖父母，有赡养的义务。

典型案例

1. 陈某某赡养费纠纷案①

◎ **关键词：**“常回家看看”；精神赡养

◎ **基本案情**

陈某某与妻子1952年结婚，婚后育有二子、三女，妻子及两个儿子均已去世。现陈某某同小女儿生活。陈某某年事已高且体弱多病，希望女儿常回家探望照顾自己，因女儿不同意负担陈某某的医药费及赡养费，故诉请判令长女和次女每月探望其不少于一次，患病期间三个女儿必须轮流看护；三个女儿共同给付陈某某医疗费、赡养费。

◎ **裁判结果**

黑龙江省佳木斯市前进区人民法院认为，子女对父母有赡养扶助的义务，子女不履行赡养义务时，无劳动能力或生活困难的父母，有要求子女给付赡养费的权利。子女不能因为父母有退休收入或者有一定的经济来源就完全将父母置之不顾，这不仅违反法律规定，也不符合中华民族“百善孝为先”的传统美德。子女对于不在一起生活的父母，应根据其实际生活需要、实际负担能力、当地一般生活水平，给付一定的赡养费用。本案陈某某年事已高且身患疾病，三个女儿作为赡养人，应当履行对其经济上供养、生活上照料和精神上慰藉的义务，故判决长女和次女每月探望陈某某不少于一次，并给付陈某某赡养费，三个女儿共同负担陈某某医疗费用。

◎ **典型意义**

近年来，随着生活水平的不断提高，老人对子女经济供养方面的要求越来越少，越来越多的老人更加注重精神层面的需求，涉及“精神赡养”

---

① 《人民法院老年人权益保护十大典型案例》，载最高人民法院网，https：//www. court. gov. cn/zixun/xiangqing/287711. html，最后访问时间：2023年5月1日。

的案件数量也有所上升，该类案件执行情况远比给付金钱的案件要难得多，且强制执行远不及主动履行效果好，希望“常回家看看”是子女们发自内心的行为，而不是强制执行的结果。“精神赡养”和“物质赡养”同样重要。老人要求子女定期探望的诉求，是希望子女能够承欢膝下，符合法律规定，体现中华民族传统的孝道，应当得到支持。“百善孝为先”，对老人的赡养绝不是一纸冷冰冰的判决就可以完成的，希望所有子女能够常回家看看，多关注老年人的精神需求。

2. 刘某芽赡养纠纷案①

◎ **关键词**：子女赡养义务；检察院支持起诉

◎ 基本案情

刘某芽与妻子共生育四子女，均已成年并结婚。刘某如系其子，与刘某芽相邻而居。2010年，刘某如意外受伤，认为父母在其受伤休养期间未对其进行照料，产生矛盾，此后矛盾日益加剧，刘某如长期不支付父母的生活费，亦未照顾父母生活起居。2019年，母亲因病去世，刘某如拒绝操办丧葬事宜，亦未支付相关费用，有关丧葬事宜由刘某芽与其他三子女共同操办。经村干部调解，刘某如仍拒绝支付赡养费及照顾刘某芽的生活起居。因刘某芽年迈且患有心脏病，行动不便，新干县检察院指派检察员出庭支持起诉，认为刘某芽现年80岁，已无劳动能力，生活来源仅靠其他子女接济，尚不足以负担生活及医疗费用，子女有赡养老人的义务，刘某芽要求刘某如支付赡养费及丧葬费的诉请应得到支持。

◎ 裁判结果

江西省新干县人民法院认为，孝敬父母是中华民族的优良传统，子女应当履行赡养义务，不应附加任何条件。刘某芽年事已高，身患疾病，无生活来源、无劳动能力，刘某如应依法对其承担赡养义务。同时，赡养父母的义务不仅包含给予父母经济供养及生活照料，还应给予父母精神上的

---

① 《人民法院老年人权益保护十大典型案例》，载最高人民法院网，https://www.court.gov.cn/zixun/xiangqing/287711.html，最后访问时间：2023年5月1日。

慰藉，也应当在父母百年之后及时妥善地办理丧葬事宜，刘某如拒绝支付丧葬费，不符合法律规定，亦违背伦理道德。故判决刘某如每年支付刘某芽赡养费，并支付其母亲办理丧葬事宜的费用。

◎ **典型意义**

子女赡养父母不仅是德之根本，也是法律明确规定的义务。在家庭生活中，家庭成员之间虽有矛盾，但赡养父母是法定义务，子女应当对老年人经济上供养、生活上照料、精神上慰藉，以及为经济困难的父母承担医疗费用等，不得以任何理由和借口拒绝履行赡养义务。关心关爱老年人，让老年人感受到司法的温暖是司法义不容辞的责任。民事诉讼在一般情况下只能由民事权益受到侵害或者发生争议的主体提出，无须其他组织或个人干预。在特殊情况下，受到损害的单位或个人不敢或不能独立保护自己的合法权益，需要有关组织给予支持，运用社会力量帮助弱势群体实现诉讼权利。支持起诉原则打破了民事主体之间的相对性，允许无利害关系的人民检察院介入诉讼中，能够在弱势群体的利益受到侵害时切实为其维护权益。

---

3. 子女应当尊重老年人选择的合理养老方式

——苏甲诉苏乙等赡养纠纷案①

◎ **关键词**：养老方式；精神赡养

◎ **基本案情**

苏甲与代某夫妻育有苏乙等六名子女。代某去世多年，苏甲现已94岁高龄，无住房，视力残疾，平时出行不便，需要看护。在长子家中生活10年，家庭矛盾较深，其他子女均无照顾意愿。苏甲要求入住养老院，因每月需缴纳费用等与子女发生争议，苏甲起诉请求判令六子女支付赡养费，并每月探望一次。

◎ **裁判结果**

审理法院认为，《中华人民共和国民法典》第二十六条第二款规定，

---

① 《人民法院老年人权益保护第三批典型案例》，载最高人民法院网，https：//www. court. gov. cn/zixun/xiangqing/398342. html，最后访问时间：2023年5月1日。

成年子女对父母负有赡养、扶助和保护的义务。《中华人民共和国老年人权益保障法》第十八条第一款规定，家庭成员应当关心老年人的精神需求，不得忽视、冷落老年人。与老年人分开居住的家庭成员，应当经常看望或者问候老年人。苏甲将子女抚养长大。六子女依法应履行赡养义务，包括对老人精神慰藉。苏甲基于家庭现实情况，要求到养老机构生活，应当尊重其意愿。综合考量苏甲实际需要、各子女经济条件和负担能力及当地生活水平等因素，判决六子女每人每月给付苏甲赡养费500元。六子女对苏甲除履行经济上供养、生活上照料的义务外，还应履行精神上慰藉的义务，每人每月应当看望及电话问候苏甲一次。

◎ 典型意义

现实生活中，有些老年人基于家庭现实情况考虑，选择在养老机构安度晚年。应当依法保障老年人对于养老方式多样化的诉求及其自主选择养老方式的权利。此外，子女不仅应履行经济上供养的义务，还应重视对老年人的精神慰藉。本案判决体现了对老年人在养老方式等问题上自主意愿的尊重，和对于精神赡养的倡导，充分保障老有所依。

第十五条 治疗和护理、生活照料

赡养人应当使患病的老年人及时得到治疗和护理；对经济困难的老年人，应当提供医疗费用。

对生活不能自理的老年人，赡养人应当承担照料责任；不能亲自照料的，可以按照老年人的意愿委托他人或者养老机构等照料。

第十六条 老年人的住房

赡养人应当妥善安排老年人的住房，不得强迫老年人居住或者迁居条件低劣的房屋。

老年人自有的或者承租的住房，子女或者其他亲属不得侵占，不得擅自改变产权关系或者租赁关系。

老年人自有的住房，赡养人有维修的义务。

典型案例

1. 冯某某与柳某某人身安全保护令及物权保护纠纷案①

◎ **关键词**：反家暴；人身安全保护令

◎ **基本案情**

冯某某女儿柳某某为了霸占其名下住房用于收租，多次以冯某某有精神病、参加传销、花巨资买保健品、要“保护”母亲财产为由，逼迫冯某某搬出。冯某某希望能独立居住，独立支配自己的退休金等合法财产。2020年，柳某某至冯某某家中大声呵斥、威胁，逼迫其搬走，持铁锤砸坏物品，抢走手机、砍断电话线以防止其报警。此后，柳某某陆续将冯某某房内冰箱、电视机、保健床垫、按摩椅等家具电器搬走并更换门锁。后经派出所调解无果。冯某某遂向人民法院提起物权保护纠纷诉讼，请求责令柳某某返还物品并停止侵害案涉住房，同时作出人身安全保护令。

◎ **裁判结果**

广东省珠海市香洲区人民法院认为，冯某某确有面临家庭暴力的风险，裁定：一、禁止被申请人柳某某对申请人冯某某实施殴打、威胁等家庭暴力行为；二、禁止被申请人柳某某骚扰、跟踪、接触申请人冯某某；三、禁止被申请人柳某某进入申请人冯某某名下住宅。

经法院调解，双方对物权保护纠纷案达成协议。

◎ **典型意义**

《中华人民共和国老年人权益保障法》第十六条第一款、第二款规定，赡养人应当妥善安排老年人的住房，不得强迫老年人居住或者迁居条件低

---

① 《最高法发布老年人权益保护第二批典型案例》，载最高人民法院网，https：//www.court.gov.cn/zixun/xiangqing/354121.html，最后访问时间：2023年5月1日。

劣的房屋，老年人自有的或者承租的住房，子女或者其他亲属不得侵占，不得擅自改变产权关系或者租赁关系；第二十二条第一款规定，老年人对个人的财产，依法享有占有、使用、收益、处分的权利，子女或者其他亲属不得干涉，不得以窃取、骗取、强行索取等方式侵犯老年人的财产权益；第二十五条规定，禁止对老年人实施家庭暴力。本案裁判明确，老年人对自己的财产有独立支配权，子女不得以“为父母好”等任何理由侵犯老年人的合法财产权益，不得对老年人实施谩骂、威胁、殴打、限制人身自由等家庭暴力行为。本案准确认定被申请人为侵占老年人财产实施家庭暴力行为的事实，及时作出人身安全保护令，训诫督促被申请人遵守人身安全保护令，有力保护了老年人人身、财产安全，取得了良好的法律效果与社会效果。

---

2. 子女处分老年人购买并长期居住的房屋应尊重其意愿

——吕某诉戴某排除妨害纠纷案①

◎ **关键词：**权利滥用；安土重迁

◎ **基本案情**

戴某（85岁）系吕某之母。案涉房屋系吕某父亲生前依单位保障家庭用房政策出资购买，戴某一直居住在该房屋内。吕父去世后戴某同意房屋登记于吕某名下。在工作日期间，吕某夫妇为接送孙辈上下学与戴某共同居住。吕某为生活便利欲置换房屋，承诺保障戴某居住需求。戴某认为自己已在该处居住半生，邻里熟悉，就医便利，希望能在此终老。即使新居面积更大、条件更优，亦不愿搬离旧宅。因协商未果，吕某以房屋所有权人身份起诉请求判令戴某不得妨害其置换房屋行为。

◎ **裁判结果**

审理法院认为，《中华人民共和国民法典》第一百三十二条规定，民事主体不得滥用民事权利损害国家利益、社会公共利益或者他人合法权

---

① 《人民法院老年人权益保护第三批典型案例》，载最高人民法院网，https：//www. court. gov. cn/zixun/xiangqing/398342. html，最后访问时间：2023年5月1日。

益。戴某虽放弃登记为所有权人，但对该房屋仍有正常居住的权益。吕某欲置换房屋以提高居住品质，但戴某已至耄耋之年，有在此颐养天年直至终老的意愿，吕某轻视戴某意愿而欲售房置换不当。判决驳回吕某的诉讼请求。

◎ **典型意义**

中华民族素有安土重迁、落叶归根的传统。本案判决没有机械按照物权变动规则支持登记权利人的主张，而是全面考虑房屋来源和现实情况，充分尊重耄耋老人对旧有居所数十载的多重情愫和美好回忆，及老人对自身社交、就医养老处所的现实考虑，明确家庭成员要尊重老年人意愿，不应滥用民事权利排除老年人居住权益，不得违背公序良俗。本案判决对于如何细化老年人居住权益保障，真正实现老有所居、老有所安，切实维护老年人权益，具有一定的指导意义。

第十七条 老年人的田地、林木和牲畜

赡养人有义务耕种或者委托他人耕种老年人承包的田地，照管或者委托他人照管老年人的林木和牲畜等，收益归老年人所有。

第十八条 老年人的精神需求

家庭成员应当关心老年人的精神需求，不得忽视、冷落老年人。

与老年人分开居住的家庭成员，应当经常看望或者问候老年人。

用人单位应当按照国家有关规定保障赡养人探亲休假的权利。

要点提示

老年人精神需求主要是指老年人获得人格尊重、情感支持和心理慰藉的需求，是养老需求的重要内容。

关心老年人精神需求，一是应当对老年人予以充分尊重，尊重老年人

自主决策和参与家庭决策、社会决策的权利，尊重老年人作为独立个体和社会成员的自主性和选择权。二是应当给予老年人情感支持和关怀，满足老年人对家庭亲情和天伦之乐的需求，重点体现在老年人与家庭成员之间保持一定频率的情感交流和互动。在为老年人提供基本生活保障的同时，更要重视对其精神需求的满足。三是对老年人予以心理疏导和安慰，及时化解老年人因个人、家庭和社会等因素产生的心理压力，满足老年人的心理期待等。

关联规定

《职工带薪年休假条例》（2007 年 12 月 14 日）

第二条 机关、团体、企业、事业单位、民办非企业单位、有雇工的个体工商户等单位的职工连续工作 1 年以上的，享受带薪年休假（以下简称年休假）。单位应当保证职工享受年休假。

职工在年休假期间享受与正常工作期间相同的工资收入。

第十九条 不得拒绝履行赡养义务、要求老年人承担力不能及的劳动

赡养人不得以放弃继承权或者其他理由，拒绝履行赡养义务。

赡养人不履行赡养义务，老年人有要求赡养人付给赡养费等权利。

赡养人不得要求老年人承担力不能及的劳动。

要点提示

赡养是一种法定义务，是无条件的，必须履行的。

关联规定

《民法典》（2020 年 5 月 28 日）

第二十六条第二款 成年子女对父母负有赡养、扶助和保护的义务。

第一千零六十七条第二款 成年子女不履行赡养义务的，缺乏劳动能力或者生活困难的父母，有要求成年子女给付赡养费的权利。

典型案例

胡某祥、万某妹与胡某平赡养纠纷支持起诉案①

◎ **关键词**：老年人权益保障；支持起诉；不履行赡养义务；多元化解机制

◎ **要旨**

老年人依法起诉要求成年子女履行赡养义务，但是缺乏起诉维权能力的，检察机关可以依老年人提出的申请，支持其起诉维权。支持起诉的检察机关可以运用多元化解纠纷机制，修复受损家庭关系。案件办结后，可以开展案件回访，巩固办案效果。

◎ **基本案情**

胡某祥、万某妹系夫妻。胡某祥现年84岁，基本丧失劳动能力。万某妹现年75岁，2019年7月因出血性脑梗死、高血压、糖尿病等先后住院两次，丧失自理能力。胡某祥、万某妹夫妇育有五名子女且均已成家，其中长女胡某玉患有精神疾病无赡养能力，次子胡某平有赡养能力但拒绝赡养父母，其余三子女不同程度地承担赡养义务。胡某祥、万某妹夫妻每月收入不足1400元，无力支付医疗费、护理费，生活陷入困境。

◎ **检察机关履职过程**

受理情况。2019年12月17日，胡某祥、万某妹夫妇因次子胡某平不履行赡养义务，生活陷入困境，就起诉维权事宜向江西省南昌市青山湖区罗家镇司法所申请法律援助，并向江西省南昌市青山湖区人民检察院（以下简称青山湖区检察院）申请支持起诉，该院审查后予以受理。

审查过程。青山湖区检察院经询问当事人、实地走访等了解到，胡某祥、万某妹夫妇生活基本不能自理，次子胡某平以其父母不抚养孙辈、财产分配不均等为由拒不分担老人医疗费、护理费，经村民委员会调解未果。考虑到本案系家事纠纷，应联合司法所、村民委员会等引导调处缓解

① 最高人民检察院指导性案例第123号。

家庭矛盾，青山湖区检察院开展一系列有针对性的矛盾化解工作。一是主动约谈胡某平夫妇，向其宣讲老年人权益保障法等相关法律，阐明拒绝赡养老人的法律后果；二是主动邀请胡某平亲戚邻居参与矛盾化解，帮助胡某平夫妇认识到拒绝赡养老人带来的亲情损害，与社会主义核心价值观相悖。经多次调解，胡某平夫妇对父母的态度发生较大变化，愿意花钱请人护理，但其同意承担的费用与客观需要尚有一定差距，无法达成和解协议。

支持起诉意见。2019 年 12 月 23 日，胡某祥、万某妹向江西省南昌市青山湖区人民法院（以下简称青山湖区法院）提起诉讼，青山湖区检察院同日发出支持起诉意见书。检察机关认为，敬老爱老自古以来就是中华民族的传统美德。成年子女应当履行对父母经济供养、生活照料和精神慰藉的赡养义务，使患病的父母及时得到治疗和护理。胡某平作为胡某祥、万某妹之子，拒不履行赡养义务，有违法律规定。

裁判结果。青山湖区法院受理本案后，青山湖区检察院主动就前期矛盾纠纷化解情况与法院沟通，配合开展调解工作。在法院、检察院、派出所、司法所等共同努力下，当事人达成调解协议。2019 年 12 月 26 日，青山湖区法院作出民事调解书：一、胡某祥、万某妹的生活费由其自理，子女胡会某、胡和某、胡某包及胡某平每月按顺序轮流负责护理父母胡某祥、万某妹，胡某平支付相应的护理费；二、胡某祥、万某妹的医疗费用由子女胡某平、胡某包各负担一半。

本案办结后，青山湖区检察院与青山湖区法院会签《关于加强民事支持起诉工作的协作意见》、与江西省南昌市青山湖区司法局会签《关于建立支持起诉和法律援助工作联系机制的规定》。青山湖区检察院联合当地村委会，开展“送法进乡村”活动，结合本案及其他相关案例开展普法宣传，教育引导村民知法守法，促进村风改善和乡村治理。2020 年 12 月 30 日，青山湖区检察院联合法院、妇联、民政局、司法所以及村委会等相关单位，再次回访了胡某祥、万某妹夫妇。胡某祥反映，其子胡某平不仅及时给付医药费、护理费，还经常上门探望。胡某祥对检察机关等单位帮助修复受损家庭关系，实现家庭和睦，表示衷心感谢。

◎ 指导意义

（一）运用多元化解纠纷机制，修复受损家庭关系。支持老年人追索赡养费案件，属于家事纠纷，要把化解矛盾、消除对立、修复受损家庭关系作为价值追求，坚持和发展新时代“枫桥经验”，将多元化解纠纷机制贯穿于支持起诉工作始终。要与司法行政机关、村委会、居委会基层群众性自治组织及人民调解组织等紧密合作，找准纠纷症结所在，做实做深矛盾化解工作，促使当事人达成和解协议。当事人未能达成和解协议诉至人民法院的，积极配合人民法院开展诉讼调解工作。通过人民调解、诉讼调解，最大限度地修复受损的家庭关系，树立优良家风，弘扬家庭美德。

（二）老年人缺乏起诉维权能力的，检察机关可以支持老年人起诉。百善孝为先。让老年人老有所养、老有所依是践行社会主义核心价值观的必然要求，是弘扬家庭美德的主要途径。成年子女不履行赡养义务的，缺乏劳动能力或者生活困难的父母有权要求成年子女给付赡养费。维护保障老年人合法权益是全社会的共同责任，县级以上人民政府负责老龄工作的机构，负责组织、协调、指导、督促有关部门做好老年人权益保障工作。基层群众性自治组织和依法设立的老年人组织亦负有维护老年人合法权益，为老年人服务的职责。检察机关履职中发现老年人合法权益受到侵害的，应当先行联系政府有关部门、基层群众性组织等为老年人维权提供帮助。老年人因年龄、身体、文化等原因不能独立提起诉讼追索赡养费而陷入生活困境的，其维权获得帮助后尚未解困的，检察机关可以支持老年人起诉，帮助老年人行使诉权，维护老年人的合法权益。

（三）积极开展案件回访，巩固办案效果。赡养包括经济帮助与亲情慰藉，缺一不可。新矛盾、新问题的出现可能造成修复的家庭关系再次破裂。办理此类案件，不能一诉了之，而要持续关注并巩固办案效果。灵活采取电话回访、实地回访、联合回访等形式，跟踪了解生效裁判执行情况和家庭关系现状，及时化解新矛盾、解决新问题。

◎ 相关规定

《中华人民共和国民事诉讼法》第十五条

《中华人民共和国民法总则》第二十六条第二款

《中华人民共和国老年人权益保障法》第十四条、第十五条第一款、第十九条第二款

第二十条 赡养协议

经老年人同意，赡养人之间可以就履行赡养义务签订协议。赡养协议的内容不得违反法律的规定和老年人的意愿。

基层群众性自治组织、老年人组织或者赡养人所在单位监督协议的履行。

第二十一条 老年人的婚姻自由

老年人的婚姻自由受法律保护。子女或者其他亲属不得干涉老年人离婚、再婚及婚后的生活。

赡养人的赡养义务不因老年人的婚姻关系变化而消除。

关联规定

1.《民法典》（2020年5月28日）

第一千零四十一条 婚姻家庭受国家保护。

实行婚姻自由、一夫一妻、男女平等的婚姻制度。

保护妇女、未成年人、老年人、残疾人的合法权益。

第一千零四十二条 禁止包办、买卖婚姻和其他干涉婚姻自由的行为。禁止借婚姻索取财物。

禁止重婚。禁止有配偶者与他人同居。

禁止家庭暴力。禁止家庭成员间的虐待和遗弃。

2.《刑法》（2020年12月26日）

第二百五十七条 以暴力干涉他人婚姻自由的，处二年以下有期徒刑或者拘役。

犯前款罪，致使被害人死亡的，处二年以上七年以下有期徒刑。

第一款罪，告诉的才处理。

典型案例

庞某某诉张某某等二人赡养费纠纷案①

◎ 关键词：老年人婚姻自由、赡养义务

◎ 基本案情

原告庞某某，女，现年78岁，先后有两次婚姻，共育有被告张某某等六名子女，其中一名已故。子女中除张某外均已成家。庞某某诉称其现居住于地瓜中学宿舍，一人独居生活，基本生活来源于拾荒及领取低保金，现年老多病、无经济来源，请求人民法院判令被告张某某等二人每月支付赡养费。

◎ 裁判结果

贵州省普安县人民法院认为，成年子女应履行对父母的赡养义务，赡养包括经济上的供养、生活上照料和精神上慰藉。原、被告之间系母子（女）关系，被告应在日常生活中多关心、照顾老人，考虑老人的情感需求，善待老人。考虑到原告共有五个成年子女、部分子女还需赡养原告前夫等现实状况，结合被告张某某等二人的年龄、收入情况及原告实际生活需求，判决张某某等二人于判决生效之日起每月向原告庞某某支付赡养费。

◎ 典型意义

百善孝为先，赡养父母是中华民族的传统美德，也是子女对父母应尽的义务。《民法典》第一千零六十九条规定，子女应当尊重父母的婚姻权利，不得干涉父母离婚、再婚以及婚后的生活，子女对父母的赡养义务，不因父母的婚姻关系变化而终止。近年来，再婚老人的赡养问题引起社会广泛关注。当前，父母干涉子女婚姻自由现象越来越少，而子女干涉父母婚姻自由的现象却屡见不鲜，许多子女在父母再婚时设置重重障碍，无情干涉，迫使

---

① 《最高法发布老年人权益保护第二批典型案例》，载最高人民法院网，https://www.court.gov.cn/zixun/xiangqing/354121.html，最后访问时间：2023年5月1日。

许多父母牺牲了自己的婚姻自由。有的子女以父母再婚为由，拒绝履行赡养义务。但是，赡养人的赡养义务不因老年人的婚姻关系变化而消除。经过法院的多次调解工作，子女能按时支付老年人的赡养费用，多年的母子情得以重续。

第二十二条 老年人的财产权利

老年人对个人的财产，依法享有占有、使用、收益和处分的权利，子女或者其他亲属不得干涉，不得以窃取、骗取、强行索取等方式侵犯老年人的财产权益。

老年人有依法继承父母、配偶、子女或者其他亲属遗产的权利，有接受赠与的权利。子女或者其他亲属不得侵占、抢夺、转移、隐匿或者损毁应当由老年人继承或者接受赠与的财产。

老年人以遗嘱处分财产，应当依法为老年配偶保留必要的份额。

关联规定

1.《民法典》（2020年5月28日）

第一百一十三条 民事主体的财产权利受法律平等保护。

第二百零七条 国家、集体、私人的物权和其他权利人的物权受法律平等保护，任何组织或者个人不得侵犯。

第六百五十七条 赠与合同是赠与人将自己的财产无偿给予受赠人，受赠人表示接受赠与的合同。

第六百五十八条 赠与人在赠与财产的权利转移之前可以撤销赠与。

经过公证的赠与合同或者依法不得撤销的具有救灾、扶贫、助残等公益、道德义务性质的赠与合同，不适用前款规定。

第六百五十九条 赠与的财产依法需要办理登记或者其他手续的，应当办理有关手续。

第六百六十条 经过公证的赠与合同或者依法不得撤销的具有救灾、

扶贫、助残等公益、道德义务性质的赠与合同，赠与人不交付赠与财产的，受赠人可以请求交付。

依据前款规定应当交付的赠与财产因赠与人故意或者重大过失致使毁损、灭失的，赠与人应当承担赔偿责任。

第六百六十一条 赠与可以附义务。

赠与附义务的，受赠人应当按照约定履行义务。

第六百六十二条 赠与的财产有瑕疵的，赠与人不承担责任。附义务的赠与，赠与的财产有瑕疵的，赠与人在附义务的限度内承担与出卖人相同的责任。

赠与人故意不告知瑕疵或者保证无瑕疵，造成受赠人损失的，应当承担赔偿责任。

第六百六十三条 受赠人有下列情形之一的，赠与人可以撤销赠与：

（一）严重侵害赠与人或者赠与人近亲属的合法权益；

（二）对赠与人有扶养义务而不履行；

（三）不履行赠与合同约定的义务。

赠与人的撤销权，自知道或者应当知道撤销事由之日起一年内行使。

第六百六十四条 因受赠人的违法行为致使赠与人死亡或者丧失民事行为能力的，赠与人的继承人或者法定代理人可以撤销赠与。

赠与人的继承人或者法定代理人的撤销权，自知道或者应当知道撤销事由之日起六个月内行使。

第六百六十五条 撤销权人撤销赠与的，可以向受赠人请求返还赠与的财产。

第六百六十六条 赠与人的经济状况显著恶化，严重影响其生产经营或者家庭生活的，可以不再履行赠与义务。

第一千一百二十三条 继承开始后，按照法定继承办理；有遗嘱的，按照遗嘱继承或者遗赠办理；有遗赠扶养协议的，按照协议办理。

第一千一百二十五条 继承人有下列行为之一的，丧失继承权：

（一）故意杀害被继承人；

（二）为争夺遗产而杀害其他继承人；

（三）遗弃被继承人，或者虐待被继承人情节严重；

（四）伪造、篡改、隐匿或者销毁遗嘱，情节严重；

（五）以欺诈、胁迫手段迫使或者妨碍被继承人设立、变更或者撤回遗嘱，情节严重。

继承人有前款第三项至第五项行为，确有悔改表现，被继承人表示宽恕或者事后在遗嘱中将其列为继承人的，该继承人不丧失继承权。

受遗赠人有本条第一款规定行为的，丧失受遗赠权。

第一千一百四十一条 遗嘱应当为缺乏劳动能力又没有生活来源的继承人保留必要的遗产份额。

2.《最高人民法院关于适用〈中华人民共和国民法典〉继承编的解释（一）》（2020年12月29日）

第二十五条 遗嘱人未保留缺乏劳动能力又没有生活来源的继承人的遗产份额，遗产处理时，应当为该继承人留下必要的遗产，所剩余的部分，才可参照遗嘱确定的分配原则处理。

继承人是否缺乏劳动能力又没有生活来源，应当按遗嘱生效时该继承人的具体情况确定。

典型案例

1. 分配遗产时应依法保护被继承人老年配偶权益

——孙丙诉袁某、孙乙继承纠纷案①

◎ **关键词：**分配遗产；保护老年配偶

◎ **基本案情**

老人袁某与孙甲有婚生子孙乙、养女孙丙。二人有房产、存款若干。2005年孙甲患病不能自理，住院15年至去世均由袁某照顾护理。孙乙因犯罪长期服刑。孙丙大学毕业到外埠工作定居。老人住院期间仅探望几

① 《人民法院老年人权益保护第三批典型案例》，载最高人民法院网，https：//www. court. gov. cn/zixun/xiangqing/398342. html，最后访问时间：2023年5月1日。

次。孙甲去世尚未安葬时，孙丙即起诉要求分配遗产。

◎ 裁判结果

审理法院认为，原《中华人民共和国继承法》第十三条规定，同一顺序继承人继承遗产的份额，一般应当均等。对被继承人尽了主要扶养义务或者与被继承人共同生活的继承人，分配遗产时，可以多分。有扶养能力和有扶养条件的继承人，不尽扶养义务的，分配遗产时，应当不分或者少分。本案中，孙甲未留遗嘱，应当按照法定继承顺序继承，第一顺位继承人为袁某、孙乙、孙丙。袁某年过70，存款甚少，与孙丙关系无法缓和，孙乙7年后才能出狱，袁某面临老无所依的状况。判决孙甲遗产中的房产、银行存款、抚恤金等均归袁某所有，并分别给付孙乙、孙丙少部分折价款。

◎ 典型意义

家庭是组成社会的最基本单元，子女赡养、夫妻扶助，是老年人步入晚年后最常见的养老方式。家庭成员应当尊重、关心和照料老年人，成年子女更是负有赡养父母的法定义务。子女与配偶虽同为第一顺位法定继承人，但在依照法定继承分配遗产时，对被继承人尽了主要扶养义务或者与被继承人共同生活的继承人，可以多分；而对有扶养能力和有扶养条件的继承人，不尽扶养义务的，应当不分或少分。本案二审考虑了各继承人履行义务的情况，并特别注意保护被继承人老年配偶的合法权益，以确保老年人老有所居、老有所养。

2. 子女不得干涉老年人自主处分个人财产

——任某诉李某合同纠纷案①

◎ 关键词： 保管、财产处分权

◎ 基本案情

任某系李某之母。2022年2月，双方签订协议，约定任某将其存款存

---

① 《人民法院老年人权益保护第三批典型案例》，载最高人民法院网，https://www.court.gov.cn/zixun/xiangqing/398342.html，最后访问时间：2023年5月1日。

入李某账户，该款仅用于任某养老；任某生养死葬由李某负责。协议签订后，任某将13万元存款转入李某账户。李某从该存款中为任某支付医疗费800余元。后任某提出从该存款中支取3000元用于生活，被李某拒绝。任某遂起诉请求判决解除双方协议，并由李某立即返还剩余款项。

◎ 裁判结果

审理法院认为，《中华人民共和国民法典》第一百三十条规定，民事主体按照自己的意愿依法行使民事权利，不受干涉。老年人对个人财产依法享有占有、使用、收益和处分的权利，子女不得干涉，不得侵犯老年人财产权益。任某将其存款交由李某保管并安排供其养老使用，双方形成保管合同关系。李某不履行相应义务，干涉任某对个人财产的自主处分，损害了任某的权利，任某有权要求李某向其返还所保管的剩余款项。判决解除协议并判令李某返还任某剩余款项。

◎ 典型意义

老年人对个人财产依法享有占有、使用、收益和处分的权利，子女不得侵犯老年人财产权益。近年来，子女以"为父母好"为由监管掌控父母财产的情况时有出现。老年人经济上的不自由，影响了老年人生活的便利程度及幸福感。本案就老年人对自身财产享有的合法权益予以保护，明确了子女不得以任何形式违法干涉老年人对个人财产处分的规则导向。

第二十三条 扶养义务

老年人与配偶有相互扶养的义务。

由兄、姐扶养的弟、妹成年后，有负担能力的，对年老无赡养人的兄、姐有扶养的义务。

要点提示

扶养，有广义、狭义之分，广义上的扶养泛指特定亲属之间根据法律的明确规定而存在的经济上相互供养、生活上相互辅助照顾的权利义务关系，包括长辈亲属对晚辈亲属的"抚养"，平辈亲属之间的"扶养"和晚辈亲属对长辈亲属的“赡养”三种具体形态。

关联规定

《民法典》（2020年5月28日）

第一千零五十九条 夫妻有相互扶养的义务。

需要扶养的一方，在另一方不履行扶养义务时，有要求其给付扶养费的权利。

第一千零七十五条 有负担能力的兄、姐，对于父母已经死亡或者父母无力抚养的未成年弟、妹，有扶养的义务。

由兄、姐扶养长大的有负担能力的弟、妹，对于缺乏劳动能力又缺乏生活来源的兄、姐，有扶养的义务。

第二十四条 督促履行赡养、扶养义务

赡养人、扶养人不履行赡养、扶养义务的，基层群众性自治组织、老年人组织或者赡养人、扶养人所在单位应当督促其履行。

关联规定

《刑法》（2020年12月26日）

第二百六十一条 对于年老、年幼、患病或者其他没有独立生活能力的人，负有扶养义务而拒绝扶养，情节恶劣的，处五年以下有期徒刑、拘役或者管制。

第二十五条 禁止实施家庭暴力

禁止对老年人实施家庭暴力。

关联规定

1.《民法典》（2020年5月28日）

第一千零四十二条第三款 禁止家庭暴力。禁止家庭成员间的虐待和遗弃。

第一千零七十九条 夫妻一方要求离婚的，可以由有关组织进行调解或者直接向人民法院提起离婚诉讼。

人民法院审理离婚案件，应当进行调解；如果感情确已破裂，调解无效的，应当准予离婚。

有下列情形之一，调解无效的，应当准予离婚：

……

（二）实施家庭暴力或者虐待、遗弃家庭成员；

……

2.《刑法》（2020年12月26日）

第二百六十条之一 对未成年人、老年人、患病的人、残疾人等负有监护、看护职责的人虐待被监护、看护的人，情节恶劣的，处三年以下有期徒刑或者拘役。

单位犯前款罪的，对单位判处罚金，并对其直接负责的主管人员和其他直接责任人员，依照前款的规定处罚。

有第一款行为，同时构成其他犯罪的，依照处罚较重的规定定罪处罚。

3.《反家庭暴力法》（2015年12月27日）

第二条 本法所称家庭暴力，是指家庭成员之间以殴打、捆绑、残害、限制人身自由以及经常性谩骂、恐吓等方式实施的身体、精神等侵害行为。

第三条 家庭成员之间应当互相帮助，互相关爱，和睦相处，履行家庭义务。

反家庭暴力是国家、社会和每个家庭的共同责任。

国家禁止任何形式的家庭暴力。

第四条 县级以上人民政府负责妇女儿童工作的机构，负责组织、协调、指导、督促有关部门做好反家庭暴力工作。

县级以上人民政府有关部门、司法机关、人民团体、社会组织、居民委员会、村民委员会、企业事业单位，应当依照本法和有关法律规定，做好反家庭暴力工作。

各级人民政府应当对反家庭暴力工作给予必要的经费保障。

第五条 反家庭暴力工作遵循预防为主，教育、矫治与惩处相结合原则。

反家庭暴力工作应当尊重受害人真实意愿，保护当事人隐私。

未成年人、老年人、残疾人、孕期和哺乳期的妇女、重病患者遭受家庭暴力的，应当给予特殊保护。

第六条 国家开展家庭美德宣传教育，普及反家庭暴力知识，增强公民反家庭暴力意识。

工会、共产主义青年团、妇女联合会、残疾人联合会应当在各自工作范围内，组织开展家庭美德和反家庭暴力宣传教育。

广播、电视、报刊、网络等应当开展家庭美德和反家庭暴力宣传。

学校、幼儿园应当开展家庭美德和反家庭暴力教育。

第七条 县级以上人民政府有关部门、司法机关、妇女联合会应当将预防和制止家庭暴力纳入业务培训和统计工作。

医疗机构应当做好家庭暴力受害人的诊疗记录。

第八条 乡镇人民政府、街道办事处应当组织开展家庭暴力预防工作，居民委员会、村民委员会、社会工作服务机构应当予以配合协助。

第九条 各级人民政府应当支持社会工作服务机构等社会组织开展心理健康咨询、家庭关系指导、家庭暴力预防知识教育等服务。

第十条 人民调解组织应当依法调解家庭纠纷，预防和减少家庭暴力的发生。

第十一条 用人单位发现本单位人员有家庭暴力情况的，应当给予批评教育，并做好家庭矛盾的调解、化解工作。

第二十三条 当事人因遭受家庭暴力或者面临家庭暴力的现实危险，向人民法院申请人身安全保护令的，人民法院应当受理。

当事人是无民事行为能力人、限制民事行为能力人，或者因受到强制、威吓等原因无法申请人身安全保护令的，其近亲属、公安机关、妇女联合会、居民委员会、村民委员会、救助管理机构可以代为申请。

第二十四条 申请人身安全保护令应当以书面方式提出；书面申请确有困难的，可以口头申请，由人民法院记入笔录。

第二十五条 人身安全保护令案件由申请人或者被申请人居住地、家庭暴力发生地的基层人民法院管辖。

第二十六条 人身安全保护令由人民法院以裁定形式作出。

第二十七条 作出人身安全保护令，应当具备下列条件：

（一）有明确的被申请人；

（二）有具体的请求；

（三）有遭受家庭暴力或者面临家庭暴力现实危险的情形。

第二十八条 人民法院受理申请后，应当在七十二小时内作出人身安全保护令或者驳回申请；情况紧急的，应当在二十四小时内作出。

第二十九条 人身安全保护令可以包括下列措施：

（一）禁止被申请人实施家庭暴力；

（二）禁止被申请人骚扰、跟踪、接触申请人及其相关近亲属；

（三）责令被申请人迁出申请人住所；

（四）保护申请人人身安全的其他措施。

第三十条 人身安全保护令的有效期不超过六个月，自作出之日起生效。人身安全保护令失效前，人民法院可以根据申请人的申请撤销、变更或者延长。

第三十一条 申请人对驳回申请不服或者被申请人对人身安全保护令不服的，可以自裁定生效之日起五日内向作出裁定的人民法院申请复议一次。人民法院依法作出人身安全保护令的，复议期间不停止人身安全保护令的执行。

第三十二条 人民法院作出人身安全保护令后，应当送达申请人、被申请人、公安机关以及居民委员会、村民委员会等有关组织。人身安全保护令由人民法院执行，公安机关以及居民委员会、村民委员会等应当协助执行。

4.《最高人民法院关于适用〈中华人民共和国民法典〉婚姻家庭编的解释（一）》（2020年12月29日）

第一条 持续性、经常性的家庭暴力，可以认定为民法典第一千零四十二条、第一千零七十九条、第一千零九十一条所称的“虐待”。

第二十六条 监护

具备完全民事行为能力的老年人，可以在近亲属或者其他与自己关系密切、愿意承担监护责任的个人、组织中协商确定自己的监护人。监护人在老年人丧失或者部分丧失民事行为能力时，依法承担监护责任。

老年人未事先确定监护人的，其丧失或者部分丧失民事行为能力时，依照有关法律的规定确定监护人。

关联规定

《民法典》（2020年5月28日）

第二十八条 无民事行为能力或者限制民事行为能力的成年人，由下列有监护能力的人按顺序担任监护人：

（一）配偶；

（二）父母、子女；

（三）其他近亲属；

（四）其他愿意担任监护人的个人或者组织，但是须经被监护人住所地的居民委员会、村民委员会或者民政部门同意。

第三十三条 具有完全民事行为能力的成年人，可以与其近亲属、其他愿意担任监护人的个人或者组织事先协商，以书面形式确定自己的监护人，在自己丧失或者部分丧失民事行为能力时，由该监护人履行监护职责。

第三十四条 监护人的职责是代理被监护人实施民事法律行为，保护被监护人的人身权利、财产权利以及其他合法权益等。

监护人依法履行监护职责产生的权利，受法律保护。

监护人不履行监护职责或者侵害被监护人合法权益的，应当承担法律责任。

因发生突发事件等紧急情况，监护人暂时无法履行监护职责，被监护人的生活处于无人照料状态的，被监护人住所地的居民委员会、村民委员会或者民政部门应当为被监护人安排必要的临时生活照料措施。

第三十五条 监护人应当按照最有利于被监护人的原则履行监护职责。监护人除为维护被监护人利益外，不得处分被监护人的财产。

未成年人的监护人履行监护职责，在作出与被监护人利益有关的决定时，应当根据被监护人的年龄和智力状况，尊重被监护人的真实意愿。

成年人的监护人履行监护职责，应当最大程度地尊重被监护人的真实意愿，保障并协助被监护人实施与其智力、精神健康状况相适应的民事法律行为。对被监护人有能力独立处理的事务，监护人不得干涉。

第三十六条 监护人有下列情形之一的，人民法院根据有关个人或者组织的申请，撤销其监护人资格，安排必要的临时监护措施，并按照最有利于被监护人的原则依法指定监护人：

（一）实施严重损害被监护人身心健康的行为；

（二）怠于履行监护职责，或者无法履行监护职责且拒绝将监护职责部分或者全部委托给他人，导致被监护人处于危困状态；

（三）实施严重侵害被监护人合法权益的其他行为。

本条规定的有关个人、组织包括：其他依法具有监护资格的人，居民委员会、村民委员会、学校、医疗机构、妇女联合会、残疾人联合会、未成年人保护组织、依法设立的老年人组织、民政部门等。

前款规定的个人和民政部门以外的组织未及时向人民法院申请撤销监护人资格的，民政部门应当向人民法院申请。

第三十七条 依法负担被监护人抚养费、赡养费、扶养费的父母、子女、配偶等，被人民法院撤销监护人资格后，应当继续履行负担的义务。

第三十八条 被监护人的父母或者子女被人民法院撤销监护人资格后，除对被监护人实施故意犯罪的外，确有悔改表现的，经其申请，人民法院可以在尊重被监护人真实意愿的前提下，视情况恢复其监护人资格，人民法院指定的监护人与被监护人的监护关系同时终止。

第三十九条 有下列情形之一的，监护关系终止：

（一）被监护人取得或者恢复完全民事行为能力；

（二）监护人丧失监护能力；

（三）被监护人或者监护人死亡；

（四）人民法院认定监护关系终止的其他情形。

监护关系终止后，被监护人仍然需要监护的，应当依法另行确定监护人。

典型案例

1. 福利院申请作为无民事行为能力人指定监护人案①

◎ **关键词**：社会福利机构；老年人监护

◎ **基本案情**

被申请人孙某某，自幼智力残疾，生活无法自理，一直随其母生活。2008 年，孙某某母亲年迈卧床，其所在单位主动将母子二人送至福利院，并办理自费入院手续。2011 年母亲因病过世后，孙某某在福利院的照看下生活至今。福利院为了更好地尽到监护职责，分别向民政局和孙某某所在社区居委会反映情况，经多部门协商认为，在找寻孙某某亲人无果的情况下，继续由福利院照顾较好。2018 年 3 月，福利院委托广西脑科医院对孙

① 《人民法院老年人权益保护十大典型案例》，载最高人民法院网，https://www.court.gov.cn/zixun/xiangqing/287711.html，最后访问时间：2023 年 5 月 1 日。

某某身体情况进行司法鉴定。5月，福利院向法院申请依法宣告孙某某为无民事行为能力人，并指定福利院作为其合法监护人。

◎ **裁判结果**

广西壮族自治区柳州市柳北区人民法院审理认为，被申请人孙某某经司法鉴定所法医精神病鉴定为无民事行为能力人。另外，法院主动依职权调查查明，被申请人孙某某在福利院居住生活了8年，无配偶、无子女；其母亲人事档案显示，孙某某的近亲属有父亲、哥哥，但无二人具体信息。孙某某长期置于无人监护的处境，福利院已实际保护被监护人的身体健康，照顾被监护人的生活，管理和保护被监护人的财产，对被监护人进行管理和教育等。为更好地维护孙某某的利益，指定福利院作为孙某某的合法监护人。若孙某某的父亲、哥哥出现，可依法另行主张权利。

◎ **典型意义**

老年人是社会的弱势群体，保障其合法权益是全社会的共同责任。在法定顺位监护人多年缺失，无人履行监护职责的情况下，从充分保护和落实无民事行为能力人合法权益的角度出发，经法律程序指定，已形成长期基本生活依赖且担负实际监护责任的社会福利机构作为监护人，是依法保障老年人权益的有益尝试和探索，取得了良好的法律效果和社会效果。本案审理贯彻了家事案件多元化处理原则，法院与政府相关部门之间通力协作，体现了相关职能部门通过司法途径维护和保障老年人合法权益的努力。

2. 孙某乙申请变更监护人纠纷案①

◎ **关键词**：意定监护、变更监护人

◎ **基本案情**

被监护人孙某某现年84岁，曾患小儿麻痹症，有肢体残疾后遗症，父母、妻子均已过世。2019年，孙某某的房屋因旧房改造被征收。孙某某的女儿孙某甲在其不知情的情况下，申请对孙某某行为能力鉴定并指定自

---

① 《最高法发布老年人权益保护第二批典型案例》，载最高人民法院网，https：//www.court.gov.cn/zixun/xiangqing/354121.html，最后访问时间：2023年5月1日。

己为监护人，后经司法鉴定科学研究院鉴定，法院判决宣告孙某某为限制民事行为能力人，指定孙某甲为其监护人。现孙某某侄女孙某乙起诉要求变更监护人。经法院查明，上海市普陀区公证处出具的《公证书》载明，孙某某与孙某乙等签订的《意定监护协议》约定委任孙某乙为意定监护人、陶某某为监护监督人。房屋拆迁后，孙某某不再与孙某甲共同生活，孙某某的钱款和证件等均处于孙某乙及其父亲的保存与管理中，孙某乙对其进行照顾。审理中，法院在庭审与居住地调查中多次征询孙某某意见，其均表示希望孙某乙作为监护人。

◎ 裁判结果

上海市静安区人民法院认为，孙某某虽为限制民事行为能力人，但有一定的理解表达能力，其多次表示不愿意让孙某甲担任监护人、同意孙某乙担任监护人，态度十分坚决。考虑被监护人孙某某的实际状况，孙某甲在客观上无法再继续履行监护职责，亦未将监护责任部分或全部委托给他人。从有利于被监护人孙某某的角度出发，判决变更监护人为孙某乙，希望孙某乙能从维护被监护人利益的角度出发，依法行使监护的权利，认真履行监护职责，切实保护孙某某的人身、财产及其他合法权益，除为维护孙某某的利益外，不得擅自处理孙某某的财产。若孙某乙存在侵害被监护人利益的情况，孙某甲等其他愿意担任孙某某监护人的个人或组织亦可申请法院变更监护人。

◎ 典型意义

本案系典型的意定监护与法定监护相冲突的变更监护权案判决。法院既考量意定监护协议约定，又考量被监护人的实际生活情况，坚持最有利于被监护人原则和最大限度尊重被监护人真实意愿原则，多次征询被监护人意见，并突击走访被监护人家中和居委会，了解其真实生活与医疗等情况，综合各方因素，依法判决变更监护人。同时，积极引导监护人自觉履行监护职责，切实保障了“失智”老年人的合法利益。此外，本案裁判后，孙某某就案涉房屋拆迁的动迁利益仍在动迁组，保障了孙某某的动迁安置利益等财产安全。

3. 对失能老年人监护加强监督保障其得到最有利监护

——赵甲、赵乙、赵丙申请指定监护人纠纷案①

◎ **关键词**：监护监督、最有利于被监护人

◎ 基本案情

老人严某某有赵甲、赵乙、赵丙三子女，老人自丈夫去世至患病住院前一直与赵甲共居生活。住院期间三子女均有看护，存折及证件由赵甲管理。老人现无民事行为能力。三子女就老人监护事宜存在争议，起诉申请由法院指定监护人，均主张他人存在不利监护因素，自己最适于担任老人监护人。

◎ 裁判结果

审理法院认为，《中华人民共和国民法典》第三十一条规定，人民法院应当尊重被监护人的真实意愿，按照最有利于被监护人的原则在依法具有监护资格的人中指定监护人。本案中，赵甲与老人长期共同生活，为最便利履行监护职责，结合照顾现状、交通条件等情况，判决指定赵甲担任严某某监护人，令其每月向赵乙、赵丙公示上一月度严某某财产管理及监护情况。

◎ 典型意义

随着我国社会人口老龄化程度不断加深，失能老人生活照顾、财产管理等成为困扰许多家庭的难题。被指定的监护人能否尽心尽力、依法履职，由谁来履行监督职能，更是实践操作的堵点。本案判决按照最有利于被监护人的原则，确定以监护人履职报告和定期公示为内容的创新模式，让失能老人监护归于“老人本位、家庭成员共同参与”。不仅有利于促进矛盾纾解和孝亲敬老家风建设，也对监护人监督模式进行了有益探索。

---

① 《人民法院老年人权益保护第三批典型案例》，载最高人民法院网，https：//www.court.gov.cn/zixun/xiangqing/398342.html，最后访问时间：2023年5月1日。

第二十七条 家庭养老支持政策

国家建立健全家庭养老支持政策，鼓励家庭成员与老年人共同生活或者就近居住，为老年人随配偶或者赡养人迁徙提供条件，为家庭成员照料老年人提供帮助。

第三章 社会保障

第二十八条 基本养老保险

国家通过基本养老保险制度，保障老年人的基本生活。

关联规定

1.《社会保险法》（2018年12月29日）

第十条 职工应当参加基本养老保险，由用人单位和职工共同缴纳基本养老保险费。

无雇工的个体工商户、未在用人单位参加基本养老保险的非全日制从业人员以及其他灵活就业人员可以参加基本养老保险，由个人缴纳基本养老保险费。

公务员和参照公务员法管理的工作人员养老保险的办法由国务院规定。

第十一条 基本养老保险实行社会统筹与个人账户相结合。

基本养老保险基金由用人单位和个人缴费以及政府补贴等组成。

第十二条 用人单位应当按照国家规定的本单位职工工资总额的比例缴纳基本养老保险费，记入基本养老保险统筹基金。

职工应当按照国家规定的本人工资的比例缴纳基本养老保险费，记入个人账户。

无雇工的个体工商户、未在用人单位参加基本养老保险的非全日制从业人员以及其他灵活就业人员参加基本养老保险的，应当按照国家规定缴纳基本养老保险费，分别记入基本养老保险统筹基金和个人账户。

第十三条 国有企业、事业单位职工参加基本养老保险前，视同缴费年限期间应当缴纳的基本养老保险费由政府承担。

基本养老保险基金出现支付不足时，政府给予补贴。

第十四条 个人账户不得提前支取，记账利率不得低于银行定期存款利率，免征利息税。个人死亡的，个人账户余额可以继承。

第十五条 基本养老金由统筹养老金和个人账户养老金组成。

基本养老金根据个人累计缴费年限、缴费工资、当地职工平均工资、个人账户金额、城镇人口平均预期寿命等因素确定。

第十六条 参加基本养老保险的个人，达到法定退休年龄时累计缴费满十五年的，按月领取基本养老金。

参加基本养老保险的个人，达到法定退休年龄时累计缴费不足十五年的，可以缴费至满十五年，按月领取基本养老金；也可以转入新型农村社会养老保险或者城镇居民社会养老保险，按照国务院规定享受相应的养老保险待遇。

第十七条 参加基本养老保险的个人，因病或者非因工死亡的，其遗属可以领取丧葬补助金和抚恤金；在未达到法定退休年龄时因病或者非因工致残完全丧失劳动能力的，可以领取病残津贴。所需资金从基本养老保险基金中支付。

第十八条 国家建立基本养老金正常调整机制。根据职工平均工资增长、物价上涨情况，适时提高基本养老保险待遇水平。

第十九条 个人跨统筹地区就业的，其基本养老保险关系随本人转移，缴费年限累计计算。个人达到法定退休年龄时，基本养老金分段计算、统一支付。具体办法由国务院规定。

第二十条 国家建立和完善新型农村社会养老保险制度。

新型农村社会养老保险实行个人缴费、集体补助和政府补贴相结合。

第二十一条 新型农村社会养老保险待遇由基础养老金和个人账户养老金组成。

参加新型农村社会养老保险的农村居民，符合国家规定条件的，按月领取新型农村社会养老保险待遇。

第二十二条 国家建立和完善城镇居民社会养老保险制度。

省、自治区、直辖市人民政府根据实际情况，可以将城镇居民社会养老保险和新型农村社会养老保险合并实施。

2.《关于推进基本养老服务体系建设的意见》（2023年5月21日）

二、重点工作

（三）完善基本养老服务保障机制。推动建立相关保险、福利、救助相衔接的长期照护保障制度。合理确定经济困难失能老年人护理补贴覆盖范围和补贴标准。地方各级政府应当建立基本养老服务经费保障机制，中央财政统筹现有资金渠道给予支持。落实发展养老服务优惠扶持政策，鼓励社会力量参与提供基本养老服务，支持物业服务企业因地制宜提供居家社区养老服务。将政府购买服务与直接提供服务相结合，优先保障经济困难的失能、高龄、无人照顾等老年人的服务需求。具备条件的地方优化养老服务机构床位建设补助、运营补助等政策，支持养老服务机构提供基本养老服务。鼓励和引导企业、社会组织、个人等社会力量依法通过捐赠、设立慈善基金、志愿服务等方式，为基本养老服务提供支持和帮助。开展基本养老服务统计监测工作，建立基本养老服务项目统计调查制度。

典型案例

李某雷诈骗案

——以代办“养老保险”为名实施诈骗犯罪①

◎ 基本案情

被告人李某雷，男，汉族，1988年9月12日出生。

被告人李某雷原系乡镇社保部门临时工作人员，后被开除。2018年，李某雷结识王某（另案处理），王某得知李某雷曾在社保部门工作，提出帮忙办理城镇职工养老保险的请求。李某雷明知无能力帮助他人办理补交

---

① 《人民法院重点打击六类养老诈骗犯罪典型案例》，载最高人民法院网，https://www.court.gov.cn/zixun/xiangqing/369771.html，最后访问时间：2023年5月1日。

职工养老保险，仍谎称可通过挂靠企业的方式办理，并通过王某介绍，以帮助他人办理职工养老保险、可领取职工养老保险金等为名，先后骗取包括多名老年人在内的8名被害人107万余元，所骗钱款除极少数为被害人缴纳灵活就业保险以获取被害人信任外，其余均用于个人挥霍。案发后，王某退赔部分被害人经济损失。

◎ 裁判结果

本案由山东省青州市人民法院一审。宣判后，在法定期限内没有上诉、抗诉，原判已发生法律效力。

法院认为，被告人李某雷以非法占有为目的，采用虚构事实、隐瞒真相方法骗取他人财物，数额特别巨大，其行为已构成诈骗罪，应予惩处。李某雷如实供述主要犯罪事实，可从轻处罚；当庭认罪认罚，可从宽处罚。部分被害人损失已得到挽回，可酌情从轻处罚。据此，依法以诈骗罪判处李某雷有期徒刑十一年，并处罚金十万元；责令李某雷继续退赔各被害人的经济损失。

◎ 典型意义

本案是以代办“养老保险”为名侵害老年人合法权益的典型犯罪案件，该类犯罪主要表现为谎称认识社保局等部门工作人员或者冒充银行、保险机构工作人员，可以代办“提前退休”“养老保险”等，骗取老年人的保险费、材料费、好处费等。职工基本养老保险是符合我国国情，保障社会保险制度健康持续发展和实现“老有所养”的重要制度。一些犯罪分子利用老年人不了解相关政策规定，以有关系代办、违规办理“养老保险”为名，对老年人实施诈骗犯罪。本案中，被害人本应通过当地人社部门咨询了解相关办理城镇职工养老保险的政策条件，但其认为“找关系”更加顺利和省钱，将保险费交由被告人代办，最终导致钱款被骗、个人养老保险断缴的后果。人民法院在审理中发现，相关部门在养老保险政策宣传以及业务办理等方面存在薄弱环节，先后向当地相关部门发送司法建议，建议加大社会保障政策的宣传力度，加强和完善社会保险代缴业务管理。人民法院提示老年人在办理养老、医疗保险时，应通过相关部门、网站、社区、村委会等了解国家和当地政策规定，到相关部门按照程序依规办理，不要轻易相信他人能代办养老保险而把费用交给他人；明知不符合办理条件的不要企图通过“找关系”“走后门”方式违规办理，不要轻信通过熟人可以省钱等谎言，避免让犯罪分子有机可乘。

第二十九条 基本医疗保险

国家通过基本医疗保险制度，保障老年人的基本医疗需要。享受最低生活保障的老年人和符合条件的低收入家庭中的老年人参加新型农村合作医疗和城镇居民基本医疗保险所需个人缴费部分，由政府给予补贴。

有关部门制定医疗保险办法，应当对老年人给予照顾。

关联规定

《社会保险法》（2018年12月29日）

第二条 国家建立基本养老保险、基本医疗保险、工伤保险、失业保险、生育保险等社会保险制度，保障公民在年老、疾病、工伤、失业、生育等情况下依法从国家和社会获得物质帮助的权利。

第二十三条 职工应当参加职工基本医疗保险，由用人单位和职工按照国家规定共同缴纳基本医疗保险费。

无雇工的个体工商户、未在用人单位参加职工基本医疗保险的非全日制从业人员以及其他灵活就业人员可以参加职工基本医疗保险，由个人按照国家规定缴纳基本医疗保险费。

第二十四条 国家建立和完善新型农村合作医疗制度。

新型农村合作医疗的管理办法，由国务院规定。

第二十五条 国家建立和完善城镇居民基本医疗保险制度。

城镇居民基本医疗保险实行个人缴费和政府补贴相结合。

享受最低生活保障的人、丧失劳动能力的残疾人、低收入家庭六十周岁以上的老年人和未成年人等所需个人缴费部分，由政府给予补贴。

第二十六条 职工基本医疗保险、新型农村合作医疗和城镇居民基本医疗保险的待遇标准按照国家规定执行。

第二十七条 参加职工基本医疗保险的个人，达到法定退休年龄时累计缴费达到国家规定年限的，退休后不再缴纳基本医疗保险费，按照国家规定享受基本医疗保险待遇；未达到国家规定年限的，可以缴费至国家规定年限。

第二十八条 符合基本医疗保险药品目录、诊疗项目、医疗服务设施标准以及急诊、抢救的医疗费用，按照国家规定从基本医疗保险基金中支付。

第二十九条 参保人员医疗费用中应当由基本医疗保险基金支付的部分，由社会保险经办机构与医疗机构、药品经营单位直接结算。

社会保险行政部门和卫生行政部门应当建立异地就医医疗费用结算制度，方便参保人员享受基本医疗保险待遇。

第三十条 下列医疗费用不纳入基本医疗保险基金支付范围：

（一）应当从工伤保险基金中支付的；

（二）应当由第三人负担的；

（三）应当由公共卫生负担的；

（四）在境外就医的。

医疗费用依法应当由第三人负担，第三人不支付或者无法确定第三人的，由基本医疗保险基金先行支付。基本医疗保险基金先行支付后，有权向第三人追偿。

第三十一条 社会保险经办机构根据管理服务的需要，可以与医疗机构、药品经营单位签订服务协议，规范医疗服务行为。

医疗机构应当为参保人员提供合理、必要的医疗服务。

第三十二条 个人跨统筹地区就业的，其基本医疗保险关系随本人转移，缴费年限累计计算。

第三十条 长期护理保障

国家逐步开展长期护理保障工作，保障老年人的护理需求。

对生活长期不能自理、经济困难的老年人，地方各级人民政府应当根据其失能程度等情况给予护理补贴。

第三十一条 社会救助

国家对经济困难的老年人给予基本生活、医疗、居住或者其他救助。

老年人无劳动能力、无生活来源、无赡养人和扶养人，或者其赡养人和扶养人确无赡养能力或者扶养能力的，由地方各级人民政府依照有关规定给予供养或者救助。

对流浪乞讨、遭受遗弃等生活无着的老年人，由地方各级人民政府依照有关规定给予救助。

要点提示

社会救助是指国家和其他社会主体对于遭受自然灾害、失去劳动能力或者其他低收入公民给予物质帮助或精神救助，以维持其基本生活需求，保障其最低生活水平的各种措施。

关联规定

1.《社会保险法》（2018年12月29日）

第二十五条 国家建立和完善城镇居民基本医疗保险制度。

城镇居民基本医疗保险实行个人缴费和政府补贴相结合。

享受最低生活保障的人、丧失劳动能力的残疾人、低收入家庭六十周岁以上的老年人和未成年人等所需个人缴费部分，由政府给予补贴。

2.《农村五保供养工作条例》（2006年1月21日）

第六条 老年、残疾或者未满16周岁的村民，无劳动能力、无生活来源又无法定赡养、抚养、扶养义务人，或者其法定赡养、抚养、扶养义务人无赡养、抚养、扶养能力的，享受农村五保供养待遇。

3.《关于推进基本养老服务体系建设的意见》（2023年5月21日）

二、重点工作

（二）建立精准服务主动响应机制。建立老年人状况统计调查和发布制度，开展老年人能力综合评估，制定完善全国统一的评估标准，推动评估结果全国范围互认、各部门按需使用。依托全国一体化政务服务平台，推进跨部门数据共享，建立困难老年人精准识别和动态管理机制，细化与常住人口、服务半径挂钩的制度安排，逐步实现从“人找服务”到“服务找人”。推动在残疾老年人身份识别、待遇享受、服务递送、无障碍环境建设等方面实现资源整合，加强残疾老年人养老服务保障。面向独居、空巢、留守、失能、重残、计划生育特殊家庭等老年人提供探访关爱服务。支持基层老年协会、志愿服务组织等参与探访关爱服务。依托基层管理服务平台，提供养老服务政策咨询、信息查询、业务办理等便民养老服务。

4.《民政部、中央农村工作领导小组办公室、财政部、国家乡村振兴局关于进一步做好最低生活保障等社会救助兜底保障工作的通知》（2022年11月8日）

一、加大低保扩围增效工作力度

（一）规范完善低保准入条件……依靠兄弟姐妹或者60周岁及以上老年人供养的成年无业重度残疾人，在评估认定其家庭经济状况时，兄弟姐妹或者60周岁及以上老年人给付的供养费用，可以视情适当豁免，符合条件的，纳入低保范围。

5.《最低生活保障审核确认办法》（2021年7月28日）

第二十七条 对获得最低生活保障后生活仍有困难的老年人、未成年人、重度残疾人和重病患者，县级以上地方人民政府应当采取必要措施给予生活保障。

第三十二条 住房照顾

地方各级人民政府在实施廉租住房、公共租赁住房等住房保障制度或者进行危旧房屋改造时，应当优先照顾符合条件的老年人。

关联规定

1.《公共租赁住房管理办法》（2012年5月28日）

第十五条 复审通过的轮候对象中享受国家定期抚恤补助的优抚对象、孤老病残人员等，可以优先安排公共租赁住房。优先对象的范围和优先安排的办法由直辖市和市、县级人民政府住房保障主管部门根据本地区实际情况确定，报本级人民政府批准后实施并向社会公布。

社会力量投资和用人单位代表本单位职工申请的公共租赁住房，只能向经审核登记为轮候对象的申请人配租。

2.《廉租住房保障办法》（2007年11月8日）

第十九条 建设（住房保障）主管部门应当综合考虑登记的城市低收入住房困难家庭的收入水平、住房困难程度和申请顺序以及个人申请的保障方式等，确定相应的保障方式及轮候顺序，并向社会公开。

对已经登记为廉租住房保障对象的城市居民最低生活保障家庭，凡申请租赁住房货币补贴的，要优先安排发放补贴，基本做到应保尽保。

实物配租应当优先面向已经登记为廉租住房保障对象的孤、老、病、残等特殊困难家庭，城市居民最低生活保障家庭以及其他急需救助的家庭。

第三十三条 老年人福利制度

国家建立和完善老年人福利制度，根据经济社会发展水平和老年人的实际需要，增加老年人的社会福利。

国家鼓励地方建立八十周岁以上低收入老年人高龄津贴制度。

国家建立和完善计划生育家庭老年人扶助制度。

农村可以将未承包的集体所有的部分土地、山林、水面、滩涂等作为养老基地，收益供老年人养老。

第三十四条 足额支付养老待遇、提高保障水平

老年人依法享有的养老金、医疗待遇和其他待遇应当得到保障，有关机构必须按时足额支付，不得克扣、拖欠或者挪用。

国家根据经济发展以及职工平均工资增长、物价上涨等情况，适时提高养老保障水平。

关联规定

《国务院办公厅关于推动个人养老金发展的意见》（2022年4月8日）

一、总体要求

……

推动个人养老金发展坚持政府引导、市场运作、有序发展的原则。注重发挥政府引导作用，在多层次、多支柱养老保险体系中统筹布局个人养老金；充分发挥市场作用，营造公开公平公正的竞争环境，调动各方面积极性；严格监督管理，切实防范风险，促进个人养老金健康有序发展。

二、参加范围

在中国境内参加城镇职工基本养老保险或者城乡居民基本养老保险的劳动者，可以参加个人养老金制度。

三、制度模式

个人养老金实行个人账户制度，缴费完全由参加人个人承担，实行完全积累。参加人通过个人养老金信息管理服务平台（以下简称信息平台），建立个人养老金账户。个人养老金账户是参加个人养老金制度、享受税收优惠政策的基础。

参加人可以用缴纳的个人养老金在符合规定的金融机构或者其依法合规委托的销售渠道（以下统称金融产品销售机构）购买金融产品，并承担相应的风险。参加人应当指定或者开立一个本人唯一的个人养老金资金账户，用于个人养老金缴费、归集收益、支付和缴纳个人所得税。个人养老金资金账户可以由参加人在符合规定的商业银行指定或者开立，也可以通过其他符合规定的金融产品销售机构指定。个人养老金资金账户实行封闭运行，其权益归参加人所有，除另有规定外不得提前支取。

参加人变更个人养老金资金账户开户银行时，应当经信息平台核验后，将原个人养老金资金账户内的资金转移至新的个人养老金资金账户并注销原资金账户。

四、缴费水平

参加人每年缴纳个人养老金的上限为12000元。人力资源社会保障部、财政部根据经济社会发展水平和多层次、多支柱养老保险体系发展情况等因素适时调整缴费上限。

五、税收政策

国家制定税收优惠政策，鼓励符合条件的人员参加个人养老金制度并依规领取个人养老金。

六、个人养老金投资

个人养老金资金账户资金用于购买符合规定的银行理财、储蓄存款、商业养老保险、公募基金等运作安全、成熟稳定、标的规范、侧重长期保值的满足不同投资者偏好的金融产品，参加人可自主选择。参与个人养老金运行的金融机构和金融产品由相关金融监管部门确定，并通过信息平台和金融行业平台向社会发布。

七、个人养老金领取

参加人达到领取基本养老金年龄、完全丧失劳动能力、出国（境）定居，或者具有其他符合国家规定的情形，经信息平台核验领取条件后，可以按月、分次或者一次性领取个人养老金，领取方式一经确定不得更改。领取时，应将个人养老金由个人养老金资金账户转入本人社会保障卡银行账户。

参加人死亡后，其个人养老金资金账户中的资产可以继承。

八、信息平台

信息平台由人力资源社会保障部组织建设，与符合规定的商业银行以及相关金融行业平台对接，归集相关信息，与财政、税务等部门共享相关信息，为参加人提供个人养老金账户管理、缴费管理、信息查询等服务，支持参加人享受税收优惠政策，为个人养老金运行提供信息核验和综合监管支撑，为相关金融监管部门、参与个人养老金运行的金融机构提供相关信息服务。不断提升信息平台的规范化、信息化、专业化管理水平，运用"互联网+"创新服务方式，为参加人提供方便快捷的服务。

九、运营和监管

人力资源社会保障部、财政部对个人养老金发展进行宏观指导，根据职责对个人养老金的账户设置、缴费上限、待遇领取、税收优惠等制定具体政策并进行运行监管，定期向社会披露相关信息。税务部门依法对个人养老金实施税收征管。相关金融监管部门根据各自职责，依法依规对参与个人养老金运行金融机构的经营活动进行监管，督促相关金融机构优化产品和服务，做好产品风险提示，对产品的风险性进行监管，加强对投资者的教育。

各参与部门要建立和完善投诉机制，积极发挥社会监督作用，及时发现解决个人养老金运行中出现的问题。

十、组织领导

推动个人养老金发展是健全多层次、多支柱养老保险体系，增强人民群众获得感、幸福感、安全感的重要举措，直接关系广大参加人的切身利益。各地区要加强领导、周密部署、广泛宣传，稳妥有序推动有关工作落地实施。各相关部门要按照职责分工制定落实本意见的具体政策措施，同向发力、密切协同，指导地方和有关金融机构切实做好相关工作。人力资源社会保障部、财政部要加强指导和协调，结合实际分步实施，选择部分城市先试行 1 年，再逐步推开，及时研究解决工作中遇到的问题，确保本意见顺利实施。

第三十五条 鼓励慈善

国家鼓励慈善组织以及其他组织和个人为老年人提供物质帮助。

第三十六条 遗赠扶养协议

老年人可以与集体经济组织、基层群众性自治组织、养老机构等组织或者个人签订遗赠扶养协议或者其他扶助协议。

负有扶养义务的组织或者个人按照遗赠扶养协议，承担该老年人生养死葬的义务，享有受遗赠的权利。

要点提示

遗赠扶养协议，是指遗赠人（通常为老年人）与扶养人签订的，由扶养人承担遗赠人生养死葬的义务，并于遗赠人死后享有按照协议接受遗赠的权利的协议。遗赠扶养协议有两种，一种是公民与自然人签订的遗赠扶养协议，另一种是公民与集体经济组织和基层群众性自治组织签订的遗赠扶养协议。

关联规定

1.《民法典》（2020 年 5 月 28 日）

第一千一百五十八条 自然人可以与继承人以外的组织或者个人签订遗赠扶养协议。按照协议，该组织或者个人承担该自然人生养死葬的义务，享有受遗赠的权利。

2.《最高人民法院关于适用〈中华人民共和国民法典〉继承编的解释（一）》（2020年12月29日）

第三条 被继承人生前与他人订有遗赠扶养协议，同时又立有遗嘱的，继承开始后，如果遗赠扶养协议与遗嘱没有抵触，遗产分别按协议和遗嘱处理；如果有抵触，按协议处理，与协议抵触的遗嘱全部或者部分无效。

典型案例

李某涛诈骗案①

——以开展“养老帮扶”为名实施诈骗犯罪

◎ 基本案情

被告人李某涛，男，汉族，1972年8月17日出生。

2017年2月底至10月，被告人李某涛以其担任法定代表人的某心脑血管疾病研究所有限公司为依托，伙同杨某、贾某山、王某、张某、苏某荣等人（均另案处理）为实施诈骗组成较为固定的犯罪组织，在北京市石景山区、丰台区等地，引诱老年人参加“健康讲座、免费健康咨询”活动，谎称贾某山、张某、苏某荣为中国人民解放军总医院、空军总医院、北京医院、北京协和医院等知名医院的专家，骗取被害人信任，并以现场看病、开药的方式，将低价购进的保健品“百×牌天元胶囊”“百×牌银杏丹葛胶囊”当作特效药品高价销售给被害人。杨某、贾某山、王某等人通过上述方式，骗取翟某才等124名被害人93.74万元。李某涛家属代为退缴40万元。

◎ 裁判结果

本案由北京市石景山区人民法院一审，北京市第一中级人民法院二审。

法院认为，被告人李某涛以非法占有为目的，伙同他人通过虚构事实、隐瞒真相的手段，骗取多名被害人财物，数额特别巨大，其行为已构

① 《人民法院重点打击六类养老诈骗犯罪典型案例》，载最高人民法院网，https：//www.court.gov.cn/zixun/xiangqing/369771.html，最后访问时间：2023年5月1日。

成诈骗罪，应依法惩处。李某涛伙同杨某、贾某山、王某、张某等十余人，为实施犯罪而组成较为固定的犯罪组织，是犯罪集团。李某涛系组织、领导犯罪集团的首要分子，应按照集团所犯的全部罪行处罚。李某涛等人诈骗老年人的财物，酌情从重处罚；李某涛主动退缴部分赃款，可酌情从轻处罚。据此，依法以诈骗罪判处李某涛有期徒刑十二年，剥夺政治权利二年，并处罚金十二万元；在案扣押的四十万元，按比例分别发还各被害人；责令李某涛继续退赔各被害人经济损失。

◎ 典型意义

本案是以开展“养老帮扶”为名侵害老年人合法权益的典型犯罪案件，该类犯罪主要表现为假借义务诊疗、心理关爱、直播陪护、慈善捐助、志愿服务、组织文化活动等形式获得老年人的信任，对老年人实施诈骗。被告人李某涛等人为实施犯罪专门成立公司，在互联网低价购进保健品，招募大量业务员，以免费医疗咨询、义务诊疗等噱头拉拢老年人参加讲座，冒充知名三甲医院的名医在讲座中为老年人“号脉”“看病”等，将通过拉家常、聊天方式提前了解的老年人身体状况及病情记录，伪装成通过“号脉”得知，获取老年人信任后夸大病情、虚构保健品为特效药品，高价出售给老年人，骗取老年人钱款。该犯罪集团流窜作案，犯罪时间长、手段隐蔽，社会危害巨大，部分老年人因听信所谓名医建议中断原本服用的正常药物，延误正常治疗，造成严重后果。李某涛系犯罪集团首要分子，该犯罪集团针对老年人实施犯罪，人民法院按照犯罪集团所犯全部罪行对李某涛从重处罚，充分体现了从严惩处养老诈骗犯罪的精神。人民法院提示老年人就医需到正规医院，切莫病急乱投医，不要轻信所谓免费讲座、免费诊疗，更不要高价购买非正规药品、保健品，避免上当受骗。

第四章　社会服务

第三十七条 社区养老服务

地方各级人民政府和有关部门应当采取措施，发展城乡社区养老服务，鼓励、扶持专业服务机构及其他组织和个人，为居家的老年人提供生活照料、紧急救援、医疗护理、精神慰藉、心理咨询等多种形式的服务。

对经济困难的老年人，地方各级人民政府应当逐步给予养老服务补贴。

第三十八条 养老服务设施建设

地方各级人民政府和有关部门、基层群众性自治组织，应当将养老服务设施纳入城乡社区配套设施建设规划，建立适应老年人需要的生活服务、文化体育活动、日间照料、疾病护理与康复等服务设施和网点，就近为老年人提供服务。

发扬邻里互助的传统，提倡邻里间关心、帮助有困难的老年人。

鼓励慈善组织、志愿者为老年人服务。倡导老年人互助服务。

关联规定

《养老机构管理办法》（2020年9月1日）

第二条　本办法所称养老机构是指依法办理登记，为老年人提供全日集中住宿和照料护理服务，床位数在10张以上的机构。

养老机构包括营利性养老机构和非营利性养老机构。

第三条　县级以上人民政府民政部门负责养老机构的指导、监督和管理。其他有关部门依照职责分工对养老机构实施监督。

第六条 政府投资兴办的养老机构在满足特困人员集中供养需求的前提下，优先保障经济困难的孤寡、失能、高龄、计划生育特殊家庭等老年人的服务需求。

政府投资兴办的养老机构，可以采取委托管理、租赁经营等方式，交由社会力量运营管理。

第七条 民政部门应当会同有关部门采取措施，鼓励、支持企业事业单位、社会组织或者个人兴办、运营养老机构。

鼓励自然人、法人或者其他组织依法为养老机构提供捐赠和志愿服务。

第三十九条 资金投入、扶持措施

各级人民政府应当根据经济发展水平和老年人服务需求，逐步增加对养老服务的投入。

各级人民政府和有关部门在财政、税费、土地、融资等方面采取措施，鼓励、扶持企业事业单位、社会组织或者个人兴办、运营养老、老年人日间照料、老年文化体育活动等设施。

第四十条 养老服务设施用地

地方各级人民政府和有关部门应当按照老年人口比例及分布情况，将养老服务设施建设纳入城乡规划和土地利用总体规划，统筹安排养老服务设施建设用地及所需物资。

公益性养老服务设施用地，可以依法使用国有划拨土地或者农民集体所有的土地。

养老服务设施用地，非经法定程序不得改变用途。

关联规定

《土地管理法》（2019年8月26日）

第十五条 各级人民政府应当依据国民经济和社会发展规划、国土整治和资源环境保护的要求、土地供给能力以及各项建设对土地的需求，组织编制土地利用总体规划。

土地利用总体规划的规划期限由国务院规定。

第十七条 土地利用总体规划按照下列原则编制：

（一）落实国土空间开发保护要求，严格土地用途管制；

（二）严格保护永久基本农田，严格控制非农业建设占用农用地；

（三）提高土地节约集约利用水平；

（四）统筹安排城乡生产、生活、生态用地，满足乡村产业和基础设施用地合理需求，促进城乡融合发展；

（五）保护和改善生态环境，保障土地的可持续利用；

（六）占用耕地与开发复垦耕地数量平衡、质量相当。

第四十一条 政府投资兴办的养老机构

政府投资兴办的养老机构，应当优先保障经济困难的孤寡、失能、高龄等老年人的服务需求。

关联规定

《养老机构管理办法》（2020年9月1日）

第六条 政府投资兴办的养老机构在满足特困人员集中供养需求的前提下，优先保障经济困难的孤寡、失能、高龄、计划生育特殊家庭等老年人的服务需求。

政府投资兴办的养老机构，可以采取委托管理、租赁经营等方式，交由社会力量运营管理。

第四十二条 养老服务标准、评估制度

国务院有关部门制定养老服务设施建设、养老服务质量和养老服务职业等标准，建立健全养老机构分类管理和养老服务评估制度。

各级人民政府应当规范养老服务收费项目和标准，加强监督和管理。

关联规定

《养老机构管理办法》（2020年9月1日）

第二十七条 养老机构应当依照其登记类型、经营性质、运营方式、设施设备条件、管理水平、服务质量、照料护理等级等因素合理确定服务项目的收费标准，并遵守国家和地方政府价格管理有关规定。

养老机构应当在醒目位置公示各类服务项目收费标准和收费依据，接受社会监督。

第四十三条 养老机构行政许可

设立公益性养老机构，应当依法办理相应的登记。

设立经营性养老机构，应当在市场监督管理部门办理登记。

养老机构登记后即可开展服务活动，并向县级以上人民政府民政部门备案。

关联规定

《养老机构管理办法》（2020年9月1日）

第九条 设立营利性养老机构，应当在市场监督管理部门办理登记。设立非营利性养老机构，应当依法办理相应的登记。

养老机构登记后即可开展服务活动。

第十条 营利性养老机构办理备案，应当在收住老年人后10个工作日以内向服务场所所在地的县级人民政府民政部门提出。非营利性养老机构办理备案，应当在收住老年人后10个工作日以内向登记管理机关同级的人民政府民政部门提出。

第十一条 养老机构办理备案，应当向民政部门提交备案申请书、养老机构登记证书、符合本办法第四条要求的承诺书等材料，并对真实性负责。

备案申请书应当包括下列内容：

（一）养老机构基本情况，包括名称、住所、法定代表人或者主要负责人信息等；

（二）服务场所权属；

（三）养老床位数量；

（四）服务设施面积；

（五）联系人和联系方式。

民政部门应当加强信息化建设，逐步实现网上备案。

第十二条 民政部门收到养老机构备案材料后，对材料齐全的，应当出具备案回执；材料不齐全的，应当指导养老机构补正。

第十四条 民政部门应当通过政府网站、政务新媒体、办事大厅公示栏、服务窗口等途径向社会公开备案事项及流程、材料清单等信息。

民政部门应当依托全国一体化在线政务服务平台，推进登记管理机关、备案机关信息系统互联互通、数据共享。

第四十四条 养老机构综合监管

地方各级人民政府加强对本行政区域养老机构管理工作的领导，建立养老机构综合监管制度。

县级以上人民政府民政部门负责养老机构的指导、监督和管理，其他有关部门依照职责分工对养老机构实施监督。

关联规定

1.《关于推进基本养老服务体系建设的意见》（2023年5月21日）

二、重点工作

（四）提高基本养老服务供给能力。设区的市级以上地方政府应当将养老服务设施（含光荣院）建设纳入相关规划，结合当地经济社会发展水平、老年人口状况和发展趋势、环境条件等因素，分级编制推动养老服务设施发展的整体方案，合理确定设施种类、数量、规模以及布局，形成结构科学、功能完备、布局合理的养老服务设施网络。各地新建城区、新建居住区要按标准和要求配套建设养老服务设施；老城区和已建成居住区要结合城镇老旧小区改造、居住区建设补短板行动等，通过补建等方式完善养老服务设施。政府投入资源或者出资建设的养老服务设施要优先用于基本养老服务。发挥公办养老机构提供基本养老服务的基础作用，研究制定推进公办养老机构高质量发展的政策措施。建立公办养老机构入住管理制度，明确老年人入住条件和排序规则，强化对失能特困老年人的兜底保障。现役军人家属和烈士、因公牺牲军人、病故军人的遗属，符合规定条件申请入住公办养老机构的，同等条件下优先安排。保障特困人员供养服务机构有效运转。到2025年确保每个县（市、区、旗）至少有1所以失能特困人员专业照护为主的县级特困人员供养服务机构。光荣院在保障好集中供养对象的前提下，可利用空余床位为其他无法定赡养人、扶养人或者法定赡养人、扶养人无赡养、扶养能力的老年优待抚恤对象提供优惠服务。鼓励支持党政机关和国有企事业单位所属培训疗养机构转型为普惠型养老服务设施。提升国有经济对养老服务体系的支持能力，强化国有经济在基本养老服务领域有效供给。

2.《养老机构管理办法》（2020年9月1日）

第三条 县级以上人民政府民政部门负责养老机构的指导、监督和管理。其他有关部门依照职责分工对养老机构实施监督。

第四十五条 监督检查措施

县级以上人民政府民政部门依法履行监督检查职责，可以采取下列措施：

（一）向养老机构和个人了解情况；

（二）进入涉嫌违法的养老机构进行现场检查；

（三）查阅或者复制有关合同、票据、账簿及其他有关资料；

（四）发现养老机构存在可能危及人身健康和生命财产安全风险的，责令限期改正，逾期不改正的，责令停业整顿。

县级以上人民政府民政部门调查养老机构涉嫌违法的行为，应当遵守《中华人民共和国行政强制法》和其他有关法律、行政法规的规定。

关联规定

《养老机构管理办法》（2020年9月1日）

第三十七条 民政部门依法履行监督检查职责，可以采取以下措施：

（一）向养老机构和个人了解情况；

（二）进入涉嫌违法的养老机构进行现场检查；

（三）查阅或者复制有关合同、票据、账簿及其他有关资料；

（四）发现养老机构存在可能危及人身健康和生命财产安全风险的，责令限期改正，逾期不改正的，责令停业整顿。

民政部门实施监督检查时，监督检查人员不得少于2人，应当出示执法证件。

对民政部门依法进行的监督检查，养老机构应当配合，如实提供相关资料和信息，不得隐瞒、拒绝、阻碍。

第四十六条 养老机构的变更和终止

养老机构变更或者终止的，应当妥善安置收住的老年人，并依照规定到有关部门办理手续。有关部门应当为养老机构妥善安置老年人提供帮助。

关联规定

《养老机构管理办法》（2020年9月1日）

第三十五条 养老机构因变更或者终止等原因暂停、终止服务的，应当在合理期限内提前书面通知老年人或者其代理人，并书面告知民政部门。

老年人需要安置的，养老机构应当根据服务协议约定与老年人或者其代理人协商确定安置事宜。民政部门应当为养老机构妥善安置老年人提供帮助。

养老机构终止服务后，应当依法清算并办理注销登记。

第四十七条 养老服务人才培养

国家建立健全养老服务人才培养、使用、评价和激励制度，依法规范用工，促进从业人员劳动报酬合理增长，发展专职、兼职和志愿者相结合的养老服务队伍。

国家鼓励高等学校、中等职业学校和职业培训机构设置相关专业或者培训项目，培养养老服务专业人才。

第四十八条 养老服务协议

养老机构应当与接受服务的老年人或者其代理人签订服务协议，明确双方的权利、义务。

养老机构及其工作人员不得以任何方式侵害老年人的权益。

要点提示

养老机构为老年人提供服务，应当与接受服务的老年人或者其代理人签订服务协议。服务协议应当载明下列事项：养老机构的名称、住所、法定代表人或者主要负责人、联系方式；老年人及其代理人和老年人指定的经常联系人的姓名、住址、身份证明、联系方式；照料护理等级和服务内容、服务方式；收费标准以及费用支付方式；服务期限和场所；协议变更、解除与终止的条件；暂停或者终止服务时老年人安置方式；违约责任和争议解决方式；当事人协商一致的其他内容。

关联规定

《养老机构管理办法》（2020年9月1日）

第十六条 养老机构应当与老年人或者其代理人签订服务协议，明确当事人的权利和义务。

服务协议一般包括下列条款：

（一）养老机构的名称、住所、法定代表人或者主要负责人、联系方式；

（二）老年人或者其代理人和紧急联系人的姓名、住址、身份证明、联系方式；

（三）照料护理等级和服务内容、服务方式；

（四）收费标准和费用支付方式；

（五）服务期限和场所；

（六）协议变更、解除与终止的条件；

（七）暂停或者终止服务时老年人安置方式；

（八）违约责任和争议解决方式；

（九）当事人协商一致的其他内容。

第十七条 养老机构按照服务协议为老年人提供生活照料、康复护理、精神慰藉、文化娱乐等服务。

第十八条 养老机构应当为老年人提供饮食、起居、清洁、卫生等生活照料服务。

养老机构应当提供符合老年人住宿条件的居住用房，并配备适合老年人安全保护要求的设施、设备及用具，定期对老年人的活动场所和物品进行消毒和清洗。

养老机构提供的饮食应当符合食品安全要求、适宜老年人食用、有利于老年人营养平衡、符合民族风俗习惯。

第十九条 养老机构应当为老年人建立健康档案，开展日常保健知识宣传，做好疾病预防工作。养老机构在老年人突发危重疾病时，应当及时转送医疗机构救治并通知其紧急联系人。

养老机构可以通过设立医疗机构或者采取与周边医疗机构合作的方式，为老年人提供医疗服务。养老机构设立医疗机构的，应当按照医疗机构管理相关法律法规进行管理。

第二十条 养老机构发现老年人为传染病病人或者疑似传染病病人的，应当及时向附近的疾病预防控制机构或者医疗机构报告，配合实施卫生处理、隔离等预防控制措施。

养老机构发现老年人为疑似精神障碍患者的，应当依照精神卫生相关法律法规的规定处理。

第二十一条 养老机构应当根据需要为老年人提供情绪疏导、心理咨询、危机干预等精神慰藉服务。

第二十二条 养老机构应当开展适合老年人的文化、教育、体育、娱乐活动，丰富老年人的精神文化生活。

养老机构开展文化、教育、体育、娱乐活动时，应当为老年人提供必要的安全防护措施。

第二十三条 养老机构应当为老年人家庭成员看望或者问候老年人提供便利，为老年人联系家庭成员提供帮助。

第二十四条 鼓励养老机构运营社区养老服务设施，或者上门为居家老年人提供助餐、助浴、助洁等服务。

第四十九条 养老机构责任保险

国家鼓励养老机构投保责任保险，鼓励保险公司承保责任保险。

第五十条 老年医疗卫生服务

各级人民政府和有关部门应当将老年医疗卫生服务纳入城乡医疗卫生服务规划，将老年人健康管理和常见病预防等纳入国家基本公共卫生服务项目。鼓励为老年人提供保健、护理、临终关怀等服务。

国家鼓励医疗机构开设针对老年病的专科或者门诊。

医疗卫生机构应当开展老年人的健康服务和疾病防治工作。

关联规定

《基本医疗卫生与健康促进法》（2019年12月28日）

第二十五条 国家发展老年人保健事业。国务院和省、自治区、直辖市人民政府应当将老年人健康管理和常见病预防等纳入基本公共卫生服务项目。

第五十一条 老年医学、健康教育

国家采取措施，加强老年医学的研究和人才培养，提高老年病的预防、治疗、科研水平，促进老年病的早期发现、诊断和治疗。

国家和社会采取措施，开展各种形式的健康教育，普及老年保健知识，增强老年人自我保健意识。

第五十二条　发展老龄产业

国家采取措施，发展老龄产业，将老龄产业列入国家扶持行业目录。扶持和引导企业开发、生产、经营适应老年人需要的用品和提供相关的服务。

第五章　社会优待

第五十三条　提高优待水平

县级以上人民政府及其有关部门根据经济社会发展情况和老年人的特殊需要，制定优待老年人的办法，逐步提高优待水平。

对常住在本行政区域内的外埠老年人给予同等优待。

关联规定

《关于推进基本养老服务体系建设的意见》（2023 年 5 月 21 日）

二、重点工作

（一）制定落实基本养老服务清单。各地区各有关部门要严格落实《国家基本养老服务清单》（见附件）。《国家基本养老服务清单》明确的对象、项目、内容等，根据经济社会发展水平、财力状况等因素动态调整，由民政部会同相关部门适时提出修订意见，按程序报批后以部门名义印发实施。省级政府应当对照《国家基本养老服务清单》制定并发布本地区基本养老服务具体实施方案及清单，明确具体服务对象、内容、标准等，其清单应当包含《国家基本养老服务清单》中的服务项目，且覆盖范围和实现程度不得低于《国家基本养老服务清单》要求。到 2025 年，基本养老服务制度体系基本健全，基本养老服务清单不断完善，服务对象、服务内容、服务标准等清晰明确，服务供给、服务保障、服务监管等机制不断健全，基本养老服务体系覆盖全体老年人。

附：《国家基本养老服务清单》（略）

第五十四条 为领取养老金、结算医疗费等提供帮助

各级人民政府和有关部门应当为老年人及时、便利地领取养老金、结算医疗费和享受其他物质帮助提供条件。

第五十五条 优先办理房屋权属关系变更等

各级人民政府和有关部门办理房屋权属关系变更、户口迁移等涉及老年人权益的重大事项时，应当就办理事项是否为老年人的真实意思表示进行询问，并依法优先办理。

第五十六条 法律援助

老年人因其合法权益受侵害提起诉讼交纳诉讼费确有困难的，可以缓交、减交或者免交；需要获得律师帮助，但无力支付律师费用的，可以获得法律援助。

鼓励律师事务所、公证处、基层法律服务所和其他法律服务机构为经济困难的老年人提供免费或者优惠服务。

关联规定

1.《法律援助法》（2021年8月20日）

第四十五条 法律援助机构为老年人、残疾人提供法律援助服务的，应当根据实际情况提供无障碍设施设备和服务。

法律法规对向特定群体提供法律援助有其他特别规定的，依照其规定。

2.《诉讼费用交纳办法》（2006年12月19日）

第四条 国家对交纳诉讼费用确有困难的当事人提供司法救助，保障其依法行使诉讼权利，维护其合法权益。

第四十四条 当事人交纳诉讼费用确有困难的，可以依照本办法向人

民法院申请缓交、减交或者免交诉讼费用的司法救助。

诉讼费用的免交只适用于自然人。

第四十五条 当事人申请司法救助，符合下列情形之一的，人民法院应当准予免交诉讼费用：

（一）残疾人无固定生活来源的；

（二）追索赡养费、扶养费、抚育费、抚恤金的；

（三）最低生活保障对象、农村特困定期救济对象、农村五保供养对象或者领取失业保险金人员，无其他收入的；

（四）因见义勇为或者为保护社会公共利益致使自身合法权益受到损害，本人或者其近亲属请求赔偿或者补偿的；

（五）确实需要免交的其他情形。

第四十六条 当事人申请司法救助，符合下列情形之一的，人民法院应当准予减交诉讼费用：

（一）因自然灾害等不可抗力造成生活困难，正在接受社会救济，或者家庭生产经营难以为继的；

（二）属于国家规定的优抚、安置对象的；

（三）社会福利机构和救助管理站；

（四）确实需要减交的其他情形。

人民法院准予减交诉讼费用的，减交比例不得低于30%。

第四十七条 当事人申请司法救助，符合下列情形之一的，人民法院应当准予缓交诉讼费用：

（一）追索社会保险金、经济补偿金的；

（二）海上事故、交通事故、医疗事故、工伤事故、产品质量事故或者其他人身伤害事故的受害人请求赔偿的；

（三）正在接受有关部门法律援助的；

（四）确实需要缓交的其他情形。

第四十八条 当事人申请司法救助，应当在起诉或者上诉时提交书面申请、足以证明其确有经济困难的证明材料以及其他相关证明材料。

因生活困难或者追索基本生活费用申请免交、减交诉讼费用的，还应当提供本人及其家庭经济状况符合当地民政、劳动保障等部门规定的公民经济困难标准的证明。

人民法院对当事人的司法救助申请不予批准的，应当向当事人书面说明理由。

第四十九条 当事人申请缓交诉讼费用经审查符合本办法第四十七条规定的，人民法院应当在决定立案之前作出准予缓交的决定。

第五十条 人民法院对一方当事人提供司法救助，对方当事人败诉的，诉讼费用由对方当事人负担；对方当事人胜诉的，可以视申请司法救助的当事人的经济状况决定其减交、免交诉讼费用。

第五十一条 人民法院准予当事人减交、免交诉讼费用的，应当在法律文书中载明。

3.《法律援助条例》（2003 年 7 月 21 日）

第十条 公民对下列需要代理的事项，因经济困难没有委托代理人的，可以向法律援助机构申请法律援助：

（一）依法请求国家赔偿的；

（二）请求给予社会保险待遇或者最低生活保障待遇的；

（三）请求发给抚恤金、救济金的；

（四）请求给付赡养费、抚养费、扶养费的；

（五）请求支付劳动报酬的；

（六）主张因见义勇为行为产生的民事权益的。

省、自治区、直辖市人民政府可以对前款规定以外的法律援助事项作出补充规定。

公民可以就本条第一款、第二款规定的事项向法律援助机构申请法律咨询。

第十一条 刑事诉讼中有下列情形之一的，公民可以向法律援助机构申请法律援助：

（一）犯罪嫌疑人在被侦查机关第一次讯问后或者采取强制措施之日起，因经济困难没有聘请律师的；

（二）公诉案件中的被害人及其法定代理人或者近亲属，自案件移送审查起诉之日起，因经济困难没有委托诉讼代理人的；

（三）自诉案件的自诉人及其法定代理人，自案件被人民法院受理之日起，因经济困难没有委托诉讼代理人的。

第十二条 公诉人出庭公诉的案件，被告人因经济困难或者其他原因没有委托辩护人，人民法院为被告人指定辩护时，法律援助机构应当提供法律援助。

被告人是盲、聋、哑人或者未成年人而没有委托辩护人的，或者被告人可能被判处死刑而没有委托辩护人的，人民法院为被告人指定辩护时，法律援助机构应当提供法律援助，无须对被告人进行经济状况的审查。

第十三条 本条例所称公民经济困难的标准，由省、自治区、直辖市人民政府根据本行政区域经济发展状况和法律援助事业的需要规定。

申请人住所地的经济困难标准与受理申请的法律援助机构所在地的经济困难标准不一致的，按照受理申请的法律援助机构所在地的经济困难标准执行。

4.《国务院办公厅关于制定和实施老年人照顾服务项目的意见》（2017年6月6日）

二、重点任务

（八）进一步推动扩大法律援助覆盖面，降低法律援助门槛，有条件的地方可适度放宽老年人申请法律援助的经济困难标准和受案范围。

第五十七条 就医优先

医疗机构应当为老年人就医提供方便，对老年人就医予以优先。有条件的地方，可以为老年人设立家庭病床，开展巡回医疗、护理、康复、免费体检等服务。

提倡为老年人义诊。

关联规定

1.《关于切实解决老年人运用智能技术困难的实施方案》（2020年11月15日）

二、重点任务

（三）便利老年人日常就医。

7. 提供多渠道挂号等就诊服务。医疗机构、相关企业要完善电话、网络、现场等多种预约挂号方式，畅通家人、亲友、家庭签约医生等代老年人预约挂号的渠道。医疗机构应提供一定比例的现场号源，保留挂号、缴费、打印检验报告等人工服务窗口，配备导医、志愿者、社会工作者等人员，为老年人提供就医指导服务。（国家卫生健康委负责）

8. 优化老年人网上办理就医服务。简化网上办理就医服务流程，为老年人提供语音引导、人工咨询等服务，逐步实现网上就医服务与医疗机构自助挂号、取号叫号、缴费、打印检验报告、取药等智能终端设备的信息联通，促进线上线下服务结合。推动通过身份证、社保卡、医保电子凭证等多介质办理就医服务，鼓励在就医场景中应用人脸识别等技术。（国家卫生健康委、公安部、人力资源社会保障部、国家医保局等相关部门按职责分工负责）

9. 完善老年人日常健康管理服务。搭建社区、家庭健康服务平台，由家庭签约医生、家人和有关市场主体等共同帮助老年人获得健康监测、咨询指导、药品配送等服务，满足居家老年人的健康需求。推进“互联网+医疗健康”，提供老年人常见病、慢性病复诊以及随访管理等服务。（国家卫生健康委负责）

2.《国务院办公厅关于制定和实施老年人照顾服务项目的意见》（2017年6月6日）

二、重点任务

（十一）鼓励通过基本公共卫生服务项目，为老年人免费建立电子健康档案，每年为65周岁及以上老年人免费提供包括体检在内的健康管理服务。

（十二）对符合条件的低收入家庭老年人参加城乡居民基本医疗保险所需个人缴费部分，由政府给予适当补贴。

（十三）加大推进医养结合力度，鼓励医疗卫生机构与养老服务融合发展，逐步建立完善医疗卫生机构与养老机构的业务合作机制，倡导社会力量兴办医养结合机构，鼓励有条件的医院为社区失能老年人设立家庭病床，建立巡诊制度。

（十四）积极开展长期护理保险试点，探索建立长期护理保险制度，切实保障失能人员特别是失能老年人的基本生活权益。

（十五）加快推进基本医疗保险异地就医结算工作，2017年底前基本实现符合转诊规定的老年人异地就医住院费用直接结算。

（十六）鼓励相关职业院校和培训机构每年面向老年人及其亲属开设一定学时的老年人护理、保健课程或开展专项技能培训。

第五十八条 生活优先、优惠

提倡与老年人日常生活密切相关的服务行业为老年人提供优先、优惠服务。

城市公共交通、公路、铁路、水路和航空客运，应当为老年人提供优待和照顾。

关联规定

1.《关于切实解决老年人运用智能技术困难的实施方案》（2020年11月15日）

二、重点任务

（一）做好突发事件应急响应状态下对老年人的服务保障。

……

3. 在突发事件处置中做好帮助老年人应对工作。在自然灾害、事故灾难、公共卫生事件、社会安全事件等突发事件处置中，需采取必要智能化管理和服务措施的，要在应急预案中统筹考虑老年人需要，提供突发事件风险提醒、紧急避难场所提示、“一键呼叫”应急救援、受灾人群转移安置、救灾物资分配发放等线上线下相结合的应急救援和保障服务，切实解决在应急处置状态下老年人遇到的困难。（应急部、公安部、国家卫生健康委等相关部门及各地区按职责分工负责）

（二）便利老年人日常交通出行。

4. 优化老年人打车出行服务。保持巡游出租车扬召服务，对电召服务要提高电话接线率。引导网约车平台公司优化约车软件，增设“一键叫车”功能，鼓励提供电召服务，对老年人订单优先派车。鼓励有条件的地区在医院、居民集中居住区、重要商业区等场所设置出租车候客点、临时停靠点，依托信息化技术提供便捷叫车服务。（交通运输部及各地区按职责分工负责）

5. 便利老年人乘坐公共交通。铁路、公路、水运、民航客运等公共交通在推行移动支付、电子客票、扫码乘车的同时，保留使用现金、纸质票据、凭证、证件等乘车的方式。推进交通一卡通全国互通与便捷应用，支持具备条件的社保卡增加交通出行功能，鼓励有条件的地区推行老年人凭身份证、社保卡、老年卡等证件乘坐城市公共交通。（交通运输部、人力资源社会保障部、人民银行、国家铁路局、中国民航局、中国国家铁路集团有限公司及各地区按职责分工负责）

6. 提高客运场站人工服务质量。进一步优化铁路、公路、水运、民航客运场站及轨道交通站点等窗口服务，方便老年人现场购票、打印票证等。高速公路服务区、收费站等服务窗口要为老年人提供咨询、指引等便利化服务和帮助。（交通运输部、国家铁路局、中国民航局、中国国家铁路集团有限公司及各地区按职责分工负责）

（四）便利老年人日常消费。

10. 保留传统金融服务方式。任何单位和个人不得以格式条款、通知、声明、告示等方式拒收现金。要改善服务人员的面对面服务，零售、餐饮、商场、公园等老年人高频消费场所，水电气费等基本公共服务费用、行政事业性费用缴纳，应支持现金和银行卡支付。强化支付市场监管，加大对拒收现金、拒绝银行卡支付等歧视行为的整改整治力度。采用无人销售方式经营的场所应以适当方式满足消费者现金支付需求，提供现金支付渠道或转换手段。（人民银行、国家发展改革委、市场监管总局、银保监会等相关部门按职责分工负责）

11. 提升网络消费便利化水平。完善金融科技标准规则体系，推动金融机构、非银行支付机构、网络购物平台等优化用户注册、银行卡绑定和支付流程，打造大字版、语音版、民族语言版、简洁版等适老手机银行App，提升手机银行产品的易用性和安全性，便利老年人进行网上购物、订餐、家政、生活缴费等日常消费。平台企业要提供技术措施，保障老年人网上支付安全。（人民银行、国家发展改革委、市场监管总局、银保监会、证监会等相关部门按职责分工负责）

（六）便利老年人办事服务。

14. 优化“互联网+政务服务”应用。依托全国一体化政务服务平台，进一步推进政务数据共享，优化政务服务，实现社会保险待遇资格认证、津贴补贴领取等老年人高频服务事项便捷办理，让老年人办事少跑腿。各级政务服务平台应具备授权代理、亲友代办等功能，方便不使用或不会操作智能手机的老年人网上办事。（国务院办公厅牵头，相关部门及各地区按职责分工负责）

15. 设置必要的线下办事渠道。医疗、社保、民政、金融、电信、邮政、信访、出入境、生活缴费等高频服务事项，应保留线下办理渠道，并向基层延伸，为老年人提供便捷服务。实体办事大厅和社区综合服务设施应合理布局，配备引导人员，设置现场接待窗口，优先接待老年人，推广“一站式”服务，进一步改善老年人办事体验。（相关部门及各地区按职责分工负责）

（七）便利老年人使用智能化产品和服务应用。

16. 扩大适老化智能终端产品供给。推动手机等智能终端产品适老化改造，使其具备大屏幕、大字体、大音量、大电池容量、操作简单等更多方便老年人使用的特点。积极开发智能辅具、智能家居和健康监测、养老照护等智能化终端产品。发布智慧健康养老产品及服务推广目录，开展应用试点示范，按照适老化要求推动智能终端持续优化升级。建设智慧健康养老终端设备的标准及检测公共服务平台，提升适老产品设计、研发、检测、认证能力。（工业和信息化部、国家发展改革委、民政部、国家卫生健康委、市场监管总局等相关部门按职责分工负责）

17. 推进互联网应用适老化改造。组织开展互联网网站、移动互联网应用改造专项行动，重点推动与老年人日常生活密切相关的政务服务、社区服务、新闻媒体、社交通讯、生活购物、金融服务等互联网网站、移动互联网应用适老化改造，使其更便于老年人获取信息和服务。优化界面交互、内容朗读、操作提示、语音辅助等功能，鼓励企业提供相关应用的“关怀模式”、“长辈模式”，将无障碍改造纳入日常更新维护。（工业和信息化部、民政部、人民银行、银保监会、证监会等相关部门按职责分工负责）

18. 为老年人提供更优质的电信服务。持续开展电信普遍服务试点，推进行政村移动网络深度覆盖，加强偏远地区养老服务机构、老年活动中心等宽带网络覆盖。开展精准降费，引导基础电信企业为老年人提供更大力度的资费优惠，合理降低使用手机、宽带网络等服务费用，推出更多老年人用得起的电信服务。（工业和信息化部、财政部、国务院国资委等相关部门按职责分工负责）

19. 加强应用培训。针对老年人在日常生活中的应用困难，组织行业培训机构和专家开展专题培训，提高老年人对智能化应用的操作能力。鼓励亲友、村（居）委会、老年协会、志愿者等为老年人运用智能化产品提供相应帮助。引导厂商针对老年人常用的产品功能，设计制作专门的简易使用手册和视频教程。（教育部、民政部、人力资源社会保障部、国家卫生健康委、市场监管总局、银保监会、证监会等相关部门按职责分工负责）

20. 开展老年人智能技术教育。将加强老年人运用智能技术能力列为老年教育的重点内容，通过体验学习、尝试应用、经验交流、互助帮扶等，引导老年人了解新事物、体验新科技，积极融入智慧社会。推动各类教育机构针对老年人研发全媒体课程体系，通过老年大学（学校）、养老服务机构、社区教育机构等，采取线上线下相结合的方式，帮助老年人提高运用智能技术的能力和水平。（教育部、民政部、国家卫生健康委等相关部门按职责分工负责）

2.《国务院办公厅关于制定和实施老年人照顾服务项目的意见》（2017年6月6日）

二、重点任务

（九）支持城市公共交通为老年人提供优惠和便利，鼓励公路、铁路、民航等公共交通工具为老年人提供便利服务。

（十）综合考虑老、幼、病、残、孕等重点旅客出行需求，有条件的公共交通场所、站点和公共交通工具要按照无障碍环境建设要求，加快无障碍设施建设和改造，在醒目位置设置老年人等重点人群服务标志，开辟候乘专区或专座，为无人陪同、行动不便等有服务需求的老年人提供便利服务。

第五十九条 公共文化设施的免费和优惠

博物馆、美术馆、科技馆、纪念馆、公共图书馆、文化馆、影剧院、体育场馆、公园、旅游景点等场所，应当对老年人免费或者优惠开放。

关联规定

1.《公共图书馆法》（2018年10月26日）

第三十四条 政府设立的公共图书馆应当设置少年儿童阅览区域，根据少年儿童的特点配备相应的专业人员，开展面向少年儿童的阅读指导和社会教育活动，并为学校开展有关课外活动提供支持。有条件的地区可以单独设立少年儿童图书馆。

政府设立的公共图书馆应当考虑老年人、残疾人等群体的特点，积极创造条件，提供适合其需要的文献信息、无障碍设施设备和服务等。

2.《博物馆条例》（2015年2月9日）

第三十三条 国家鼓励博物馆向公众免费开放。县级以上人民政府应当对向公众免费开放的博物馆给予必要的经费支持。

博物馆未实行免费开放的，其门票、收费的项目和标准按照国家有关规定执行，并在收费地点的醒目位置予以公布。

博物馆未实行免费开放的，应当对未成年人、成年学生、教师、老年人、残疾人和军人等实行免费或者其他优惠。博物馆实行优惠的项目和标准应当向公众公告。

3.《关于切实解决老年人运用智能技术困难的实施方案》（2020年11月15日）

二、重点任务

（五）便利老年人文体活动。

12. 提高文体场所服务适老化程度。需要提前预约的公园、体育健身场馆、旅游景区、文化馆、图书馆、博物馆、美术馆等场所，应保留人工窗口和电话专线，为老年人保留一定数量的线下免预约进入或购票名额。同时，在老年人进入文体场馆和旅游景区、获取电子讲解、参与全民健身赛事活动、使用智能健身器械等方面，提供必要的信息引导、人工帮扶等服务。（文化和旅游部、住房城乡建设部、体育总局及各地区按职责分工负责）

13. 丰富老年人参加文体活动的智能化渠道。引导公共文化体育机构、文体和旅游类企业提供更多适老化智能产品和服务，同时开展丰富的传统文体活动。针对广场舞、群众歌咏等方面的普遍文化需求，开发设计适老智能应用，为老年人社交娱乐提供便利。探索通过虚拟现实、增强现实等技术，帮助老年人便捷享受在线游览、观赛观展、体感健身等智能化服务。（文化和旅游部、体育总局及各地区按职责分工负责）

第六十条 不承担酬劳义务

农村老年人不承担兴办公益事业的筹劳义务。

关联规定

《国务院办公厅关于制定和实施老年人照顾服务项目的意见》（2017年6月6日）

二、重点任务

（六）农村老年人不承担兴办公益事业的筹劳义务。

第六章　宜居环境

第六十一条　宜居环境建设

国家采取措施，推进宜居环境建设，为老年人提供安全、便利和舒适的环境。

第六十二条　宜居规划

各级人民政府在制定城乡规划时，应当根据人口老龄化发展趋势、老年人口分布和老年人的特点，统筹考虑适合老年人的公共基础设施、生活服务设施、医疗卫生设施和文化体育设施建设。

关联规定

1.《城乡规划法》（2019年4月23日）

第三条　城市和镇应当依照本法制定城市规划和镇规划。城市、镇规划区内的建设活动应当符合规划要求。

县级以上地方人民政府根据本地农村经济社会发展水平，按照因地制宜、切实可行的原则，确定应当制定乡规划、村庄规划的区域。在确定区域内的乡、村庄，应当依照本法制定规划，规划区内的乡、村庄建设应当符合规划要求。

县级以上地方人民政府鼓励、指导前款规定以外的区域的乡、村庄制定和实施乡规划、村庄规划。

2.《国务院办公厅关于制定和实施老年人照顾服务项目的意见》（2017年6月6日）

二、重点任务

（四）推进老年宜居社区、老年友好城市建设。提倡在推进与老年人日常生活密切相关的公共设施改造中，适当配备老年人出行辅助器具。加强社区、家庭的适老化设施改造，优先支持老年人居住比例高的住宅加装电梯等。

3.《关于推进基本养老服务体系建设的意见》（2023年5月21日）

二、重点工作

（五）提升基本养老服务便利化可及化水平。依托和整合现有资源，发展街道（乡镇）区域养老服务中心或为老服务综合体。支持养老机构运营社区养老服务设施，可按规定统筹养老服务资源。支持社会力量为老年人提供日间照料、助餐助洁、康复护理等服务。依托街道（乡镇）区域养老服务中心或为老服务综合体、社区养老服务设施以及村民委员会、社区居委会等基层力量提供家庭养老指导服务，帮助老年人家庭成员提高照护能力。将失能老年人家庭成员照护培训纳入政府购买养老服务目录，符合条件的失能老年人家庭成员参加照护培训等相关职业技能培训的，按规定给予职业培训补贴。优先推进与老年人日常生活密切相关的公共服务设施改造，为老年人提供安全、便利和舒适的环境。鼓励开展无障碍环境认证，提升无障碍环境服务水平。以满足居家生活照料、起居行动、康复护理等需求为重点，采取政府补贴等方式，对纳入分散特困供养的失能、高龄、残疾老年人家庭实施居家适老化改造，有条件的地方可将改造对象范围扩大到城乡低保对象中的失能、高龄、残疾老年人家庭等，引导社会化专业机构为其他有需求的老年人家庭提供居家适老化改造服务。鼓励发展康复辅助器具社区租赁服务，提升老年人生活自理能力和居家养老品质。积极推进养老服务认证工作。加强信息无障碍建设，降低老年人应用数字技术的难度，保留线下服务途径，为老年人获取基本养老服务提供便利。依托国家人口基础信息库推进基本养老服务对象信息、服务保障信息统一归集、互认和开放共享。

第六十三条 完善工程建设标准体系

国家制定和完善涉及老年人的工程建设标准体系，在规划、设计、施工、监理、验收、运行、维护、管理等环节加强相关标准的实施与监督。

第六十四条 无障碍设施建设

国家制定无障碍设施工程建设标准。新建、改建和扩建道路、公共交通设施、建筑物、居住区等，应当符合国家无障碍设施工程建设标准。

各级人民政府和有关部门应当按照国家无障碍设施工程建设标准，优先推进与老年人日常生活密切相关的公共服务设施的改造。

无障碍设施的所有人和管理人应当保障无障碍设施正常使用。

关联规定

《无障碍环境建设法》（2023年6月28日）

第二十六条 无障碍设施所有权人或者管理人应当对无障碍设施履行以下维护和管理责任，保障无障碍设施功能正常和使用安全：

（一）对损坏的无障碍设施和标识进行维修或者替换；

（二）对需改造的无障碍设施进行改造；

（三）纠正占用无障碍设施的行为；

（四）进行其他必要的维护和保养。

所有权人、管理人和使用人之间有约定的，由约定的责任人负责维护和管理。

第五十一条 国家推广通用设计理念，建立健全国家标准、行业标准、地方标准，鼓励发展具有引领性的团体标准、企业标准，加强标准之间的衔接配合，构建无障碍环境建设标准体系。地方结合本地实际制定的地方标准不得低于国家标准的相关技术要求。

第六十五条 老年宜居社区建设

国家推动老年宜居社区建设，引导、支持老年宜居住宅的开发，推动和扶持老年人家庭无障碍设施的改造，为老年人创造无障碍居住环境。

关联规定

《无障碍环境建设法》（2023 年 6 月 28 日）

第四条 无障碍环境建设应当与适老化改造相结合，遵循安全便利、实用易行、广泛受益的原则。

第七章 参与社会发展

第六十六条 保障老年人参与社会生活

国家和社会应当重视、珍惜老年人的知识、技能、经验和优良品德，发挥老年人的专长和作用，保障老年人参与经济、政治、文化和社会生活。

第六十七条 老年人组织

老年人可以通过老年人组织，开展有益身心健康的活动。

第六十八条 听取老年人和老年人组织的意见

制定法律、法规、规章和公共政策，涉及老年人权益重大问题的，应当听取老年人和老年人组织的意见。

老年人和老年人组织有权向国家机关提出老年人权益保障、老龄事业发展等方面的意见和建议。

第六十九条 参与社会发展的具体活动

国家为老年人参与社会发展创造条件。根据社会需要和可能，鼓励老年人在自愿和量力的情况下，从事下列活动：

（一）对青少年和儿童进行社会主义、爱国主义、集体主义和艰苦奋斗等优良传统教育；

（二）传授文化和科技知识；

（三）提供咨询服务；

（四）依法参与科技开发和应用；

（五）依法从事经营和生产活动；

（六）参加志愿服务、兴办社会公益事业；

（七）参与维护社会治安、协助调解民间纠纷；

（八）参加其他社会活动。

关联规定

《国务院办公厅关于制定和实施老年人照顾服务项目的意见》（2017 年 6 月 6 日）

二、重点任务

（十七）……倡导制定老年人参与社会发展支持政策，发挥老年人积极作用。

第七十条 保护合法收入、不得安排从事危险作业

老年人参加劳动的合法收入受法律保护。

任何单位和个人不得安排老年人从事危害其身心健康的劳动或者危险作业。

关联规定

《劳动法》（2018年12月29日）

第九十一条 用人单位有下列侵害劳动者合法权益情形之一的，由劳动行政部门责令支付劳动者的工资报酬、经济补偿，并可以责令支付赔偿金：

（一）克扣或者无故拖欠劳动者工资的；

（二）拒不支付劳动者延长工作时间工资报酬的；

（三）低于当地最低工资标准支付劳动者工资的；

（四）解除劳动合同后，未依照本法规定给予劳动者经济补偿的。

典型案例

李某某诉高某某、某保险公司机动车交通事故责任纠纷案[①]

◎ **关键词**：机动车交通事故；退休老年人误工费

◎ **基本案情**

2017年，高某某驾驶车辆与魏某某驾驶的电动三轮车相撞，造成两车损坏，魏某某及乘车人李某某受伤。交管部门认定，高某某负事故全部责任。李某某被医院诊断为创伤性蛛网膜下腔出血、鼻骨骨折、左侧锁骨闭合性骨折、左侧第一肋骨骨折、右手拇指骨折等，住院31天，并多次接受治疗。高某某驾驶的车辆在某保险公司投保了机动车第三者责任强制保险及商业保险。李某某起诉要求高某某、某保险公司赔偿医疗费、住院伙食补助费、营养费、护理费、误工费、交通费，共计12万余元。

---

① 《最高法发布老年人权益保护第二批典型案例》，载最高人民法院网，https://www.court.gov.cn/zixun/xiangqing/354121.html，最后访问时间：2023年5月1日。

◎ **裁判结果**

北京市延庆区人民法院判决：一、某保险公司在机动车第三者责任强制保险责任限额范围内赔偿李某某医疗费、护理费、误工费、交通费，共计3万余元；二、某保险公司在商业保险责任限额范围内赔偿李某某医疗费、住院伙食补助费、营养费，共计3万余元等。保险公司提起上诉。北京市第一中级人民法院认为，本案二审争议焦点为李某某误工费的赔偿问题。李某某于事故发生前在水泥厂工作，月收入3000元，虽然李某某已逾60周岁，但仍具有通过劳动获得报酬的能力，且其能证明事故发生前的收入状态，故李某某因本次事故导致的误工减少的收入应依法获得赔偿；一审法院结合李某某的伤情、治疗情况及医嘱情况等依法酌定的误工费金额并无不当。判决：驳回上诉，维持原判。

◎ **典型意义**

在侵权纠纷案件中，有观点认为，已逾法定退休年龄的老年受害人不存在误工费问题，因此对该请求不应当予以支持。本案裁判明确，对于超过法定退休年龄但仍具有劳动能力、并通过劳动获得报酬的老年人，其因事故导致误工的收入减少应依法获得赔偿。《中共中央、国务院关于加强新时代老龄工作的意见》明确要促进老年人社会参与，鼓励老年人继续发挥作用。本案从维护老年人合法权益的角度出发，对于超过法定退休年龄受害人的误工费予以支持，在司法实践中具有代表性和参考价值。对于维护老年人就业权益，充分发挥低龄老年人作用，推动实现老有所为、老有所养，具有一定的指导意义。

第七十一条 继续教育

老年人有继续受教育的权利。

国家发展老年教育，把老年教育纳入终身教育体系，鼓励社会办好各类老年学校。

各级人民政府对老年教育应当加强领导，统一规划，加大投入。

关联规定

1.《关于切实解决老年人运用智能技术困难的实施方案》（2020 年 11 月 15 日）

二、重点任务

（七）便利老年人使用智能化产品和服务应用。

20. 开展老年人智能技术教育。将加强老年人运用智能技术能力列为老年教育的重点内容，通过体验学习、尝试应用、经验交流、互助帮扶等，引导老年人了解新事物、体验新科技，积极融入智慧社会。推动各类教育机构针对老年人研发全媒体课程体系，通过老年大学（学校）、养老服务机构、社区教育机构等，采取线上线下相结合的方式，帮助老年人提高运用智能技术的能力和水平。（教育部、民政部、国家卫生健康委等相关部门按职责分工负责）

2.《国务院办公厅关于制定和实施老年人照顾服务项目的意见》（2017 年 6 月 6 日）

二、重点任务

（十八）推动具有相关学科的院校开发老年教育课程，为社区、老年教育机构及养老服务机构等提供教学资源及教育服务。支持兴办老年电视（互联网）大学，完善老年人社区学习网络。鼓励社会教育机构为老年人开展学习活动提供便利和优惠服务。

（十九）老年教育资源向老年人公平有序开放，减免贫困老年人进入老年大学（学校）学习的学费。提倡乡镇（街道）、城乡社区落实老年人学习场所，提供适合老年人的学习资源。

第七十二条 老年文化生活

国家和社会采取措施，开展适合老年人的群众性文化、体育、娱乐活动，丰富老年人的精神文化生活。

关联规定

1.《关于切实解决老年人运用智能技术困难的实施方案》（2020年11月15日）

二、重点任务

（五）便利老年人文体活动。

13. 丰富老年人参加文体活动的智能化渠道。引导公共文化体育机构、文体和旅游类企业提供更多适老化智能产品和服务，同时开展丰富的传统文体活动。针对广场舞、群众歌咏等方面的普遍文化需求，开发设计适老智能应用，为老年人社交娱乐提供便利。探索通过虚拟现实、增强现实等技术，帮助老年人便捷享受在线游览、观赛观展、体感健身等智能化服务。（文化和旅游部、体育总局及各地区按职责分工负责）

2.《国务院办公厅关于制定和实施老年人照顾服务项目的意见》（2017年6月6日）

二、重点任务

（二十）支持老年人开展文体娱乐、精神慰藉、互帮互助等活动，鼓励和支持为乡镇（街道）、城乡社区综合服务设施、为老服务机构和组织因地制宜配备适合老年人的文体器材。引导有条件的公共图书馆开设老年阅览区域，提供大字阅读设备、触屏读报系统等。

第八章　法律责任

第七十三条　救济途径

老年人合法权益受到侵害的，被侵害人或者其代理人有权要求有关部门处理，或者依法向人民法院提起诉讼。

人民法院和有关部门，对侵犯老年人合法权益的申诉、控告和检举，应当依法及时受理，不得推诿、拖延。

关联规定

《人民法院在线诉讼规则》（2021 年 6 月 16 日）

第二条 人民法院开展在线诉讼应当遵循以下原则：

……

（四）便民利民原则。优化在线诉讼服务，完善诉讼平台功能，加强信息技术应用，降低当事人诉讼成本，提升纠纷解决效率。统筹兼顾不同群体司法需求，对未成年人、老年人、残障人士等特殊群体加强诉讼引导，提供相应司法便利。

……

第七十四条 监管部门的职责

不履行保护老年人合法权益职责的部门或者组织，其上级主管部门应当给予批评教育，责令改正。

国家工作人员违法失职，致使老年人合法权益受到损害的，由其所在单位或者上级机关责令改正，或者依法给予处分；构成犯罪的，依法追究刑事责任。

第七十五条 纠纷调解

老年人与家庭成员因赡养、扶养或者住房、财产等发生纠纷，可以申请人民调解委员会或者其他有关组织进行调解，也可以直接向人民法院提起诉讼。

人民调解委员会或者其他有关组织调解前款纠纷时，应当通过说服、疏导等方式化解矛盾和纠纷；对有过错的家庭成员，应当给予批评教育。

人民法院对老年人追索赡养费或者扶养费的申请，可以依法裁定先予执行。

第七十六条 干涉老年人婚姻自由的责任

干涉老年人婚姻自由，对老年人负有赡养义务、扶养义务而拒绝赡养、扶养，虐待老年人或者对老年人实施家庭暴力的，由有关单位给予批评教育；构成违反治安管理行为的，依法给予治安管理处罚；构成犯罪的，依法追究刑事责任。

关联规定

1.《治安管理处罚法》（2012年10月26日）

第四十五条 有下列行为之一的，处五日以下拘留或者警告：

（一）虐待家庭成员，被虐待人要求处理的；

（二）遗弃没有独立生活能力的被扶养人的。

2.《刑法》（2020年12月26日）

第二百五十七条 以暴力干涉他人婚姻自由的，处二年以下有期徒刑或者拘役。

犯前款罪，致使被害人死亡的，处二年以上七年以下有期徒刑。

第一款罪，告诉的才处理。

第二百六十条 虐待家庭成员，情节恶劣的，处二年以下有期徒刑、拘役或者管制。

犯前款罪，致使被害人重伤、死亡的，处二年以上七年以下有期徒刑。

第一款罪，告诉的才处理，但被害人没有能力告诉，或者因受到强制、威吓无法告诉的除外。

第二百六十一条 对于年老、年幼、患病或者其他没有独立生活能力的人，负有扶养义务而拒绝扶养，情节恶劣的，处五年以下有期徒刑、拘役或者管制。

第七十七条 侵害老年人财物的责任

家庭成员盗窃、诈骗、抢夺、侵占、勒索、故意损毁老年人财物，构成违反治安管理行为的，依法给予治安管理处罚；构成犯罪的，依法追究刑事责任。

关联规定

《刑法》（2020 年 12 月 26 日）

第二百六十四条 盗窃公私财物，数额较大的，或者多次盗窃、入户盗窃、携带凶器盗窃、扒窃的，处三年以下有期徒刑、拘役或者管制，并处或者单处罚金；数额巨大或者有其他严重情节的，处三年以上十年以下有期徒刑，并处罚金；数额特别巨大或者有其他特别严重情节的，处十年以上有期徒刑或者无期徒刑，并处罚金或者没收财产。

第二百六十六条 诈骗公私财物，数额较大的，处三年以下有期徒刑、拘役或者管制，并处或者单处罚金；数额巨大或者有其他严重情节的，处三年以上十年以下有期徒刑，并处罚金；数额特别巨大或者有其他特别严重情节的，处十年以上有期徒刑或者无期徒刑，并处罚金或者没收财产。本法另有规定的，依照规定。

第二百六十七条 抢夺公私财物，数额较大的，或者多次抢夺的，处三年以下有期徒刑、拘役或者管制，并处或者单处罚金；数额巨大或者有其他严重情节的，处三年以上十年以下有期徒刑，并处罚金；数额特别巨大或者有其他特别严重情节的，处十年以上有期徒刑或者无期徒刑，并处罚金或者没收财产。

携带凶器抢夺的，依照本法第二百六十三条的规定定罪处罚。

第二百七十条 将代为保管的他人财物非法占为己有，数额较大，拒不退还的，处二年以下有期徒刑、拘役或者罚金；数额巨大或者有其他严重情节的，处二年以上五年以下有期徒刑，并处罚金。

将他人的遗忘物或者埋藏物非法占为己有，数额较大，拒不交出的，依照前款的规定处罚。

本条罪，告诉的才处理。

第二百七十四条 敲诈勒索公私财物，数额较大或者多次敲诈勒索的，处三年以下有期徒刑、拘役或者管制，并处或者单处罚金；数额巨大或者有其他严重情节的，处三年以上十年以下有期徒刑，并处罚金；数额特别巨大或者有其他特别严重情节的，处十年以上有期徒刑，并处罚金。

第二百七十五条 故意毁坏公私财物，数额较大或者有其他严重情节的，处三年以下有期徒刑、拘役或者罚金；数额巨大或者有其他特别严重情节的，处三年以上七年以下有期徒刑。

第七十八条 侮辱、诽谤老年人的责任

侮辱、诽谤老年人，构成违反治安管理行为的，依法给予治安管理处罚；构成犯罪的，依法追究刑事责任。

关联规定

《刑法》（2020年12月26日）

第二百四十六条 以暴力或者其他方法公然侮辱他人或者捏造事实诽谤他人，情节严重的，处三年以下有期徒刑、拘役、管制或者剥夺政治权利。

前款罪，告诉的才处理，但是严重危害社会秩序和国家利益的除外。

通过信息网络实施第一款规定的行为，被害人向人民法院告诉，但提供证据确有困难的，人民法院可以要求公安机关提供协助。

第七十九条 养老机构及其工作人员的责任

养老机构及其工作人员侵害老年人人身和财产权益，或者未按照约定提供服务的，依法承担民事责任；有关主管部门依法给予行政处罚；构成犯罪的，依法追究刑事责任。

关联规定

《民政部、公安部、市场监管总局、中国银保监会关于加强养老机构非法集资防范化解工作的意见》（2022年11月7日）

为巩固打击整治养老诈骗专项行动成果，加大常态化养老机构非法集资防范化解力度，切实履行好《防范和处置非法集资条例》明确的行业主管部门、监管部门职责，坚持防范为主、打早打小、综合治理、稳妥处置的原则，多措并举强化日常监督管理，依法保护老年人合法权益，现提出如下意见：

一、加强风险摸排

（一）通过信息抓取及时掌握增量。省级民政部门要主动对接省级市场监管部门，建立养老机构登记备案信息共享交换机制，推动省级市场监管部门通过省级统一的信用信息共享交换平台、政府数据共享交换平台或者部门间的数据接口（统称信息共享交换平台），将本行政区域内经营范围中包含“养老服务”的市场主体登记信息，自登记之日起10个工作日内推送给省级民政部门。暂不具备条件的，省级民政部门要通过信息共享交换平台，每月至少一次集中抓取上述市场主体登记信息。省级民政部门要重点关注经营范围中包含“养老服务”，且名称中含有“养老、老年、老来、敬老、托老、老人、康旅、健康、养生、康养、医养、寿康、夕阳、休养、长寿、长生、孝心”等字样的市场主体，并将有关登记信息推送到服务场所所在地的县级民政部门，服务场所所在地的县级民政部门要进行现场核查，对实际收住老年人、提供养老服务的养老机构要做到情况清、底数明，并将核查结果逐级反馈省级民政部门。服务场所所在地的县级民政部门要将新增的养老机构纳入监管范围，并督促其依法及时办理备案。具备条件的市、县民政部门可以主动对接同级市场监管部门，并推动同级市场监管部门做好信息推送工作。

民政部门要加强登记信息内部共享，及时掌握民办非营利性养老机构登记情况。对于非民政部门（如行政审批局）批准成立登记的民办非营利性养老机构，民政部门要通过信息共享交换平台，每月至少一次集中抓取相关登记信息。

（二）定期开展存量摸底排查。各地民政部门每年对养老机构服务安全和质量进行不少于一次的现场检查，要重点检查养老机构的运营主体、床位数量、登记备案、服务协议、收费方式、收取预付费及涉及人数、资金使用、营销方式、关联公司、业务扩张等情况，并将摸排开展情况以及各机构摸排结果，及时填报到"金民工程"全国养老服务信息系统。各地民政部门在排查中发现个人或者组织未经登记但以养老机构名义开展养老服务活动的，要引导其尽快依法办理设立登记；对拒不登记且从事经营活动的，依照《民办非企业单位登记管理暂行条例》、《无证无照经营查处办法》、《事业单位登记管理暂行条例实施细则》等法律法规予以处置。

二、加强源头治理

（三）规范养老机构内部管理。养老机构应当依法与接受服务的老年人或者其代理人签订服务协议，明确双方的权利和义务。收取预付费的，应当与老年人或者其代理人协商一致，并告知可能存在的风险，充分保障其知情权。省级民政部门要结合当地实际，在《养老机构服务合同》（示范文本）的基础上，补充完善养老机构收取预付费的相关内容，包括收费标准、收取时限、收费额度、退费办法、违约责任、风险提示等。各地民政部门要通过政府网站、政务新媒体、服务窗口等途径公开示范文本，引导养老机构、老年人或者其代理人依法签订服务协议，维护自身合法权益。各地民政部门在日常监督检查中，可以通过查阅、复制服务协议，或者询问老年人或者其代理人等方式，核实服务协议内容，了解养老机构收取预付费以及告知风险等情况。养老机构未与老年人或者其代理人签订服务协议的，民政部门要约谈其法定代表人（主要负责人），并依照《养老机构管理办法》相关规定予以处置。

（四）完善养老机构备案信用承诺制度。有多个服务场所的营利性养老机构办理备案，应当分别向服务场所所在地的县级民政部门提出。各地民政部门发现养老机构已收住老年人但未办理备案的，要督促其及时备案。办理备案的民政部门要书面告知养老机构不得从事非法集资，以及从事非法集资相应的法律后果，并要求养老机构填写备案承诺书，承诺不采取任何形式，包括利用关联企业等形式从事非法集资。各地民政部门要加快推进养老机构网上备案，养老机构备案承诺书等材料要及时上传到“金民工程”全国养老服务信息系统，并将养老机构登记备案情况，通过门户网站、信用中国等平台及时向社会公布，发挥公众监督作用。

（五）加大宣传教育力度。各地民政部门要通过抖音、两微一端、新闻媒体、广播电台等方式，推送养老服务领域非法集资风险提示，通过以案说法开展防范养老服务领域非法集资典型案例宣传；要引入专业机构或者社会工作者、志愿者、网格管理员等，开展“三进”（进村、进社区、进机构）、“四见”（见海报张贴、见宣传横幅、见宣传资料、见公益视频），实现养老机构防范非法集资宣传教育全覆盖，引导老年人提高警惕、增强防范意识和能力。县级民政部门还可以联合属地乡镇（街道）、金融机构等，在社区“一站式”服务大厅、商业银行服务大厅、公园、早市等老年人密集的场所，通过悬挂横幅、醒目处放置宣传折叠卡等方式，向辖区内老年人宣传防范养老服务领域非法集资知识，提高老年人的辨识力和判断力。省级民政部门要根据《养老服务质量信息公开标准指引》要求，制定养老服务质量信息公开模板，要求养老机构统一在经营场所醒目位置设置公示栏，指导养老机构公开基本信息、服务资源信息、服务质量管理信息等。各地民政部门要在负责监管的养老机构张贴《关于养老服务领域非法集资的风险提示》的宣传简报，并要求养老机构在简报上签署不从事非法集资的承诺；要公开举报电话和邮箱等举报方式，鼓励群众对涉嫌非法集资行为投诉举报；要按照《养老服务领域基层政务公开标准指引》有关要求，及时公布依法登记备案的养老机构名单、等级评定、行政检查、行政处罚等信息，引导老年人及家属理性选择。公安机关要公布投诉举报专门电话，广泛发动群众举报养老机构涉嫌非法集资的犯罪线索。

三、依法分类处置

（六）做好线索通报和分类处置。各地民政部门要对摸排发现的问题隐患进行综合评估、逐一研判，从高到低分别纳入“红橙黄绿”风险管控等级。没有发现风险隐患的，纳入绿色等级。发现养老机构存在收取大额预付费行为，且资金主要用于弥补设施建设资金不足；近三年分支机构、服务网点扩张过快；频繁变更法定代表人、登记注册地；虚假或夸大宣传；有关联公司且存在关联交易等潜在风险隐患的，纳入黄色等级，要提示其经营风险，引导养老机构规范运营和内部管理，合理投资避免快速扩张导致资金链断裂，并可以视情将风险隐患及处理情况，函告防范和处置非法集资工作机制的牵头部门（以下简称处置非法集资牵头部门）。发现养老机构或其法定代表人（主要负责人）有被提起诉讼、投诉举报、舆情曝光、纳入养老服务市场失信联合惩戒对象名单（企业经营异常名录或者严重违法失信名单、社会组织活动异常名录或者严重违法失信名单）；收取大额预付费行为，且资金使用不规范；收取大额预付费的对象数量超过床位总数等情形，并可能存在非法集资风险的，纳入橙色等级，及时函告处置非法集资牵头部门，单独或者会同处置非法集资牵头部门对养老机构和法定代表人（主要负责人）进行警示约谈，责令整改。发现养老机构存在收取大额预付费行为且资不抵债、已经“爆雷”，或引起不良影响、重大舆情等涉嫌非法集资行为的，纳入红色等级，第一时间向属地人民政府报告，并将问题线索函告处置非法集资牵头部门，依法配合做好调查认定、后续处置等工作。发现涉嫌犯罪的，依法移送公安机关。

（七）加强信用监管力度。因从事非法集资依法受到处罚的养老机构，已获评定等级的，在等级有效期内，按照规定作出降低或者取消评定等级的处理；各地民政部门要将其纳入养老服务市场失信联合惩戒对象名单向社会公布，通报相关部门，依法依规实施限制参与评比表彰、等级评定、政府采购、财政资金扶持、政策试点等惩戒措施；对从事非法集资造成重大损失的养老机构相关责任人，要依法依规在一定期限内实施市场和行业禁入措施，直至永远逐出养老服务市场。各地民政部门要通过查询国家企业信用信息公示系统、中国社会组织政务服务平台，全面掌握涉嫌非法集资的养老机构法定代表人（主要负责人）名下登记注册的其他养老机构，并予以密切关注，做好早期干预和风险预警，谨防发生不良连锁反应。

（八）做好处突维稳工作。辖区内养老机构发生非法集资，老年人需要安置的，养老机构要根据服务协议约定与老年人或者其代理人协商确定安置事宜，民政部门要为养老机构妥善安置老年人提供帮助。对因参与非法集资受损的困难老年人，符合条件的，民政部门要依法及时纳入城乡低保、特困供养范围或者给予临时救助等，保障其基本生活，严密防范发生冲击社会道德底线的极端事件。各地民政部门要严格落实依法处置、舆论引导、社会面管控“三同步”要求，加强舆情信息监测，重视群众投诉举报和媒体曝光的负面舆情，对可能发生非法集资突发事件作出研判，防止事态扩大升级。一旦出现负面舆情，要及时协调加强引导管控，严防恶意炒作，并按照本地区处置非法集资突发事件应急预案，做好信息报告和处理、应急处置等工作，维护社会稳定大局。

（九）加强部门协同配合。处置非法集资牵头部门依托地方非法集资监测预警平台发现的养老机构涉嫌非法集资、诈骗线索，要及时通报同级民政部门，民政部门要加强核查、做好风险研判和跟踪处置。民政部门与市场监管部门要加强信息共享，推动形成养老机构登记和监管信息数据集。公安机关对民政部门移送的养老机构涉嫌非法集资线索，要加强核查，涉嫌犯罪的，及时立案侦查。公安机关要加强与民政、市场监管、处置非法集资牵头部门的协同配合，依法打击犯罪，维护老年群体合法权益。

典型案例

1. 对老年人消费欺诈应承担惩罚性赔偿责任

——杨某某诉某健康科技有限公司买卖合同纠纷案①

◎ **关键词**：消费欺诈；惩罚性赔偿

◎ **基本案情**

杨某某经介绍加入某健康科技有限公司销售微信群，工作人员不断在其中宣传推广一款光量子芯片医用冷敷贴，称系经核准的国家一类医疗器械，能抗衰老、预防疾病等。并以赠送礼物等方式诱导其多次免费体验。杨某某后花费近3万元购买产品，使用后未觉见效。杨某某认为存在消费

① 《人民法院老年人权益保护第三批典型案例》，载最高人民法院网，https://www.court.gov.cn/zixun/xiangqing/398342.html，最后访问时间：2023年5月1日。

欺诈，起诉请求判令某健康科技公司退款并三倍赔偿。经查，该产品核准的产品适用范围仅为物理退热理疗等功能。

◎ **裁判结果**

审理法院认为，《中华人民共和国消费者权益保护法》第五十五条第一款规定，经营者提供商品或者服务有欺诈行为的，应当按照消费者的要求增加赔偿其受到的损失，增加赔偿的金额为消费者购买商品的价款或者接受服务的费用的三倍；增加赔偿的金额不足五百元的，为五百元。法律另有规定的，依照其规定。本案中，公司人员对医疗器械突出宣传未经国家核准的预期用途和性能，且与说明书适用范围严重不符，误导消费者，致使杨某某以明显畸高的价格购买仅具有冷敷退热功能的医用冷敷贴，构成虚假宣传误导消费者的欺诈行为，应当承担退一赔三的惩罚性赔偿责任。判决该公司退还杨某某全部货款并赔偿三倍损失。

◎ **典型意义**

健康消费是老年人关注的重要领域。现实生活中，一些商家利用老年人对健康的重视，通过夸大产品的保健治疗功能诱导老年人进行消费。近年来，随着智能手机的普及，通过微信群等媒介虚假宣传，形式更加隐蔽化，需要引起高度重视。本案判决明确了在微信群对医疗器械、药品等功效进行虚假宣传误导老年消费者，构成欺诈，应承担惩罚性赔偿责任。本案对于引导经营者诚信经营，维护老年消费者的健康权益具有典型示范作用。

---

2. 投保老年人健康保险已履行告知义务应依法获赔

——李某诉某保险公司健康保险合同纠纷案①

◎ **关键词**：老年健康保险；告知义务范围

◎ **基本案情**

2020年9月，李某与某保险公司签订《支付宝老年防癌险电子保险单》，投保老年防癌险。保险单健康告知部分需要告知的疾病、体征或症状

---

① 《人民法院老年人权益保护第三批典型案例》，载最高人民法院网，https：//www.court.gov.cn/zixun/xiangqing/398342.html，最后访问时间：2023年5月1日。

不包括慢性支气管炎。半年后李某经诊断为气管肿瘤癌变，向该保险公司提出索赔申请。该保险公司以李某患慢性支气管炎投保时未告知而严重影响其承保决定为由拒赔。李某起诉请求判令该公司履行保险合同，赔付医疗费用。

◎ 裁判结果

审理法院认为，《中华人民共和国保险法》第十六条第一款、第二款规定，订立保险合同，保险人就保险标的或者被保险人的有关情况提出询问的，投保人应当如实告知。投保人故意或者因重大过失未履行前款规定的如实告知义务，足以影响保险人决定是否同意承保或者提高保险费率的，保险人有权解除合同。本案中，保险公司在保险单需要告知的部分并未询问被保险人是否患有慢性支气管炎。李某在投保时已合理履行如实告知义务，保险公司无权解除该保险合同。李某被诊断为气管肿瘤癌变，依据癌症医疗保险条款，判决某保险公司继续履行保险合同，支付李某医疗费16万余元。

◎ 典型意义

健康保险是老年人安度晚年的重要保障。目前，针对老年人的保险投保门槛较低，而老年人因为年龄等原因，可能存在一些基础病情况，存在纠纷隐患。本案判决明确投保老年人健康保险时，已根据保险公司询问事项履行如实告知义务。在保险公司询问之外的事项，不属于告知范围。判决有力维护了患重大疾病老年人的合法权益，保障老有所安，同时，也对提示保险公司开展此项业务的相关风险，具有一定的典型意义。

---

3. 未按约定提供养老养生服务应依法承担违约责任

——吴某诉某养老产业发展有限公司养老服务合同纠纷案①

◎ 关键词： 养老服务；养老产业

◎ 基本案情

某养老产业发展有限公司是一家为老年人、残疾人提供养护服务的酒店。2019年，吴某同该公司签订养生养老合同，约定吴某支付预订金后，

---

① 《人民法院老年人权益保护第三批典型案例》，载最高人民法院网，https：//www. court. gov. cn/zixun/xiangqing/398342. html，最后访问时间：2023年5月1日。

即获得会员资格和相应积分，积分可以在该公司旗下任何酒店抵现使用。预付的订金如果没有额外消费，期满后还可退还。吴某支付 21 万元预订金后，该公司无法提供相应服务且不退款。吴某起诉请求解除合同，并判令该公司返还预订金及利息。

◎ 裁判结果

审理法院认为，《中华人民共和国民法典》第五百六十三条规定，当事人一方迟延履行债务或者有其他违约行为致使不能实现合同目的的，当事人可以解除合同。民事主体从事民事活动应当遵循诚信原则，秉持诚实，恪守承诺。本案中，双方签订的养生养老合同合法有效，某养老产业发展有限公司收到吴某定金后无法提供相应服务，存在根本违约，吴某享有合同解除权。判决某养老产业发展有限公司返还吴某预订金，并支付利息。法院亦将该公司涉嫌养老诈骗犯罪线索移送公安机关。

◎ 典型意义

随着人们生活水平的提高，老年人越来越注重生活品质。部分企业关注到养生养老服务的商机，以提供疗养服务、支付预订金获得会员资格和积分消费等名义吸引老年人签订养老合同，进行大额充值消费。司法既保护相关新兴产业的发展，引导其合法规范经营，又依法制裁其中违法犯罪行为，保护老年人财产权益，守护老年人生活安宁。本案在民事审判中依法认定养老服务机构根本违约的同时，将涉嫌犯罪线索及时依法移送公安机关，对遏制针对老年人养老消费领域的恶意诱导，打击针对老年人的侵财违法犯罪行为、净化养老产业，具有一定的示范意义。

第八十条 养老机构监管部门的责任

对养老机构负有管理和监督职责的部门及其工作人员滥用职权、玩忽职守、徇私舞弊的，对直接负责的主管人员和其他直接责任人员依法给予处分；构成犯罪的，依法追究刑事责任。

第八十一条 未履行社会优待义务的责任

不按规定履行优待老年人义务的，由有关主管部门责令改正。

第八十二条 工程、设施建设不符合标准等的责任

涉及老年人的工程不符合国家规定的标准或者无障碍设施所有人、管理人未尽到维护和管理职责的，由有关主管部门责令改正；造成损害的，依法承担民事责任；对有关单位、个人依法给予行政处罚；构成犯罪的，依法追究刑事责任。

第九章 附 则

第八十三条 民族自治地方制定变通或者补充规定

民族自治地方的人民代表大会，可以根据本法的原则，结合当地民族风俗习惯的具体情况，依照法定程序制定变通的或者补充的规定。

第八十四条 过渡期养老机构的整改

本法施行前设立的养老机构不符合本法规定条件的，应当限期整改。具体办法由国务院民政部门制定。

第八十五条 施行日期

本法自 2013 年 7 月 1 日起施行。

图书在版编目（CIP）数据

无障碍环境建设法、残疾人保障法、老年人权益保障法关联适用全书／法规应用研究中心编．—北京：中国法制出版社，2023.7

（关联适用全书系列）

ISBN 978-7-5216-3686-4

Ⅰ.①无… Ⅱ.①法… Ⅲ.①残疾人-城市道路-城市建设-法规-法律适用-中国②残疾人保障法-法律适用-中国③老年人权益保障法-法律适用-中国 Ⅳ.①D922.182.35②D922.705③D923.805

中国国家版本馆 CIP 数据核字（2023）第 115554 号

责任编辑：韩璐玮（hanluwei666@163.com）　　封面设计：周黎明

无障碍环境建设法、残疾人保障法、老年人权益保障法关联适用全书

WUZHANG'AI HUANJING JIANSHEFA、CANJIREN BAOZHANGFA、LAONIANREN QUANYI BAOZHANGFA GUANLIAN SHIYONG QUANSHU

编者/法规应用研究中心

经销/新华书店

印刷/保定市中画美凯印刷有限公司

开本/710 毫米×1000 毫米　16 开　　印张/23.5　字数/318 千

版次/2023 年 7 月第 1 版　　2023 年 7 月第 1 次印刷

中国法制出版社出版

书号 ISBN 978-7-5216-3686-4　　定价：68.00 元

北京市西城区西便门西里甲 16 号西便门办公区

邮政编码：100053　　传真：010-63141600

网址：http://www.zgfzs.com　　**编辑部电话：010-63141791**

市场营销部电话：010-63141612　　**印务部电话：010-63141606**

（如有印装质量问题，请与本社印务部联系。）